上海外国语大学
经济学研究丛书

RESEARCH ON THE PATH OF CHINA'S ECONOMIC
TRANSFORMATION AND UPGRADING

# 中国经济转型升级路径研究

余宇新　著

江苏人民出版社

图书在版编目(CIP)数据

中国经济转型升级路径研究/余宇新著. 一南京:
江苏人民出版社,2023.10
(上海外国语大学经济学研究丛书/章玉贵主编)
ISBN 978 - 7 - 214 - 27533 - 2

Ⅰ.①中⋯ Ⅱ.①余⋯ Ⅲ.①中国经济—转型经济—
研究 Ⅳ.①F123.9

中国版本图书馆 CIP 数据核字(2022)第 176117 号

| 书 名 | 中国经济转型升级路径研究 |
| --- | --- |
| 主 编 | 章玉贵 |
| 著 者 | 余宇新 |
| 责 任 编 辑 | 陆诗濛 |
| 装 帧 设 计 | 许文菲 |
| 责 任 监 制 | 王 娟 |
| 出 版 发 行 | 江苏人民出版社 |
| 地 址 | 南京市湖南路 1 号 A 楼,邮编:210009 |
| 照 排 | 江苏凤凰制版有限公司 |
| 印 刷 | 江苏凤凰数码印务有限公司 |
| 开 本 | 652 毫米×960 毫米 1/16 |
| 印 张 | 22.5 |
| 字 数 | 284 千字 |
| 版 次 | 2023 年 10 月第 1 版 |
| 印 次 | 2023 年 10 月第 1 次印刷 |
| 标 准 书 号 | ISBN 978 - 7 - 214 - 27533 - 2 |
| 定 价 | 98.00 元 |

(江苏人民出版社图书凡印装错误可向承印厂调换)

本研究得到上海外国语大学青年英才海外研修计划资助,上海外国语大学校级重大课题"投资贸易规则变动对中国经济转型升级影响研究"、上海外国语大学校级课题"我国中西部地区产业集聚与可持续城市化道路选择研究——基于新经济地理学的分析"以及上海外国语大学校青年教师科研创新团队课题"全球化视角下中国经济对外发展战略问题研究"的资助。

# 目　录

# 前　言

历时四十余年的改革开放成效显著,我国 2010 年时步入了中等收入国家行列,然而我国经济发展已出现了需求结构、产业结构、区域结构、城乡结构和收入分配结构的失衡,创新能力不足,经济增长动力不足,使我国正在面临"中等收入陷阱"的严峻考验。而且,全球化发展随着金融危机的发生进入到新的阶段,我国也提出"一带一路"倡议,重新构建新的"一体两翼"开放发展格局,以适应新的全球化发展需求,并因此为中国经济转型升级发展开辟新的空间和可能性。如何把握这一时代机遇,实现跨越"中等收入陷阱"的发展目标?本书试图从可持续发展角度,全面深入地说明中国经济升级发展内涵、目标、所面临的挑战和所需要的动力要素构成,以及具体的发展路径,从而为理解中国经济当下发展问题和政策制定提供参考。

本书主要分为四篇、十四章,分别从"一体两翼"开放战略阐述、当下中国经济转型升级挑战、中国经济转型升级发展动力以及中国经济转型升级路径等问题展开讨论。具体而言:

第一篇包括第一、二、三章,主要阐述了"一体两翼"开放战略与中国经济转型的关系,说明两者的结合有其必然性,即"一体两翼"开放战略是中国经济转型发展的必然选择，是中国经济转型发展的可行之路。通过对两者相互关系的阐述解释中国经济转型发展需要依赖于"一体两翼"开放战略的实施，利用"两翼"开放促进"一体"的转型升级，使得中国经济转型升级具有更好的外部条件和创造更广阔的发展机遇，从而实现中国经济"中等收入陷阱"的跨越，获得中国经济可持续发展动力。

第二篇包括第四、五、六、七章，主要以全球化视野阐述中国转型升级面临的挑战，指出如何在新的全球化发展阶段，借助全球化途径，实现中国经济转型升级，实现可持续发展动力，就是当下中国经济转型升级的"全球化之问"。说明中国转型升级的主要面临的挑战是系统性的，技术创新、产业结构优化升级、制度变革等关键性挑战问题，都是下一步改革深化过程中需要逐一进行完善的。要以全球化视野看待中国技术竞争优势发挥和积累，协调中国产业结构升级与全球的技术升级趋势关系，通过激励相容的制度性安排来实现转型升级的根本性保障。

第三篇包括第八、九、十章，主要阐述了在我国产品市场的市场化进程已基本完成条件下，要素市场的市场化进程进度远远落后于产品市场，因此要素市场的扭曲严重阻碍了我国市场化的发展进程，使得产业结构的升级缓慢，并进一步影响我国的经济转型升级，不利于经济可持续发展。要素市场化改革是经济转型升级的基本条件，只有资本、劳动、土地等要素市场化才是让市场主体激励机制完备的基本条件。说明了创新作为中国经济转型升级的原动力，需要从资源条件、产品实现以及创新制度与创新能力培育上去推动。进一步强调了金融市场作为经济要素配置的基本市场，可以实现经济要素的合理定价、经济要素的合理有效流动，从而为经济增长提供经济要素有效积累的环境条件，可以推动实体经济产业结构优化，让具有发展前景的企业和产业能够得到更为优质的资源和发展机会，通过让优质资源得到高效率的利用，发挥出经济发展加速器的作用。

第四篇包括第十一、十二、十三、十四章，主要说明从哪些方面实现中国经济转型发展。指出中国经济转型升级对于中国经济而言具有重大战略意义,因而需要充分挖掘中国经济发展本身的各方面优势,不论是经济禀赋优势,还是制度优势、技术优势等,还需从经济发展空间角度看待推动中国经济转型升级的优势。中国经济转型升级是一个需要长时间持续进行的过程,需要辩证地来看待中国经济东、中、西部区域发展落差,充分利用不同区域发展落差为中国经济转型升级提供梯度空间优势。指出经过40多年的改革开放,中国经济已经进入到一个需求导向和技术创新推动发展的阶段,这一阶段经济中供求关系的主要矛盾已经从供给不足转向了需求不足,具体实现路径要求重视需求在经济中的作用以帮助中国经济更好地实现可持续的转型升级,让产业转型升级具有扎实的需求基础,促进产业结构优化。由于结构优化是转型升级的结果,实际上是让市场机制能够根据新全球化发展趋势和中国已经变化的要素禀赋结构进行更合理的要素和产品的定价,从而形成与当下中国经济发展需求相适的产业结构,对内可以合理地配置各类经济资源,经济运行效率较高,对外可以提高中国经济的核心竞争力。在需求发挥作用的重要因素中,收入问题是最关键的。从短期和长期视角说明,收入分配结构问题会使得要素积累尤其是人力资本要素积累出现较大的问题,导致中国人力资本要素积累不足,严重影响技术创新发展,导致产业结构升级的动力会随时间而耗竭。所以需要通过收入分配结构优化,在短期保证产业升级的需求,在长期保证技术创新要素积累的可持续发展。

该书的具体写作过程中,上海外国语大学国际金融贸易学院的优秀本科生和研究生们做了大量的资料搜集和整理以及相关的研究工作。本书章节的具体负责的人员分别为:第一、二、五章徐琳,第三章孙青,第四章张琪,第六章杨阳,第七、十一章李逸筠,第八章吴莉,第九章张莹,第十章吴昊,第十二章周婧婷,第十三章王文娇,第十四章艾荟芬。尤其要感谢徐琳、艾荟芬、王文娇、张琪四位同学利用假期的宝贵时间对文稿文字和格式进行了认真的梳理,纠正了不少笔误之处。各位同学给笔者的反馈让笔者觉得在这个研究过程中,有蛮大的收获,让自己对于中国的宏观经济问题有了更深刻的理解和思考,在研究训练上有较大的提高,达到了预期的研究训练目标。同时在这一期间关于书稿的研究思路和资料的定期讨论也让笔者受益匪浅,一些思想的火花让笔者深感于年轻学子们未来不可限量的发展前景。

# 第一篇
## "一体两翼"开放格局

# 第一章　"一体两翼"形成的历史必然

## 1.1　经济发展的重要性和对外开放问题

### 1.1.1　经济发展的重要性

习近平总书记曾多次提到"中国梦"这个概念。中国梦是什么？就是要实现国家富强、民族振兴、人民幸福。如何才能实现中国梦？必须要靠经济发展。为什么要靠经济发展？因为只有通过发达的经济来提供必要的物质基础，才能带动一国的整体发展。第二次世界大战结束后，世界各国开始意识到经济发展是强国之路的关键。也正是从此时开始，世界各国把加快经济发展当作兴国的第一要务，由此创造了国际社会经济的繁荣。

从宏观角度来讲，经济发展的重要性可以从国内和国外两方面进行阐述。对内方面，经济发展可以提高国民的收入水平，增强社会主义现代化建设的物质基础；对外而言，经济发展可以提高自身国际竞争力，缩小与其他国家或地区的发展差距。习近平总书记曾多次提出，人民对美好生活的向往，就是我们的奋斗目标。人民的美好生活的实现需要经济基础的支撑。所谓经济基础决定上层建筑,最重要的是增加国民收入,而增加国民收入依赖于国家经济不断高效平稳的发展。因此,重视经济发展是国家富强的必由之路。另外,现代世界是个开放的世界,不管一国是否愿意,都将与其他各国发生联系,最终融入世界发展的潮流中。我国近代用血泪凝成的那段屈辱史表明了一个真理:落后要挨打,发展才是硬道理。只有一国的经济总产值足够高,才能支持该国去国际上谋求应有的地位。我国亦是如此。中国在世界上的地位和威信是以中国经济的发展程度作为支撑的,只有经济发展了,我国才能在国际社会上拥有更多的话语权和主动权,为本国和世界各国人民谋福祉。

对于个人而言,发展经济不是他们每天起早贪黑上班贡献时间的目的,在保证生存的基础上获得幸福感和提高满足度才是他们辛勤劳动的最终目的。但是经济发展对他们同样重要。一是发展经济能满足生存需要。人民温饱生活的基本保障需要靠经济发展来实现。改革开放以来,我国人民在解决温饱问题的基础上,生活水平得到了极大的提高,从对"36 只脚"的渴望,到现在的买方市场;从三代同居的鸽子笼,到如今的现代化小区。经济发展使得现在的中国人比改革开放前的中国人更幸福。二是发展经济能增强人民的幸福感。迈进 21 世纪后,对于我国和世界而言,温饱问题逐步得以解决,对幸福感(物质和精神)的追求变得更为重要。恩格尔系数是一个被广泛应用于衡量国家富裕程度的指标。经济越发达的国家或地区,恩格尔系数越低,即每个国民的平均支出中用来购买食物的费用所占比例就越小。改革开放以来,我国恩格尔系数不断下降,说明我国经济发展程度越来越高。我国经济发展程度越来越高,我国国民就越来越有闲暇时间和资源去追求精神生活的满足。这不仅能提高我国国民的幸福指数,还有助于构建居民的精神家园,铸就精神文明。

## 1.1.2 探索对外开放的意义

对外开放从 1984 年被定为基本国策,其含义也随着开放经验的积累不断扩充。目前,对外开放包括两个内容:一是我国要积极主动地进行对外经济交往,扩大经济交流的接触面;二是指我们要放宽相关政策,减少或者取消各种限制,取消保护政策,发展开放型经济,不走闭关自守的老路。因此积极地融入世界发展的潮流,用互联互通的精神深化对外开放成为关键。

"文化大革命"后,我国国民经济陷入停滞状态,此时我国逐渐意识到对外开放的重要性。当时,我国因将国内经济和国际市场完全分割开来,失去了发展的参照系,满足于自给自足的现状,同时对世界发展形势认识不准确,忽视了我国生产力水平低下、人民生活不富裕这一现实问题。也正是在那段时间,我国在经济技术方面与发达国家拉大了差距,甚至被原先和我国综合实力有一定距离的国家赶超。这一切都印证了"中国的发展离不开世界"。对外开放的水平决定了我国与世界联系的紧密程度。深化对外开放符合我国国情和现代化建设的客观需要。这点在我国十一届三中全会上由我国领导人首次并重点提出。我国国民经济在十一届三中全会后恢复发展则佐证了这一观点的正确性。

此外,改革开放总方针是我国党和国家领导人在总结国内外历史经验教训的基础上,研究和解决现实问题后提出来的,对外开放可以反作用于改革,它与实现我国社会主义制度不断自我完善这一目的相符。对外开放后,经济恢复发展,为了给经济发展提供必要的制度支持,我国对经济体制进行改革,由原先的计划经济转轨到市场经济,极大地解放了生产力,国内生产总值再创佳绩。而改革的深化又进一步为对外开放提供了物质基础,拓宽了"走出去"与"引进来"的受益影响面,两者相辅相成,缺一不可。

再者,作为第一生产力的科学技术,是经济发展的重要推动力。与发达国家相比,我国核心技术缺乏,独自研发创新能不足,是我国技术发展方面最明显的短板。对外开放为弥补这一不足提供了一条有效途径,它帮助建立和发展广泛的对外经济关系,方便了我国充分利用国外资源和先进科技成果,同时引进外国技术人才,并化为己用,缩短我国与发达国家的差距,借此实现追上甚至赶超对方的目的。

最后,经济的本质是开放的经济。经济发展最基本的三个要素分别为劳动力、资本和技术。虽然我国人口总数位列世界第一,但随着近年来经济的不断发展,人口红利正在逐渐消失,资本和技术的比较优势也不明显。如果我国不实行对外开放政策,不参与国际贸易而独立生产国内所需的所有产品,我国付出的成本要大于与拥有比较优势的生产国进行进出口交易所付出的成本。这对经济发展的挑战不仅体现在无法享受国际专业化协作带来的好处上,而且还必须要求我国拥有发展本国经济所需要的全部资源,但这一点是很难达到的。纵使我国获得了所需的所有资源,就我国目前的经济结构、经济规模和现有的经济发展水平而言,我国也很难将这些资源全部吸收,并实现资源的最佳配置。因此,只有通过对外开放,实行对外贸易,才能在与国外交流过程中不断提高资源的利用率,最终实现优化资源配置的目的。另外,经济发展需要有广阔的市场,仅局限于国内市场的经济发展是不可持续的。对外开放在打开了我国市场的同时,也给予了我国产品进入国外市场的机会。这意味着我国产品面向的销售市场和消费人群有所扩大,我国经济的发展空间得以增加。在应对挑战的同时,我国经济也得到了更多的发展机遇。

### 1.1.3　实施、深化对外开放的复杂性

尽管对外开放能提高我国的经济利益,但探索和规划对外开放是复杂的。复杂性主要体现在开放时机的选择、开放节奏的控制和开放范围的把握这三方面上。

在开放时机的选择上,需要符合特定社会背景和条件。若在经济基础没有跟上设想的开放格局的情况下,提前进行格局的建设,不仅会牺牲国内的经济发展质量,还有可能被迫中断格局建设过程,浪费投入的

资金和人力,付出过大的机会成本。此外,政策能达到预期效果需要保证政策的连续性。可以说明这个问题的例子就是美国加入和退出 TPP(跨太平洋伙伴关系协定)事件。当初美国为了尝试建立全球贸易新秩序,同时隐含阻击中国经济发展的目的,企图加入 TPP,并和其他 11 个国家达成协议,但是加入的时机选在了奥巴马政府任期即将结束时,一没有提前意识到美国政治局势即将发生的变化,二没有和下任政府进行有效的沟通和交接。因此,特朗普上台后直接宣布退出 TPP,不仅使美国辜负了协议成员国之间的信任,降低了美国在国际上的威望,还削弱了美国在亚太地区的信誉和影响力,甚至影响其在未来自由贸易规则制定上的地位。我国开放格局的建造同样面临政策出台的时机选择问题。可见深化开放需要符合特定时代背景下的经济发展能力,并与国内相关制度、相关局势相配套。

在开放节奏的控制上,如果开放政策出台太过频繁,会不利于政策预期效果的实现。一项政策的最终确认实施,需要历经政策问题确认、政策议程设定、政策的制定、政策合法化、政策执行和评估,而政策制定又包括制定政策目标、设计政策方案、论证评估方案和抉择政策方法。这一系列流程需要经历一定的周期。如果出台太过频繁就表明在某些环节被跳过或是没有得到足够的重视,那么这项政策最后的结果就是在没有起到预期作用的情况下被终止。一个例子就是我国于2015 年出台的熔断机制,因没有全面考虑我国证券市场的基本情况,于 2016 年 1 月 8 日被暂停实施。熔断机制最初引入是为了给市场提供"冷静期"。但是由于没有了解我国股市固有的特点,熔断机制不但没有避免或减少股市波动大幅波动,反而使"磁铁效应"的表现占据主导地位,即投资者为了避免损失,在接近熔断阈值时提前交易,使得股指加速触碰熔断阈值,熔断机制起了助跌的作用,与原先目的背道而驰,降低了我国股市的有效性。对外开放的良好运行亦是如此,它需要依赖于各个相关规划、政策等的有机配合。一项措施出现问题极有可能会影响到其他政策的实施,因此在开放政策出台时要控制好节奏。

在开放范围的把握上,要与相关资源相配套。如果一次性开放范围过大,不仅相关资源会跟不上,还会减慢现行的经济发展速度。按照历史经验来说,开放范围由小及大为佳。而我国的开放格局也是点线面循序渐进的。这方面的难点是在具体范围的规划上。在改革开放前,因为以美国为首的帝国主义国家对我国实行了经济封锁,我国只能和苏联、东欧等社会主义国家发展外贸关系和进行经济往来。但后来又因为苏联单方面撕毁合同,我国不得不靠自己的力量发展工业。如果当时我国要对外开放,朝沿海或内陆延伸都有一定的危险。后来,中美关系缓和恢复建交,为我国沿海城市对外开放提供了一个和平稳定的大环境,使得对外开放格局能够得到顺利进行。可见,在开放范围的把握上不仅要考虑国内情况,还要考虑国际关系,其中包括和邻国的亲密程度、和世界主要大国的友好程度等。

## 1.2 对外开放的探索的成果与问题

### 1.2.1 对外开放的探索的成果

自 1953 年我国"一五"计划开始以来,我国 GDP 总体上呈逐年递增趋势,具体情况见图 1-1。在 20 世纪 90 年代前,GDP 增长速度非常缓慢,在 20 世纪 90 年代后才进入了飞速发展阶段,尤其是进入 21 世纪后,经济发展的速度十分迅猛。2018 年,我国 GDP 已经突破 900 000 亿元大关,人均国内生产总值达到了 64 644 元,保持了世界第二大经济体的地位。而这一切与我国实行对外开放这一基本国策有着十分紧密的关系。同时,这点也证明了以我国目前的实力,在满足国内经济发展的基本需求后,可以支持对外开放新格局的建设。接下来,本部分将按照时间顺序对对外开放的探索成果进行阐述。

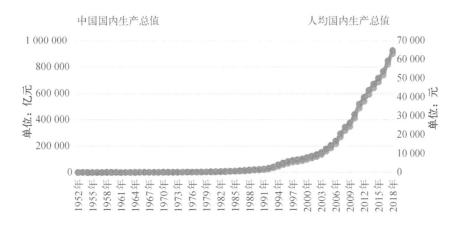

**图 1-1 1952—2018 年 GDP 走势图**

数据来源:国家统计局

虽然对外开放政策的正式提出是在 1980 年 6 月邓小平同志接待外宾的时候,但在十一届全会时我们党和国家领导人就已经意识到中国的发展离不开世界这一事实,并开始着手进行对外开放战略的部署。因此,在 1980 年前对外开放最显著的一个成就就是我国因为对外开放政策的实施,恢复国民经济的发展,打破了经济徘徊发展的僵局。另外也正是这一时期,我国对外贸易和"引进来"部分构建的重视程度空前提高,开始了贸易体制改革以及在深圳市、珠海市、汕头市、厦门市批准试办经济特区,以期解放和发展生产力。选择这几个城市主要有两个原因:一是"引进来"的设想是广东省委在 1979 年 3 月率先提出来,并得到邓小平同志的支持;二是经济特区意味着这些地区采取比一般地区更加开放的经济政策,这些城市邻近港澳台地区,便于承接香港、澳门这些发达地区的产业转移。这一天然的地理优势使得这些地区在减免关税等优惠措施的支持下,更容易达到吸引外资和引进外国技术设备的目的。同时,也可借香港、澳门作为节点融入全球化,与世界接轨。

在对外开放政策公开并写入宪法后,我国加快了对外开放的步伐,于 1984 年 5 月开放了我国沿海从北到南的 14 个港口城市,象征着我国迈出了对外开放的第二步。虽然上海也在这 14 个城市中,但党中央和国务院认识到上海突出的地理和人文优势,做出了开发、开放浦东的重大决策。这一举动被视为对于对外开放的第二步的补充。沿海城市处于国内经济和世界经济的结合地带,是开展对外经济贸易和对内实行经济协作两个辐射面的交汇点。因此,对外开放第二步的落实直接影响了全国的对外开放的形势。

继对外开放第二步落实后,我国领导人开始了新的战略规划,从点到面,开放三个沿海经济开放区,即长江三角洲、珠江三角洲和闽南三角区。这一次的开放至关重要,是我国搞活国内经济,深化对外开放的关键一步,被视为是我国在对外开放上迈出的第三步。当意识到环渤海地区的战略意义后,我国对外开放了辽东半岛和山东半岛,使其与沿海开放城市中的青岛、烟台、天津、秦皇岛、大连等相连,形成环渤海开放区,令这些经济开放区形成贸—工—农一体化的生产结构,完善了对外开放第三步的布局。

在完成第三步的基础上,我国于 1992—1993 年期间进行了对沿江 5 个城市及内陆 17 个省会城市和沿边 15 个城市的开放,迈出了开放的第四步。至此,我国的对外开放城市已遍布全国所有省区,基本形成了"经济特区—沿海开放城市—沿海经济开放区—沿江和内陆开放城市—沿边开放城市"这样一个宽领域、多层次、有重点、点线面结合的全方面对外开放新格局,我国真正进入了对外开放新时代。

对外开放新格局的形成不仅令我国经济在 20 世纪 90 年代后飞速发展,还改变了我国进出口贸易情况。从表 1-1 可以看出,随着对外开放的不断深化,进出口总额不断增加,且在 20 世纪 80 年代末 90 年代初有个明显的上升,进出口总额占 GDP 的比重也在此时开始有了极大的提高,虽然两者之间比重有过波动剧烈,但是最低水平仍保持在 0.04 以上,始终远高于对外开放前的水平。另外,自 1993 年后,即对外开放新格局形成后,我国出口总额均大于进口总额。出口大于进口意味着我国这些年在对外贸易方面均处于优势地位。而净出口额的增加使得我国外汇储备不断积累,这点在一定程度给予了我国在政治层面的便利,如可以用来大量购买其他国家的国债,拥有了让那些国家投鼠忌器的资本,在谈判中给予我国有利地位。同时,这也可以成为我国和别国建立邦交的筹码,扩大我国的"朋友圈",提高国际影响力。

表 1-1　1980—2016 年我国进出口贸易情况　　（单位:亿元）

| 年份 | 进出口总额 | 进出口总额占 GDP 的比重 | 出口总额与进口总额之比 |
|------|-----------|----------------------|---------------------|
| 1980 | 378.2 | 0.083 | 0.935 |
| 1981 | 440.2 | 0.090 | 1.000 |
| 1982 | 416.1 | 0.078 | 1.157 |
| 1983 | 436.2 | 0.073 | 1.039 |
| 1984 | 535.5 | 0.074 | 0.954 |
| 1985 | 696 | 0.077 | 0.647 |
| 1986 | 738.5 | 0.072 | 0.721 |
| 1987 | 826.5 | 0.069 | 0.913 |
| 1988 | 1 027.8 | 0.068 | 0.860 |
| 1989 | 1 116.8 | 0.066 | 0.888 |
| 1990 | 1 154.4 | 0.062 | 1.164 |
| 1991 | 1 357 | 0.062 | 1.127 |
| 1992 | 1 655.3 | 0.061 | 1.054 |
| 1993 | 1 957 | 0.055 | 0.882 |
| 1994 | 2 366.2 | 0.049 | 1.047 |
| 1995 | 2 808.6 | 0.046 | 1.126 |
| 1996 | 2 898.8 | 0.041 | 1.088 |
| 1997 | 3 251.6 | 0.041 | 1.284 |
| 1998 | 3 239.5 | 0.038 | 1.310 |
| 1999 | 3 606.3 | 0.040 | 1.176 |

| 年份 | 进出口总额 | 进出口总额占 GDP 的比重 | 出口总额与进口总额之比 |
|------|-----------|----------------------|---------------------|
| 2000 | 4 743 | 0.048 | 1.107 |
| 2001 | 5 096.5 | 0.046 | 1.093 |
| 2002 | 6 207.7 | 0.052 | 1.103 |
| 2003 | 8 509.9 | 0.063 | 1.062 |
| 2004 | 11 545.5 | 0.072 | 1.057 |
| 2005 | 14 221.2 | 0.077 | 1.154 |
| 2006 | 17 606.9 | 0.081 | 1.224 |
| 2007 | 21 738.3 | 0.082 | 1.274 |
| 2008 | 25 616.3 | 0.082 | 1.261 |
| 2009 | 22 072.2 | 0.065 | 1.195 |
| 2010 | 29 727.6 | 0.074 | 1.131 |
| 2011 | 36 420.6 | 0.077 | 1.089 |
| 2012 | 38 667.6 | 0.074 | 1.127 |
| 2013 | 41 603.1 | 0.071 | 1.133 |
| 2014 | 43 030.4 | 0.067 | 1.195 |
| 2015 | 39 569 | 0.057 | 1.353 |
| 2016 | 36 855.7 | 0.050 | 1.322 |

数据来源：国家统计局

对外开放格局的建立不仅带来经济上直观的好处，还增加了我国软实力，带来了不少新的发展机遇。有两件事最能体现我国综合实力亦不可小觑：一是承办 2008 年奥运会，二是举办第 41 届世界博览会，而且上海世博会还有 12 项纪录入选世界纪录协会世界之最。承办 2008 年奥运会和举办第 41 届世界博览会都是对外开放成果的一个体现，两者在拉动内需，反作用于对外开放的进程上异曲同工。这两件盛事的前期准备加速了我国的工业化进程，还拉动了国内消费需求、投资需求和出口需求，给我国之前因国际金融危机导致的需求疲软打了一剂强心针。另外,这两件盛事的举办需要新的基础设施的建设和招募服务人员,这带动了第二、三产业的发展,创造了大量就业机会,减缓了此前困扰多时的就业问题。同时在申办、筹备过程中,我国和其他国家交流和合作,提高了我国的开放度,为国外企业了解我国投资环境提供了良好的渠道。

在提升我国的声誉、形象和信誉度上,世博会显得更胜一筹。它不仅是向世界展示了我国自改革开放近四十年来的成就的一个舞台,还是推广我国理念的一个最佳平台。在世博会开展过程中,我国推广了可持续城市的发展理念,成功实践和创新的新型技术,向世界展示了我国努力寻求适用于发展中国家的可持续的城市发展模式的成果。其间,最新科技成果的展示,让其他国家对我国刮目相看,因此助推了我国国际贸易的发展,提升了"中国制造"的国际竞争力。符合我国致力于为经济发展创造良好的外部环境的期许,此次世博会的举办对我国发展的后续效益不可估量。

成功的对外开放的探索还体现在其他方面,如国际事务的话语权、邦交的建立和巩固等。在国际事务上有话语权是深化对外开放的重要条件。早在 1986 年 9 月,我国就意识到了这点,并开始全面积极参与关贸总协定乌拉圭回合多边贸易谈判和其他一系列国际事务。这显示了我国对对外开放内涵的更深一步地理解。2001 年,我国能顺利加入WTO,扩大了和其他各国的贸易伙伴关系,不仅得益于经济实力的提升,也和对外开放格局的影响分不开。在建立和巩固邦交方面,除了和发达国家,如美国和欧洲国家等恢复邦交外,最具代表性的要数我国被高盛连同俄罗斯、巴西和印度一起评为"金砖四国"。我国借助这个契机与其他三国加深了贸易往来,并推动组建了"金砖国家"组织。如果要再进一步深化对外开放格局,我国就必须实现领土完整。港澳回归就是我国在对外开放格局建立,和世界各国发展友好来往关系的一个成果,同时他们也助推了我国对外开放的进程。香港作为国际金融中心,对接发达国家,拥有成熟的金融市场。他的回归不仅能促进我国国际贸易的发展,还能促进我国市场经济的有效运行。而澳门的回归则相当于收回了一个对外开放的窗口,而且还在国际人员流动中带动了我国旅游业的发展,加深了我国对第三产业服务业认识和加大了对其的扶持力度。

### 1.2.2 对外开放的探索的问题

从表1-1可以出,自1994年起至2016年,我国一直保持着贸易顺差。通常情况下,一国不宜长期大量出现对外贸易顺差,这暴露了我国对外开放探索中存在的两个问题。

一是本国产品竞争力未明显提高,与对外开放水平未完全适应。我国长期大量顺差使得几乎所有西方发达国家都与我国产生贸易摩擦。早在欧元区设立之时就爆发过这种冲突。当时,欧洲是我国重要的贸易伙伴,欧元区设立后,贸易保护主义从一国扩大至整个区域,直接提高了我国从欧盟进口的成本,我国对欧盟的出口产品遭到了区域内更激烈的产品竞争。尽管后来我国凭借着特殊的出口结构躲过一劫,但这牺牲了我国有限的国内资源。我国出口产品在这一点上至今没有明显地改善,各类产品仍是低端定位,出口中加工贸易占据绝对优势地位[1]。对外开放不仅限于开放疆域,还包括发展开放性经济和优化资源配置,实现最高经济效率。为此,需要国内外的要素、商品和服务可以不受限制地跨国界流动,增强国内经济与整个国际市场的关联性,最大程度地参与国际分工。但在这样的情况下,如果我国产品的竞争力不提高的话,我国在全球化浪潮中只会处于分工末端,成为世界加工厂和资源提供方。而且,一旦人口红利消耗殆尽,劳动力成本将会大幅提升甚至比肩国际社会,劳动力资源优势不再。若仍单纯地依靠劳动密集型企业进行生产,而不向技术研发和资本密集型转型,我国的经济情况会因对外开放的进

---

[1] 马树才、周小琳:《中国商品出口二元边际均衡发展研究——引入要素禀赋理论的思考》,《亚太经济》2017年第5期。

一步深化而受损。此外,我国从 1995 年到 2016 年连续 21 年成为全球遭遇反倾销调查最多国家,这一方面是因为我国当初在签署《中国加入世贸组织议定书》时同意了"替代国价格"的做法。替代国价格是指在判定出口产品是否存在倾销情况时,以第三国的生产成本作为比对价格,而不是以出口方本国的成本进行计算。还有一方面与我国产品自身竞争力有关。我国本国的产品多为劳动密集型产品,这类产品和同类型的产品的差异很小,产品间的替代性很强,企业竞争主要靠比价格,价格因素因此变得敏感重要。因此,在这类产品上就很容易产生反倾销问题。当进口国使用反倾销、反补贴和保障措施等手段时,我国产品出口成本就会提高,出口收入和利润就会随之下降,如果置之不理,很有可能会令长期顺差变成长期逆差。随着经济全球化的进一步延伸,我国对外开放力度的进一步加大,由于国际社会需求普遍缺乏,各国都在争夺有限的市场资源。在这样的情况下,各国使用贸易保护主义措施的意愿和频率会更强烈,如果我国不提高本国产品的竞争力,不制定政策和出面应对频繁地反倾销调查,我国经济的可持续发展将很难实现。

二是人民币存在"被迫"升值或贬值的可能,相关的配套制度需加强。在国内外经济愈加紧密的情况下,汇率成了一个不可放松、不可避免的问题。1994 年,我国为了改变人民币汇率被高估的问题,建立了统一的银行间外汇市场,实行有管理的浮动汇率制,即以市场供求为基础的单一汇率,实现了人民币在经济项目下的基本可兑换,但是这没有完全避免人民币被迫升值的局面。2008 年爆发的国际金融危机和 2009 年的欧洲主权债务危机均使得人民币被迫升值,现在人民币升值或贬值的主动权也未完全掌握在我国手中,这不仅与国际避险资金寻求安全资产有关,而且更重要的是与受到政治施压事件对人民币汇率的影响有关。郭维(2017)研究发现美国政治施压事件对人民币汇率的影响在长期并不显著,但自 2014 年 2 月人民币汇率进入持续波动贬值的轨道以来,虽然施压事件数量减少,但事件的成功率却有所上升。如此一来如果人民币在未来保持持续贬值趋势,那么受美国施压事件影响的可能性会增大,且这种影响主要体现在施压事件的效果上[1]。美国施压人民币升值是为了从源头上控制我国经济。因为一旦我国将资本市场完全开放,国际资本、热钱就会不受阻碍地大量涌入我国,我国的人民币资产和资产泡沫就会被大幅推高。当价格见顶,我国的企业利润、资产价格等就会被对冲基金完全掠夺和控制。同时,央行副行长易纲在 2017 年表达了要在这一年稳步推进人民币资本项目可兑换进程的构想。资本项目可兑换是指一国需要进一步开放本国金融市场,使得本国货币不仅能自由兑换成他国货币用于国际收支经常性往来中,还可以在资本跨国界的收支项目进行自由兑换。这意味着虽然我国人民币项目可兑换的进一步实施可以深化我国对外开放,但我国人民币汇率波动的主动权可能会被进一步削弱。

除了以上从对外贸易中反映出来的问题外,我国还需要认识到对外开放的深化意味着和国际社会的联系愈加紧密,我国受国际事件的影响会越大。1997 年爆发的亚洲金融危机,我国没有受到直接冲击,是因为我国与别国市场联动性较低,国内又实行较为谨慎的金融政策和一系列防范金融风险的措施才得以避免。而美、欧却因此遭受了重大打击,甚至难以维持其繁荣的绿洲的地位。随着对外开放力度的加大,我国也应做好应对突发性危机的准备,不可忽视预防机制,不能抱有侥幸心理,掉以轻心,以免重蹈当年美、欧的覆辙。

同时,我国要加强妥善处理国际关系和国际问题的能力。对外开放的深化需要一个和平的国际环境,这样既能保证国内安全,又能达到发展的目的。然而目前国际关系错综复杂,以钓鱼岛问题为例,其中最少涉及了中、美、日三方的利益,多方的博弈费事费力,钓鱼岛问题从 2012

---

① 郭维:《美国政治施压事件对人民币汇率的影响研究:2005—2016 年》,《世界经济研究》2017 年第 1 期。

年出现到 2014 年由中国和日本联合控制而暂时平息,历经了 2 年的时间,期间虽然日本因抵制日货活动经济受损程度要大于我国,但我国对日贸易也遭遇损失,同时深受中日外交危机之苦。钓鱼岛问题背后的实情是美国利用日本来牵制我国,不仅是钓鱼岛问题,台湾问题和南海问题亦是如此。但在这些问题发生时,美国本土经济基本没受到任何负面影响,这点值得我国深思。在外交上,我国一向奉行独立自主的和平外交政策,处事以和平共处五项原则为基本准则,具体表现为不结盟政策,这是符合世界发展潮流的。但是我国需要在这个基础上,以国家利益为出发点广结善友,建立国与国之间更加有效的互惠互利的合作伙伴关系,来避免或减少此类事件的发生,或是在事件发生通过外交手段尽可能地降低本国的损失。

除了以上这些问题外,我国之前的对外开放格局也存在不足。1978—1991 年作为对外开放的第一阶段,实际上是为起飞做准备工作,规划很明确,着重于国内开放和总体框架设计,将目标暂且定在想要重振经济和与国际接轨,重新参与国际事务上,其效果斐然,为后来的对外开放体系构建起了个不错的头。不过,那样的对外开放水平仅是初级,理由是这一阶段我国出口主要依靠要素禀赋产品,消耗廉价的自然资源和劳动力资源,这种资源一方面是不可持久的,另一方面这种要素禀赋没有转变成市场优势,没为我国带来明显的比较优势。另外,由于我国受当时综合国力的限制和国际局势的影响,未能成立一个能由我国主导的区域合作组织来加深我国在国际上的影响力,局限性较大。第一阶段对外开放的成功为接下来的开放奠定了坚实的基础,但一项政策的效用在其他条件保持不变的情况下是递减的。因此,为保对外开放政策的青春活力,需要不断对这项政策进行探索和更新。这个探索和更新可以源于政策本身,也可以从政策实施的环境和条件上入手。

1992—2000 年作为对外开放的第二阶段,国际局势变化更为复杂,我国和国际社会的联系更加紧密。在国际情况不是很有利的情况下,我国仍能够审时度势,转危为安,化挑战为机遇,在提升本国国力的同时,还提升了国际地位和加强了国际影响力。我国在这一阶段制定的对外开放的具体政策更加细化、深化和多角度,不再只限于开放点线面,而是开始转向货币工具、经常项目和金融资本项目的研究。不过也可以看出,在这段时间内,我国在很多情况下都是单独行动。这样很容易被孤立和围堵。同时,区域影响力和话语权还欠加强,对形成以本国为主导的区域一体化还处于准备阶段。同样地,2001—2012年作为对外开放的第三阶段,具有的缺点仍是我国没有做出明确的对外开放格局的规划蓝图,同时经济发展还是受到了国内外的不可抗力因素的负面冲击。

## 1.3 "一带一路"建设的影响

### 1.3.1 "一带一路"的建设

目前,我国对外开放已经进入了第四阶段,经济发展也已经到了重要的转型时期:在内,经济发展发生了明显的结构性失衡,原先的经济发展模式已经不适应现在的经济发展情况;在外,全球化的发展趋势愈加明显,金融危机的发生将我国推到了一个新的发展阶段。为了成功实现我国经济转型,推动经济良性可持续发展,深化对外开放,形成新的对外开放格局是必由之路。原因有三:一是深化对外开放能提供新的发展机遇,给予企业和个人更多更好的发展平台,同时提高人民的物质生活水平,妥善处理人民日益增长的美好生活需要和不平衡不充分的发展之间的矛盾;二是深化对外开放能反作用于改革进程,使我国社会制度、社会结构、社会物质条件等满足经济发展的要求;三是深化对外放开能提高对国际资源的有效利用率,促进我国经济发展。

为此,我国领导人习近平总书记于2013年提出了"一带一路"的设想。丝绸之路原是秦汉时期开通的,作为我国与中亚通往南亚、西亚以及欧洲、北非等主要地区陆上商业贸易交往和文化交流的重要通道;原海上丝绸之路是以中国徐闻港、合浦港等港口为起点。而"一带一路"则是在此基础上向东延伸至亚太经济圈,向西与欧洲经济圈相连,不仅限于以深化中国与东盟的合作为目的,还希冀以点带线、以线带面,增进我国和周边国家、地区互联互通的战略构想。

### 1.3.2 对外开放的趋势和必然路径

"一带一路"的构建是从我国出发,向上向下延伸两条路径,整个路线图如同一只展翅欲飞的雄鹰,正好符合"一体两翼"方法论的应用条件。"一体两翼"最初出现在人民日报的 1954 年的元旦献词中,献词中提到"一体两翼"是对党在过渡时期总路线的一个形象的比喻,并对"一体两翼"做了个通俗易懂的解释——党过渡时期总路线的部署好像一只鸟的形状,它将发展社会主义工业视为主体,将改造农业、手工业和私营工商业比作一双翅膀[①]。现在,"一体两翼"已经成为一个被广泛用于社会生活、经济建设等方方面面的方法论,对我们认识新生事物、理解旧事物的发展规律、促进经济发展起到了一个很好的指导作用。

我国构建"一体两翼"开放新格局是可行的,而且这个可行不仅仅只是体现在地理上。

首先我国需要构造一个新的开放格局。从 2013 以来,国与国之间的联系更加紧密,经济全球化、地球村成了必然趋势,因此一国孤立无援是不可能得到可持续发展的这点更加明显,为了实现可持续增长,必须寻求国际合作。对于我国而言,通过深化对外开放来增加与世界的联系是必然的,在全面构建对外开放新格局后加深与其他各国的联动性是一定的。对外开放新格局的构建需要一个依托,一个以本国为主导的合作组织或是国对国合作路线的规划。国际上这样的例子有很多,最耳熟能

---

① 人民日报 1954 年 1 月 1 日,人民数据—人民日报图文数据库(1946—2017)
（http://58.68.146.102/rmrb/19540101/1）

详的就是以发达国家为主导的世界贸易组织(WTO),另外还有签订区域自由贸易协定来构造区域经济一体化等。这些都是发达国家为使本国利益最大化而成立的国际组织或建立的国际合作。现存的北约、欧盟、非盟、东盟等的存续、发展,以及美国之前提出并主导的 TPP 的发展(不过,美国总统特朗普上台后,在 2017 年 1 月 23 日签署了美国退出 TPP 的行政命令),无不敦促我国需要建议一个由本国主导的区域合作组织。

之前虽然有由我国主导的上海合作组织和我国从被主导者变成主导者的 APEC(亚太经合组织)这两个国际组织的存在,但这两个组织都存在明显不足。上海合作组织的成员国较少,组织定位未具体明确,内部运行机制存在缺陷,而且各成员国的经济发展水平普遍不高,组织内各国经济实力差距的拉大加大了区域合作的难度。APEC 虽然一直是发展中国家为增强自身发展能力所大力倡导的合作组合,但是经济技术合作的发展仍要滞后于贸易投资自由化,其作用一直未达预期,原因主要在于发达国家对经济技术合作的消极态度。另外,APEC 成员的多样化虽为合作提供了前提,但内在摩擦和矛盾在政策执行时无法避免,这点反而又成为阻碍合作的因素,同时 APEC 也缺少一个切实可行的机制,以及必要的资金、技术和人员。因此这两个组织对于我国而言,都不是一个最佳的载体。

其次,我国有能力构造一个新的开放格局,"一带一路"是最佳载体。在进行倡导前,我国总结了国际经验和配合之前对外开放的构思后,已经明确了拓展方向,认为最佳的对外开放格局的构造最好是有双边、多边、次区域和区域合作机制框架基础上的整合优化升级,然后加强双边合作,开展多层次、多渠道沟通磋商,推动双边关系全面发展。选择"一带一路"有三方面原因:

一是在当时的情况下,因为钓鱼岛问题、南海问题和台湾问题存在,中美的利益不一致,我国朝太平洋方向构造开放新格局不保险。而且由于这些问题的存在,我国和美国进行无间隙合作也是不太现实的。在钓鱼岛问题上,美国因在金融危机中遭受打击,急需从外部获得资源去摆脱危机后遗症,中日两国都是美国重要的贸易伙伴,因此在明面上美国持"中立"态度,但由于历史上美日同盟的存在,美国还是更倾向于日本。最明显的就是美国参议院在 2012 年 12 月 5 日通过了 2013 财年的国防授权法修正案。法案中的相关条例将钓鱼岛视为《日美安保条例》第五条的适用对象,表明美国赞同"日本实际控制钓鱼岛"这一说法。在南海问题上,美国国务院两次对中国海军的动向做了表态,保持了美国可以随时介入南海问题的姿态。中国明里同菲律宾、越南摩擦,实则是与美国进行博弈。在台湾问题上,中美则因美国向台湾地区出售武器产生矛盾。所以,若是中国对外开放格局向美国或是太平洋方向部署,是达不到预期目标和效果的。此外由于钓鱼岛问题和南海问题的存在,对外开放格局的规划最好绕开这些敏感区域和敏感国家。

二是我国与沿线国家保持友好往来,和在世界上有举足轻重地位的非沿线国家也保持着良好的关系。在沿线国家方面,在提出"一带一路"倡议前,我国与相关国家进行了国事访问,在倡议提出后,我国也继续通过访问和来往交流促进国与国之间关系良性发展。在这段时间内,我国除了和阿拉伯地区国家、埃及、吉布提、捷克、塞拉利昂、波兰、缅甸、孟买、柬埔寨、马来西亚、意大利、智利等巩固邦交外,还结交了冰岛、非盟各国等新朋友。在非沿线国家方面,因为这些国家与一带一路沿线国家紧密联系,会影响沿线国家建设,我国先于沿线国家出访了这些国家,向他们表达自己的愿景,目的在于一方面减少建设过程中的阻力,另一方面在解决南海、台湾等其他问题上减少后顾之忧,能有更多主动权。这些国家包括美国、韩国、英国、俄罗斯、印度以及东盟成员国等。其中我国格外重视美国,在短时期内接连会见美国国务卿克里、出席第七轮中美工商领袖、贺电特朗普等,并多次提及中美需携手合作。韩国方面,我国和韩国于 2015 年签署了中韩自贸协定。英国方面,在中欧建交 40 周年,中英建立全面战略伙伴关系 20 年之际,为了推动中英关系全面发展,习近平总书记于 2015 年 10 月到英国进行国事访问,开启两国合作的黄金时代。俄罗斯方面,我国国家主席习近平于 2016 年年初和俄罗斯总统普京开展丝绸之路经济带建设和欧亚经济联盟建设对接合作。印度方面,我国和印度于 2016 年通过"中国旅游年",加强了两国关系,这一旅游年的举办也象征两国人民友好交往源远流长。东盟方面,我国始终坚持南海问题不应影响中国—东盟关系发展,体现了我国处事的睿智和成熟。

三是"一带一路"已被其他国家试验过,而且也有成功案例可循。在我国"一带一路"设想提出前,利用这一相同或相似路线的还有俄罗斯、印度、伊朗的"北南走廊计划",欧盟的"欧洲—高加索—亚洲交通走廊方案",日本的"丝绸之路外交",美国的"新丝绸之路计划"。但这些计划均有不足之处。丝绸之路起始于古代中国,从最开始建设之初就是为商贸而建,带有经济属性。相较他国而言,我国留存的相关史料更为丰富,前人经验更多,我国会比其他国家更加了解如何更有效地利用这条路。古代海上丝绸之路是我国与外国贸易往来和文化交流的海上大通道,在建设和运行过程中推动了沿线各国的共同发展。可以看出,"一带一路"的作用已经得到过验证。我国在"一带一路"的构建上借鉴了其他国家的经验,赋予古代丝绸之路全新时代内涵,对古丝绸之路进行了传承和提升,并结合了中国的实际情况,在实施上会更为完善。

最后,"一带一路"为载体构造的"一体两翼"开放格局的是有效的。比如在金融方面,我国工商银行的新加坡分行于 2013 年正式启动离岸人民币清算业务,沪港通于 2014 年正式启动,巴黎的人民币清算业务也于 2014 年正式启动,我国财政部 3 年期 30 亿元人民币债券于 2016 年在伦敦证券交易所成功上市,深港通也于 2016 年开通,最重要的是我国在 2016 年正式成为 IMF 第三大股东,人民币于 10 月 1 日正式加入 IMF 的特别提款权货币篮子。总的来说,"一体两翼"开放格局的有效性体现在以下几方面:

一是为我国解决产能过剩、重要资源对外依存度高等问题提供了一个新的疏导途径。"一带一路"倡议的实施并不是简单地将我国的过剩产能向国外输出,而是在修建这一通道的过程中,我国主动为沿线各国建设基础设施提供帮助,让中国技术和标准"走出去",同时协助当地经济发展,造福沿线国家人民的生。"一体两翼"新开放格局之所以有助于产能过剩等问题的解决,是因为过剩产能因为沿线国家的有效需求而转变成了新的投资。具体来说,我国国内具有比较优势,但产能相对过剩的企业借助"一带一路"建设这一契机,向境外输出劳务、资本、装备、技术等,具体方式如利用我国给予的税收优惠去其他国家建设所需的生产基地,使得国内企业的利润空间有了提升,与国外合作伙伴洽谈的宽度也放宽了。与海外签署的订单的增加,不仅打通了我国与各国在交通方面的联系,还促进我国对外贸易总额的增加。另外,在这个过程中,我国和其他国家的经济文化交流因此而加深,这有助于为我国相关产品、资本的海外输出提供便利的途径和建设必要的平台,促进了我国"走出去"战略的实施,协调企业"走出去"和"引进来"资源的分配。在这些企业中就包括了过剩产能的行业。而这些在国内是相对过剩的产能,在发展中国家却正好是短缺的,这是因为发展中国家基础设施差,改善基础设施正好需要这些建材等,因此这些已经固化产能转变成了新的投资。另外,一带一路沿线许多发展中国家油气资源、矿产资源丰富,可以改变我国资源进口途径较为单一,进口来源过于集中,安全稳定性低的问题。

二是推动经济发展和技术创新。"一带一路"的实施是会直接推动我国和沿线各国贸易的发展,这有助于我国吸收外资和引进最新技术以及进行产品输出,与合作国家共创辉煌。在过去的几年里,中资金融机构在布局"一带一路"上已经投放了大量资金。据统计,截至2016年底,进出口银行和国家开发银行在相关沿线国家和地区的贷款余额已经达到了2 000亿美元。这两家银行连同另外7家中资银行,在26个沿线国家设立了62家一级机构。在此背景下,国家主席习近平于2017年5月

14 日在北京出席"一带一路"国际合作高峰论坛时提出了"一带一路"科技创新行动计划,其中包括开展科技人文交流、共建联合实验室、科技园区合作、技术转移等 4 项行动。随着这项行动计划的提出,我国政府除了向丝路基金增加投资 1 000 亿元人民币外,还与世界银行、亚投行、金砖国家新开发银行和其他多边开发机构合作来支持"一带一路"项目的建设。在没有新技术和产业调整的初始阶段,盲目增加信贷供给,会引发产能过剩,而且货币政策调控只能增加短期产出水平。但是就我国目前的情况而言,融资问题的解决有助于企业科技创新和获取新兴技术,可使我国经济可以在技术进步的基础上得到长足发展。这是因为目前我国从国外进口大量技术产品,随着我国市场的扩大,在没有资金困难的前提下,企业可以到海外并购,把技术用并购方式购买回来,在这些技术的基础上进行创新改进,从而提升我国产品的含金量和附加值。技术进步是产业转型升级的原始动力,我国在"一带一路"沿线金融机构的布局,其金融支持行为能够影响企业产出,提高经济增长水平。①

　　三是可以解决人民币国际化进程中的特里芬难题。如今世界经济正处于动力转换的重要阶段,我国经济发展也进入了新常态。随着我国扩大了在 IMF 的话语权和人民币加入 SDR,人民币国际化的进程进一步加快,我国需要思考如何妥善处理特里芬难题。这里的特里芬难题是指当人民币取得国际核心货币地位后,各国为了发展国际贸易,将人民币作为结算与储备货币,导致人民币流出我国在海外沉淀,对我国来说会发生长期逆差;而人民币作为国际货币需要保持币值稳定,这又要求我国是一个长期顺差的国家,这两者之间存在矛盾。"一带一路"在一定程度上解决这一问题的途径是我国成立了 400 亿丝路基金,秉承工商共建共享的建设原则,通过"一带一路"的连接和扩展,以改善"交通运输条

---

① 马彪、林琳、吴俊锋:《供给侧结构性改革中产能、金融支持与经济波动关系研究》,《产业经济研究》2017 年第 5 期。

件"为先导性抓手,投资沿线国家的基础建设,提高受援国的经济社会效率。具体来说,这一问题的解决是因为我国作为人民币发行国和沿线国家的利益表现形式呈现了高度的一致性。人民币是通过金融渠道投放,通过贸易渠道回流,减少了保持币值稳定和长期必须是顺差国之间的矛盾。同时,我国有能力并且愿意持续向沿线国家提供具有竞争力的商品与服务,沿线国家对我国商品和服务也有持续的国际需求,这样形成的贸易顺差在增加我国人民币对外价值的稳定性的同时,还避免了特里芬难题,进一步强化了沿线国家持有人民币的信心。我国借向沿线国家投融资的机会向外输出人民币,不但可以增加我国的海外资产,还能有效增强人民币的国际地位。因此采取"融渠道投放、贸易渠道回流"的国际循环模式,可以缓解特里芬难题的消极影响,促进国别货币更顺利地发展成为国际货币①。

四是显示了我国开放包容的态度,方便我国抓住并创造发展机遇。包容性是我国"一体两翼"开放战略目标实现的关键。"一带一路"倡议作为"一体两翼"战略的载体,展现了我国开放包容的态度。近些年来,国际环境复杂多变,特朗普政府本着"美国优先"原则对现有国际形势发起挑战,并以中国为假想敌,开始抑制中国对外开放和发展的步伐。在这样的情况下,"一带一路"的开展不仅有利于遏制美国的不公平举措,还拓宽了我国的发展空间。自"一带一路"实施以来,我国为了配合和加大开放的步伐,出台了多项政策,并取得了优异的效果。在贸易方面,如加深了与东南亚的贸易往来,将贸易扩展到拉丁美洲,与巴拿马实现互联互通等;在资本项目方面,如我国 A 股被纳入富时罗素全球股票指数、中日 ETF 互通中方产品成功发售、科创板顺利推出、沪伦通开始启动等。"一带一路"之所以能取得这些成功,原因有以下两点:一是填补了

---

① 严佳佳、黄文彬:《人民币国际化进程中特里芬难题的辨析与求解——基于国际货币循环模式的分析》,《国际金融》2016 年第 5 期。

贸易真空地带。这体现在两方面,一是填补大国忽略的国家,二是资助贫困地区和国家。前者主要以东南亚为典型。自冷战结束后,美国对东南亚的政策,呈现出一种"不连贯接触"特征,尤其是在特朗普上台后,实施如退出跨太平洋伙伴关系协定(TPP)等决策,更令东南亚国家感到不满和担忧。而我国通过"一带一路"实施了中国—中南半岛经济走廊、澜沧江—湄公河合作机制、中缅经济走廊、中老经济走廊等项目,加深了和东南亚国家的关系。尤其是 2020 年 11 月 15 日区域全面经济伙伴关系协通(RCEP)签署,全球最大自贸区宣告诞生,是我国"一体两翼"开放战略的重大成果。在中亚和南亚我国通过"一带一路"一系列的港口、铁路、公路、桥梁等的建设,不仅便利了我国和欧洲的交通,还解决了中亚、南亚 3 200 万人口的中度贫困问题,同时还增加了这些国家的经济增长。如吉尔吉斯斯坦、巴基斯坦和泰国受"一带一路"基础设施建设影响,其实质收入增幅可能超过 8%,是我国和"一带一路"国家实现双赢的最佳佐证。二是缔结友好伙伴关系,以经济联系加深外交关系,减少、避免我国受大国打压。闭关自守的苦果让我国认识到一国不可能孤立存在,苏联时期的教训则告诉我国要广交善友。"一带一路"为我国提供了更多与其他国家进行经济往来的机会。这样一是可以巩固我国贸易大国的地位,二是可以与更多国家形成战略合作伙伴关系,拓宽我国对外贸易的渠道,三是可以降低美国等大国在我国对外贸易中的占比,避免直接受大国政策变动的严重负面冲击。

## 1.4　本章小结

马克思曾说:"社会无穷发展进程中的每一个阶段都是必然的,因此对它所由发生的时代和条件说来,都有它存在的理由。"[1]从这句话中可

---

[1]《马克思恩格斯选集》第四卷,人民出版社,2013 年,第 213 页。

以看出,事物的发展受到的影响不仅局限于特定时期受到的主观能动性影响,还包括客观的社会历史条件:社会物质条件、社会制度条件和国际环境。

这一原理同样适用于我国对外开放的发展历程。至今我国对外开放已经经历了四个阶段,目前正处于第四阶段。这四个阶段分别为:1978—1991年是以十一届三中全会召开为标志的第一阶段。其主要内容和目标是引入竞争机制与国外先进技术和解决贫困问题,主要的成就是设立了经济特区,推动了经济的发展,为我国和国际社会更好的合作和交流提供了一个良好的平台。1992—2000年是以十四大市场经济改革为标志的第二阶段。其主要内容和目标是弥补资金短缺和推进经济转轨,主要的成就是建立了全方位开放格局。2001—2012年是以我国加入WTO为标志的第三阶段。其主要内容和目标是融入全球生产,实施出口导向战略,实现产业多元化,主要的成就是成为世界加工厂。2013至今是以"一带一路"计划的提出和实施为标志的第四阶段。其目标和主要内容是对外投资和主导全球价值链和优化产业结构,主要成就是凭借"一带一路"达成预期中适应、参与、主导全球规则的效果。

我国国家主席习近平曾说过,历史研究是一切社会科学的基础。"一体两翼"方法论就是从历史研究中得来的宝贵的经验成果——在中国进行社会主义改造时毛泽东主席曾提出"一化三改""一体两翼"的总路线。如果一个方法能指导很多不同的政策的实施,那么证明它是非常有效的。而"一体两翼"作为方法论时常被有效运用,它经过历史的检验,证明了自身的有效性。为了更好地发展我国经济,本书借助"一带一路"倡议,运用"一体两翼"的方法来构思我国新的开放格局。"一体两翼"的开放格局是指以我国为主体,以"一带一路"沿线国家为两翼,在平等互利、合作共赢的基础上,实现我国经济质量第一、效益优先地可持续发展。

"一体两翼"开放格局作为人类经济发展的实践,其形成、构建与实施也必然受制于特定的社会历史条件。在社会物质条件方面,我国国内生产总值在 2002 年就已突破了 10 万亿元。在 2012 年 WTO 的报告中我国商品出口在全球商品贸易额排名中位列第一,进口排第二位,在包括我国在内的发展中经济体的全球贸易中占据了近一半的份额。2015年,我国 GDP 首次突破 10 万亿美元,位居全球第二。货物贸易总值仍保持全球第一的地位,出口市场份额较上一年有所提升,达到了 13%。与此同时,我国仍然是全球经济增长的重要动力之一,经济增速在全球主要经济体中继续位居前列,是世界经济增长最重要的推动力量。2016年,我国服务贸易的全球排名更是从第四位上升至第二位。可见,我国社会物质条件不断进步,且足以支撑对外开放新格局的建设。在社会结构方面,其包括社会组织结构条件、社会运行规则等。从一开始外贸和财税体制改革到支持"引进来"和"走出去"战略的落实再到沪港通、深港通的开通和 811 汇改的执行等,无不显示着我国对对外开放更加深入的研究与实践,而这些制度改革均为对外开放新格局的形成打下了坚实的制度基础。在国际交流方面,我国作为联合国安理会常任理事国和 IMF的成员国之一,凭借日益提升的综合实力和与世界各国日益紧密的联系,得到世界各国投资者的认可,邻国与我国加强合作的意愿普遍提升。目前我国边境地区的整体状况正处于历史最好时候。这为我国"一带一路"的顺利开展和对外开放新格局的建设提供了稳定的外部环境。

综上所述,我国对外开放的格局由国内的点线面到区域的点线面,即点连成线,线带动面,以"一带一路"为两翼,带动我国全方位的发展。"一带一路"本着为沿线各国人民服务和造福全世界的目的而构想,符合世界和平与发展的主题,与联合国 2030 年可持续发展议程完全一致。"一带一路"的提出是将精力放在提高对外开放水平上,增强参与国际竞争的能力,从而倒逼转变经济发展方式和调整经济结构,同时又聚焦了政策沟通、设施联通、贸易畅通、资金融通和民心相通,构建了互利合作网络、新型合作模式、多元合作平台,不仅满足我国"一体两翼"新开放格局构造的需求,更是民心所趋,时代所需。

# 第二章 "一体两翼"开放的现实挑战

我国"一带一路"倡议的区域正好位于"地球的心脏地带"。从整体形态上看,具有洼地型特征——两边高、中间低的态势。从经济地理方面看,东端是亚太经济圈,西端是欧洲经济圈,都是经济发展地区,中心则是我国、中亚和西亚一带经济相对落后地区。[①] 尽管美国、日本不在"一带一路"的规划线路上,但由于两国在国际社会中的重要性和对我国发展的不可忽视的影响力,以及两国曾实行的"新丝绸之路"和"丝绸之路外交"策略与我国的"一带一路"有相通之处,本章也将其纳入其中进行讨论。本章将以经济学视角,从供需分析模式出发,通过描述中亚、北亚、南亚、西亚、东南亚、欧洲、美国和日本的现状及其对"一带一路"的反应情况,从油气资源、矿产资源、粮食等方面来论述我国"一体两翼"开放格局面临的需求方面的现实挑战,并从我国的现实情况出发来分析"一体两翼"开放战略在供给方面存在的阻力。

---

[①] 赵可金:《"一带一路"从愿景到行动》,北京大学出版社,2015年。

## 2.1 "一体两翼"开放发展的需求视角分析

### 2.1.1 对其他国家具有比较优势的要素资源的需求

在油气资源方面,随着经济的发展,我国对油气资源的需求快速增长,国内现有的油气产量已不能满足国内的消费水平,需求缺口持续扩大。我国油气的主要进口途径是通过马六甲海峡的海路运输,途径较为单一,而马六甲海域沿线多个国家与西方大国冲突加剧,国内政局不稳、暴恐怖事件多发,能源运输极有可能由于地区冲突、局部战争、军事干预、恐怖袭击、政治对立和经济要挟等因素被切断。此外,我国油气进口的来源过于集中,国内资源需求对外依存度高,能源安全受到威胁的可能性较大。虽然与我国西部接壤的中亚国家的油气资源极为丰富,但是我国从这些国家和俄罗斯进口的石油量的占比仍然偏低。"一带一路"的实施,有助于我国能源供给来源、进口途径的多元化和能源合作的多边化。虽然沿线国家的油气生产能力要高于消费水平,但是近期其油气生产能力下降导致对外出口动力不足,出口量不断减少,而且我国与一带一路沿线国家能源合作方面还存在一定的困难和问题。在这部分中,因为"一带一路"以肯尼亚为据点延伸到了非洲,而非洲的油气资源相当丰富,所以这部分也将非洲国家的情况作为分析对象。

中亚国家方面,油气资源是其命脉。能源是经济发展的引擎,能源的缺失严重制约一国经济的发展。其中,一些中亚国家实行以总统为核心的高度集权制,政治稳定性比较脆弱,在国家管理上难免会有寻租和腐败行为的产生。这些国家的经济发展会因为国际油价的下跌和世界能源供需结构的变化而有所迟滞;国家的综合实力和社会稳定性也会因此遭受重大冲击。所以,虽然中亚国家在油气资源方面占有较大的相对优势,但是我国需要认识到政局问题对双方直接或间接的能源合作的影响。如何通过"一带一路"与中亚国家实现长期有效的合作是当下需要考虑的重要问题之一。

北亚国家方面,主要是俄罗斯。俄罗斯对我国的崛起早有戒备之心,我国近年来的快速发展使俄罗斯不断感受到来自我国的压力,在与我国能源合作时得失之心会比较重,会对我国能源出口的依赖程度的上升而危及本国安全这点着重思考。另外,俄罗斯将中亚地区视为其传统势力范围,是事关其地缘安全的"门户"和"后院",其通过自身能源体系一直掌控着中亚能源的出口方向和中亚国家的部分油田和油气下游产业。"一带一路"促进了我国和中亚国家的合作,但在一定程度上会侵犯俄罗斯的现有利益,因此会引起俄罗斯对我国利用能源合作推动中亚地缘战略的提防。

南亚国家方面,南亚的石油总量按已勘探总量计算,只占世界总量的 0.5% 左右,其天然气也只有 1% 左右,新增储量有限,油气资源相当匮乏,并越来越依赖进口。南亚国家的能源开发和投资一般都由政府主导,虽然各国都改革了能源开发、投资的政策,开放了市场,但是由于总量的限制,我国从南亚进口油气资源,满足需求的可能性较小。因此,我国与南亚国家在能源方面的合作集中在能源投资和运输上比较有利,而不是能源进口。

西亚国家方面,在分析这一区域的国家时会更多把这一部分国家当作政治地理学概念的中东地区来分析。由于资源民族主义的盛行,中东部分油气生产国不愿向我国开放其上游的油气勘探开放和生产领域,我国的能源企业与其的合作主要集中在能源贸易和油气项目基础设施建设、技术支持等下游油气市场的建设投资领域,所得的油气数量十分有限。另外,中东国家出现了一些我国"掠夺中东资源"的杂音,认为我国与中东的合作过度强调自身的能源利益,担心会由于过度依赖我国的能源进口而受我国钳制,成为我国能源附庸。这在一定程度上降低了中东国家与我国能源合作的意愿。

东南亚国家方面,据有关数据显示,在待发现石油资源上,东南亚占亚太地区的 54.7%，而亚太地区仅占全球的 2.9%，而且该地区石油开采程度较高，可见总量很少。此外，这一区域的油气开采增长率明显低于世界均值，但是消费能力很强，是相对贫油区。不过，相对于石油，东南亚的天然气相对富有，除了以 LNG 形式大量出口外，还有相当数量的通过管道向邻国出口。但是鉴于南海问题的存在，我国与东南亚的争端使得双方之间的能源合作情况并不是一帆风顺。

欧洲国家方面，欧盟油气储量不足世界总量的 4%，但消费总量却将近世界的 25%。2018 年，欧洲石油产量为 1.629 亿吨，石油消费量却高达 7.42 亿吨，产量和消费量之间存在明显的缺口。可见，欧洲虽然不是全球的产油中心，却是主要的传统耗油地区。为了满足地区发展需要，欧洲经常需要从印度、美国和俄罗斯进口油气资源。因此，我国从欧洲进口油气资源的可能性很小。

美国方面，美国在 2013 年最早最成功地开采了页岩油和页岩天然气，改变了世界能源和地缘政治格局。我国油气对外开放最大的外商投资主体是美国企业，虽然我国对美国油气公司与我国公司合作开发国内油气资源，和对我国企业"走出去"开展油气国际合作均表示支持，两国也能在工程技术服务方面的互补优势开展合作，但是我国的崛起和"一带一路"影响了美国在亚太地区的既得利益，也影响了美国的"新丝绸之路"计划的实施，因此，与我国通过"一带一路"进行油气合作的国家可能会受到美国的压力，阻碍合作的进程。

日本方面，日本是世界油气资源小国和消费大国，其本身的能源资源极其匮乏，因此日本不能脱离世界而存在的，深知这点的日本把贸易立国为不变的国策。日本的石油主要来自中东地区，占到了日本进口石油的 70% 以上。日本是一个石油及矿产资源高度匮乏的国家，而石油是日本成为工业大国不得不囤的必备物资，在日本被称为"工业的血液"，日本经济发展高度依赖国外石油进口。由于中东地区石油出口总量大体上不会有明显的增加，我国"一带一路"的发展促进了我国和中东地区的合作,对日本从中东地区进口石油造成一定负面的影响,又由于中日钓鱼岛问题的存在,日本可能会对我国"一带一路"上的能源合作采取一些措施。

非洲国家方面,政府为了获取更多能源利益,不断调整油气行业的外资政策,而一些利益集团和政府高官为了一己私利干扰政策制定,导致一些关键性的政策决定和合同项目的稳定性极度缺乏,使得非洲国家的油气资源政策法规复杂又多变,压缩了我国等投资国的利润空间,制约了中非在油气方面进行具有深度和广度的合作。非洲在政策上倾斜国家油气公司,使其国家油气公司在合作中拥有主导权、选择权和更强的竞争力,而且外资要在当地进行油气资源开发,必须要有其国家油气公司同意或参与,不然无法获得开发权。这将使我国在"一带一路"过程中付出更多的成本。

在矿产资源方面,我国的矿产资源种类繁多、总量丰富、地域分布广阔。其中煤矿开采量处于我国首位,但是区域分布不均衡,北多南少,西多东少。金属矿中铁分布最多,其次是锰。非金属矿产品种也很多,并根据不同特性分布在不同地域。不过,由于我国人口众多,人均矿产资源相对不足,而且不同的矿产资源丰度不一,同一资源的质量也存在差异。在分布和构成上,我国贫矿多于富矿,中小型矿床多于超大型矿床,共生伴生矿多于单矿种矿床。因此,"一带一路"中矿产资源领域的合作是将地理毗邻、资源优势转化为共同持续发展的经济增长优势的关键领域。虽然我国和"一带一路"大多数沿线国家和地区有良好的双边合作关系,与这些国家有资源互补、经济互助的合作基础,但是"一带一路"沿线地区的重要战略区位使其向来是大国争夺的重要区域。

中亚国家方面,其国家法律意识和市场经济意识普遍较差,政策随意性较大,"潜规则"盛行,政策稳定性和连续性较弱。近年来,政府虽然调整了矿法,提高了相关税费,但是政府不按法律法规办事,仍需要外资企业缴纳各种名目的费用,因此国家政策环境不太乐观。另外,中亚部分地区交通运输等基础设施匮乏,投资环境还需提高,增加了矿业投资企业的负担。同时,中亚国家资源民族主义热潮上升,加重了地区保护主义,国家对资源控制意识不断增强,民间排外思想逐步强化,使得工程承包附加条件更加苛刻,企业风险提高,拉低了企业的投资回报率,阻碍了"一带一路"过程中在矿产资源上的合作进程。

北亚国家方面,金属矿和非金属矿十分丰富,这里几乎拥有世界上已经发现的一切矿物资源。但北亚国家,以俄罗斯为代表,矿业法律和矿业投资政策调整比较频繁,国家政策环境变动比较大,对我国企业在当地进行投资造成了挑战。虽然中俄关系和合作在近期保持良好势头,但是俄国对我国的崛起仍抱有防范之心,所以在通过"一带一路"进行矿产资源开放合作方面,俄罗斯以本国资源安全为先,以本国需求为先,必然会利用政策进行投资约束。

南亚国家方面,矿物资源以铁、锰、煤最丰富。南亚的这些工业区最早源自英国殖民统治时期,当时的工业基本都集中在自然资源相对丰富的地方,加上南亚多平原,充分利用了其人口优势。但是南亚国家的矿业投资比较封闭,社会局势不稳定,有较大的政治风险,为我国企业通过"一带一路"这个平台与南亚国家进行矿产资源带去了不少的不确定性。

西亚国家方面,铬、铜、锑、锰、铁和磷灰石比较丰富,但煤炭资源和其他较为常用的金属资源较少。另外,西亚作为局势最动荡的地区之一,矿业投资环境开放度比较低,政局稳定性较差,政治风险较为明显,降低了我国企业投资的信心。

东南亚国家方面,有色金属资源丰富。其中,铜、镍、铝、钛、钾盐等金属尤为丰富。目前,大多数的东南亚国家在对外资需求强烈的触动下,为适应国际合作,提高了本国的矿业投资环境的合作的便利度。因此,我国与他们进行矿业合作变得更为方便、有保障。同时,在中国—东盟自贸区,投资环境更加稳定、开放,投资合作中的不合理限制大幅减

少,为双方企业创造更多投资和贸易机会。但是东南亚国家居住人口中
土著居民多,社会稳定性受社区关系等因素影响较大,加上南海问题虽
然表面上逐渐淡去,但是内在冲突仍没有完全解决。所以,我国与东南
亚国家合作中仍存在不少问题。

欧洲国家方面,已知的稀土元素潜力大概有 700 万吨。其经济相对
发达,但金属矿产资源相对贫乏且开发程度较高。虽然考虑到地表以下
(尤其是深度在 150 米以上的区域)以及欧盟成员国专属经济区域内的
海底矿床,欧洲的矿产资源潜力并没有被充分地发掘出来,但是相较于
欧洲的消费水平和所需的矿产品种,欧洲在矿产资源方面能满足自身需
求也存在一定问题。因此,我国通过"一带一路"从欧洲进口矿产资源,
满足要素需求不现实。

美国方面,虽然矿产资源的总量充足,但细分后余缺并存,而且和我
国一样,各类矿产资源的丰度情况不一致,在地理分布上,也是广泛而不
均匀。所以美国也需要从矿产资源丰富的国家进口所需的要素。为了
控制和获取中亚丰富的自然资源,建立起以美国为主导的中亚、南亚新
秩序,美国从 2011 年开始实施新丝绸之路战略,其后又首倡跨太平洋伙
伴关系协定(TPP),这些均成了美国企图"重返亚太"的重要组成部分。
可以看出美国不会放松对"一带一路"沿线自然资源丰富的国家的掌控,
会对我国与这些国家合作造成一些影响。

日本方面,作为一个岛国,矿产资源极为贫乏,在许多重要矿产上,
日本均是世界第一或第二大的进口国,所需资源几乎全靠进口。当时,
其实施的丝绸之路外交的一个目的就是增加与世界各国的联系,方便其
所需资源的输送。由于日本实施的丝绸之路外交要早于我国的"一带一
路",其与"一带一路"的沿线国家早已建立了联系,这会对我国与这些国
家的进一步合作造成一定的阻碍。

在粮食方面,就目前全球情况而言,各国已无法仅靠扩大耕地面积
来提高国内粮食产量。若要进一步提高粮食产量,需要从提高单产入

手,我国亦是如此。面对日益严峻的资源环境和日益增长的粮食消费需求,我国政府虽然已经出台了一系列切实可行的方案和政策,但仍无法从根本上解决粮食产量不可持续增长这一问题。可见,当下保障国家粮食安全的难度越来越大。"一带一路"沿线的国家中有一部分是世界粮食主要种植地区,占据世界粮食产量中的较大比例,其粮食产量仍保持逐年增长的态势,

中亚国家方面,除哈萨克斯坦以外,中亚国家的粮食安全均处于较低水平。粮食安全也是事关其政治、社会稳定的重要问题。一些中亚国家在独立后,仍高度依赖粮食进口。为了减少对粮食进口的依赖性,中亚国家实施了许多措施,但因为生产技术和加工技术无法达到既定目标水平,投资又显不足,所以虽然粮食产量有所提高,但是整体水平仍处在较低水平,发展受到的制约因素较多,向上发展趋势仍不明朗。所以,我国希望通过"一带一路"从中亚国家进口粮食解决国内粮食安全问题的可能性较小。

北亚国家方面,以俄罗斯为代表,虽然地大,但是气温极低,一般农作物不耐寒,因此产量不高。同时,这一地区自然灾害时常发生,农田退化或闲置荒芜现象严重。此外,科技和农业结合程度较低,相关生产设备落后,农业物质技术基础薄弱。[①] 即便是在这样的情况下,俄罗斯谷物出口数量依然庞大,已经严重影响到国内粮食供应,政府不得不多次实施措施限制谷物出口。同时,俄罗斯的地缘政治环境,使其易受西方经济制裁。正因为这些原因,俄罗斯自身也面临着粮食短缺和食品安全问题的威胁。可见,在农业方面,北亚国家可以用来出口的数量很少。

南亚国家方面,尽管南亚地区所占的面积少于全球陆地面积的2%,却构成了全球农业用地面积的14%,并盛产水稻、小麦、甘蔗、黄麻、油菜籽、棉花、茶叶等。可见,其粮食出口的潜力巨大。目前,我国已经是南

---

① 刁秀华、郭连成:《中国、俄罗斯粮食安全问题分析》,《东北亚论坛》2016年第3期。

亚国家的主要的外资提供国,还是部分南亚国家的第一大外资来源国。但是其中仍有些阻碍我国进口的问题,主要出在南亚的硬件设施、通信设施和交通设施不太连贯和各国之间关系比较破碎上。因此,若想从南亚更为顺畅地进口粮食,需要我国协助解决基础设施问题。

西亚国家方面,虽然农业开发已由来已久,但是受气候和灌溉位置的影响,农产品自给率低,成为世界农牧产品主要进口区之一。可见,我国通过"一带一路"从西亚进口粮食补足需求的可能性很小。

东南亚国家方面,农业生产的自然条件优越,粮食产量巨大,亦被称为"世界粮仓"。由于位于亚热带季风气候带,该地区终年高温多雨,降水量十分丰富,可收三季稻。东南亚各国绿色种植、培育的高质量、多产量的稻米形成了该地区粮食出口的优势。另外,东南亚各国为引进外资,出台了不少优惠政策,如税收优惠、土地出让金减免等。这些政策提供了良好的制度环境,吸引了不少外商前去东南亚投资,东南亚各国的粮食产业得以发展。因此,我国从东南亚进口粮食的重要挑战在于处理与东南亚各国的关系,减弱南海问题的负面影响。

欧洲国家方面,其主要粮食是小麦、燕麦等谷物。绝大多数国家都实现了粮食的自给有余,且很多欧洲国家都是国际上的粮食出口国。因此,我国从欧洲进口粮食的可能性较大。在欧盟经济危机的影响下,我国减少了农作物出口,从欧洲进口的大豆、牛奶和玉米等,日益充斥国内市场。但由于这个问题,我国出口到欧洲的农作物产品价格因供给减少而上升,影响了国内出口商的利益。因此,处理好我国粮食进出口问题成了中欧在粮食合作问题上的主要问题。

美国方面,其农业高度发达,机械化程度高,人均粮食产量是我国的3倍多。美国的粮食满足自身需求后仍绰绰有余,很多都通过出口,远销海外,还留有一部分进行科学研发与可再生能源,如制作生物汽油。粮食安全事关国家安定,"一带一路"沿线部分国家的粮食都从美国进口,可以说美国对这些国家的经济命脉的稳定起到了至关重要的作用,因此美国所做的决定会影响这些国家与我国合作的态度,会影响我国"一体两翼"开放方针实行的效果。

日本方面,粮食生产以小型机械为主,地区主要分布在关东平原,农业发达,但其是世界上粮食自给率最低的国家之一,粮食需求依赖进口。但是,日本对国际粮食市场的影响力远远超过作为粮食生产大国的中国。日本通过在世界主要粮食产区建立属于本国的粮食收购和仓储物流体系,实现了本国粮食在全球范围内的跨国流动,使其不仅能随时进口到所需的粮食,还能对外出口粮食,而且近几年的粮食出口已经延伸至我国。可见,日本的粮食政策会影响到"一带一路"沿线粮食合作情况。

## 2.1.2　市场的需求

产能过剩是我国现在面临的一个重要问题。从微观角度看,产能过剩会使得从事部分行业的企业的产品价格大幅下跌,在库存成本不变或是上升的情况下,利润急剧缩水。产品销售受影响,使得企业产销率下降,企业为了减少亏损,降低了开工率,但此举又会引起资源闲置浪费。长此以往,我国物价总水平会因此下降,通货紧缩压力也会因此增强,企业的投资欲望和居民的消费预期更会因此下降,同时宏观环境下行会增加银行不良资产,放大金融风险,宏观经济未来发展情况变得更加难以确定。由此可见,产能过剩会严重制约经济的可持续发展。

"一带一路"的建设为过剩的产能提供了新的消化途径,不仅能在尊重规律、分业施策、多管齐下、标本兼治的要求下进行企业重组,消化和淘汰落后产能,而且有助于鼓励企业到海外去发展,转移产能。为了"一带一路"更好地实行和"一体两翼"开放格局的形成,需要增提高市场在资源配置中的地位,市场化的提高又能倒逼企业化解过剩产能,促进经济的良性循环。同时,销售市场的扩大还能增加我国在国际上的影响力。

中亚国家方面,因为其重工业产品和原料的利用率很低,加工能力不足,所以大多是资源直接出口国外。这些产品都是低端产品,出口后会被再加工,重新卖回给出口国家。因此,在我国技术进步能满足产品再加工、精加工需求的情况下,就有极大可能可以从中亚以较低的成本进口原材料和半成品,然后再加工后以较高的价格出口给中亚国家,进行销售。其次,中亚国家的机电、汽车市场缺口很大,需求较旺盛。同时因为重视轻工业生产,这部分产品无法满足国内需要。所以中亚国家对进口产品的需求是多元化的,涉及的种类很多。

但是中亚国家的资本市场、消费品市场、生产资料市场、劳动力市场运行机制不完善,相关基础设施落后,操作存在漏洞,市场间信息流动受阻,而且行政干预多,法律法规并不健全,市场的总体发育很不成熟,这些为我国产品出口和企业进行投资、设厂带去了不少麻烦。另外,中亚国家两个市场并行问题严重,即规范的市场交易和非规范的市场交易并存,以消费品市场为例,在正规商品和非正规商品的价格存在很大落差,给管理和税收造成了很多麻烦。这一问题如果不解决,会对我国出口产品价格的制定和当地税费缴纳产生负面影响,影响我国出口商的利润,打击其出口的积极性。而且中亚国家多数居民生活贫困,消费水平普遍不高,需求不足问题也会影响我国产品的销售和企业收益。

北亚国家方面,以俄罗斯为代表。俄罗斯本国医疗器械行业发展不快,本土产品无法满足国内需求,所以俄罗斯的医药产品严重依赖进口,国外药品占据了俄罗斯70%的市场,其他民生行业包括纺织品、食品、轻工家电、汽车等,也都依赖进口。由此可见,在消费品领域,我国出口可供俄罗斯需求的产品还是较多的,而且在2019年6月5日中俄元首决定将两国关系提升为"新时代中俄全面战略协作伙伴关系"时,就意味中俄的经贸关系的战略性机会将会因此大大提升,中国商品进入俄罗斯的机会会越来越多。

不过俄罗斯的经济属于外向型经济,主要是靠资源型产品的出口带动,而与外需大幅度增长形成对比的是,内需增长极为缓慢,这就意味着俄罗斯国内市场增长空间有限,国家从国外进口大量产品的可能性很小。同时,俄罗斯目前的发展仍延续苏联时期的资源型经济发展模式,模式陈旧,而且是粗放型,资源消耗大但效率一般,同时俄罗斯的经济发展情况与国际石油价格走势呈现正相关,经济自主性较弱。另外,俄罗斯的重工业虽然还有些出口,但是由于西方国家的制裁,以及我国等廉价高质量产品在国际上的替代作用,即使汇率下跌,俄罗斯的出口依旧没有得到很大的刺激。由此可见,俄罗斯的经济增长速度较为缓慢,人均消费水平一般。由于本国产品的出口限制,我国产品出口至俄罗斯会面临极大的挑战。

南亚国家方面,市场商品自给率低,我国出口到南亚国家的产品的市场空间大。南亚劳动力价格低廉,降低了我国在当地设厂生产的人工成本。而南亚工业发展的整体水平不高,和我国具有较强的互补性,因此是我国企业实行低成本扩张的目标市场之一。同时,南亚市场还具有许多优惠政策,有助于我国企业到该地区进行投资。南亚加工企业,设备陈旧,亟待更新。而我国缝制设备价廉物美,正适合南亚经济发展水平的实际需要。

但是,南亚地区的经济水平在世界上相对落后,国内市场经济体制还未完全建立,制定的市场规则不能很好地引导和维护市场的正常运行,企业投资存在较大风险,如市场风险、信用风险等,因此需要提高风险防范意识。而且,劳动者素质有待提高以及市场进入壁垒较高等现实问题会在一定程度上阻碍我国企业在南亚设厂。而且就目前来看,在南亚设厂只能进行初加工,若是要进行精加工,需要在规划时增大人员培训成本的比重。

西亚国家方面,我国与其政治制度差异和宗教文化不同成为两国合作的关键障碍。西亚地区的国家在政治和经济上长期都依赖西方发达国家,一些西方大国出于自身利益,置国际法准则和联合国权威于不顾,干涉西亚国家内政,推行"新干预主义",使得西亚事实上并未能做到真正的民主自由和民族独立。大国可能会在违背公平合理的国际经济新秩序的情况下,对我国向西亚输出资本和产品进程进行干涉。地区局势动荡和大国压力使得双边合作的阻碍进一步深化。而且部分西亚国家之间还存在经济利益纠葛和领土边界纠纷,在政治制度和意识形态方面也存在显著差异。正是因为这些差异和问题的存在,西亚地区时常会发生恐怖主义袭击。同时,西亚地区市场规范化程度相对较低,降低了我国企业在当地的安全保障程度。另外,西亚与美国、欧盟等发达地区的合作要早于我国,双方之间的经贸往来也更加深入,因此我国拓展西亚市场势必触及发达国家的既有利益,伴随着贸易合作加深,双边合作进程中受到来自发达国家的阻力和干预也会增多。

东南亚国家方面,人口众多,且年轻人口居多,观念更新快,小家庭生活模式盛行,因而社会人口流动性大。同时,在人口分布中,城市人口约占三分之一,大部分集中在大城市及其周围,总体城市化水平较高。可见,东南亚的市场潜力很大。另外,市场制度较为健全,境内又有众多的华侨华人,而华侨华人是我国企业走出国门和走向世界的合作伙伴,正好可以成为我国企业进军东南亚市场的向导。同时东南亚华侨华人本身也是一个巨大的消费市场。这些条件对于我国产品出口到东南亚是非常有利的。

但是在东南亚,收入分配非常不平均,贫富悬殊相当大,因此对必需品和奢侈品的需求非常不一样,这在价格制定上对我国出口商形成了一个挑战。另外,尽管各国的需求量较大,但除了新加坡,东南亚各个地区的公共交通都很不发达,这对产品运输非常不利,在降低了效率的同时,也会影响需求。同时,东南亚的宗教问题,也是值得我国出口商重视的一个问题。

欧洲国家方面,对进口产品的要求很高,需要产品有自身优势,在价格和质量上都要有所保证,而且出口商工厂一定要有质量认证,且规模适中。从打开欧洲市场的过程上看,需要先从低端市场入手,在低端市场占有一席之地后,通过不断提高市场份额和产品质量,同时对产品进行适合欧洲市场定位的改变,形成品牌效应,才能有可能进入到欧洲中高端市场,进而获得更大的利润。这个周期较长,需要出口商有精准的定位和充足的资金支持。欧洲是世界经济中心之一,经济发展水平居各大洲前列,工业、交通运输、商业贸易、金融保险等在世界经济中占有重要位置。虽然欧洲市场在产品运输提供了极大便利,但目前我国出口到欧洲的产品取胜的基本都是中低端产品,技术含量相对较低,竞争力不足,这对我国长远解决生产过剩问题,实现可持续发展是不利的。因此,与其期待在欧洲市场进行大量的产品出口,不如向这些发达国家进口高科技产品,引进先进的管理经验和技术,促进国家间的互访和人才交流学习,来提升我国产业发展的核心技术和综合竞争力。

美国方面,加拿大、墨西哥、日本是美国目前主要的出口国,涉及“一带一路”沿线国家较少,但是美国在西亚、中亚、东南亚、南亚的影响力不容小觑,而且在很多国家具有绝对影响力。在出口的商品方面,美国出口商品以资本密集型商品、工业制品、消费品为主,技术含量较高,涵盖的需求面较广。而且美国出口行业主要依靠的优势要素是资金和技术,美国主要从其他国家进口电子设备零部件与原材料,而机电产品与运输设备的制造过程中核心部件的生产,高附加值部分的加工则是在美国国内完成的,同样相较于发展中国家,美国及其制造业更关注的是市场的开发与新技术的研发。同时由于资源的充足和其他一系列因素,劳动力也是非常重要的要素,并逐渐变得越发重要。但是美国的劳动力成本高,他需要会寻求去劳动力成本低的国家设厂,进行产品制造加工,从而达到降低总成本,提高总利润的目的。“一带一路”国家普遍劳动力价格低廉,因此加深美国争夺这些地区的决心。

日本方面,日本出口的优势在于机械、电子、汽车等先进技术行业,工业产品以节约、轻便、小巧著称。其中,机电制造业是出口龙头产业;

汽车、机床是出口主力产品,同样以核心技术取胜,出口产品可被替代的可能性低,相较之下可知我国出口产品核心技术缺乏是影响利润和市场份额的致命缺陷。日本海运发达,国内铁路发达,商品运输四通八达很是便利。虽然我国、美国、东盟、欧盟是日本的主要出口市场,但是日本在世界各地设厂,也达到了产品输出的目的,同时还可以有效利用当地的自然资源和人力资源,降低了本身成本。在产品定价环节,可以给予优惠,提高产品在国外的竞争力,因而对我国输出的产品是个不小的威胁。

## 2.2 "一体两翼"开放发展的供给视角分析

### 2.2.1 资金的供给

国家间经济竞争的最高表现形式是货币竞争。因此,我国致力于把人民币变成国际储备货币和结算货币。这意味着人民币需要在境外需要拥有一定的流通度,以人民币结算的交易在国际贸易中达到一定比重,以人民币计价的金融产品需要扩大其市场规模,成为世界各国或金融机构的主要投资工具。虽然在实现人民币国际化的过程中,需要应对不少挑战,花费不少人力物力财力,但是一旦实现,会为我国带来不少优势。一方面可以令我国享受国际铸币税收入,另一方面可以减少我国因使用外汇产生的财富损失,为我国开辟一条新的利用资金的渠道。此外,人民币国际化不仅可以提高我国的国际地位,增强对世界经济的影响力,更重要的是可以增强人民币对其他货币的替代性,从而影响储备货币分配格局和西方国家的地缘政治格局。

人民币国际化是一个长期的战略。具体来看,他的成功推行需要满足三个条件。一是依赖我国经济成功转型得以实现的经济的可持续发展;二是成为或建立亚洲重要的主要以人民币计价、流通的国际金融中心;三是完善市场经济基础性制度,转变政府职能,设立相对独立的立法和司法程序来保护产权。目前,人民币是全球第三大交易货币,也已于2015 年 11 月 30 日被正式宣布纳入 IMF 特别提款权(SDR)的货币篮子,同时人民币跨境支付系统也已开始运作。在"一带一路"和"一体两翼"的实施过程中可以进一步巩固和发展这三个条件。伴随着"一带一路"建设,人民币在沿路国际贸易和国际投融资领域使用范围和使用规模将会不断扩大,依托于"一带一路"的建造,人民币贸易圈和人民币货币区的构建和形成速度会不断加快。在这个过程中,资金的供给是个不可忽视的因素,充足的资金供给可以推进人民币国际化的进程。资金融通涉及经济实力、制度的完善和跨国金融基础设施的建设①。在这三方面均存在现实的挑战。

虽然我国目前已经步入了中等偏上收入国家的行列,但是与货币国际化程度相对较高的国家相比,仍有一定差距。根据最新统计数据可知,我国已经成为当今世界最大的贸易国和第二大经济体,若以购买力平价计算,我国已成为第一大经济体。目前我国坐拥 3.5 万亿美元外汇储备,而且该数字在未来还有持续增长的可能,这意味着我国大型基建项目可以获得充裕的资金。

"一带一路"需要多方的长期融资来为基础设施互联互通、产业园区和贸易畅通提供稳定持续的资金。这些资金仅靠世界银行、亚洲开发银行、亚洲基础设施投资银行等开发性金融机构提供是远远不够的。他们提供的资金主要是发挥一个杠杆作用,我国自身的经济实力才是最重要的保证。现在我国经济增速放缓,全球都在担忧我国能否保持改革势头,实现向以国内消费和服务业为基础的新增长模式转型。我国领导人已对经济增速放缓产生警觉,不过在我国内部,各方依然对经济长期发展轨迹报以极高的信心,仍然致力于确保"一带一路"倡议的落地实施。

我国经济现在处于新常态,是转变国富民穷、经济转型的重要时期。

---

① 姜业庆:《资金融通将是"一带一路"建设的重要支撑》,《中国经济时报》2017 年 4 月 18 日。

只有处理协调好这一时期的经济发展,成功实现经济转型,才能保证我国经济的可持续发展和我国经济实力的大幅提高。不过,在发展过程中,收入分配目前已经变得较为不平等,高收入者的收入远远高于穷人,城乡之间的收入分配差距拉大,投资收入作为收入分配的一部分,挤占了过大的比例,使得开放的成果不能被大众适时适度地共享。同时,投资需求与其他需求之间的不均衡会给我国带来长期性的风险,导致实体经济和虚拟经济之间的不匹配度拉大。同时,劳动力市场的管理缺乏规范,浪费了部分人力资源。另外,金融系统仍待完善。在经济转型方面,我国的产出缺口在不断扩大,为改变这一现状,我国提出了供给侧改革的方针,但这个方针的有效力度仍需进一步观察。目前,我国产能过剩行业的退出较为困难,因为这些行业主要是中上游行业,而且存在不断的亏损压力。持续性的债务通缩的压力,导致全社会的融资规模不断的收缩。同时,全社会的最终商品和服务的总体价格水平目前也处于通缩的状态。经济增长的内生性的收缩风险也不断上升,劳动力市场中结构性失业和总体性失业潜在风险需要重点关注。

在制度设计和完善方面,我国市场信息不对称问题依然存在,因此市场开放程度仍需提高。其中利率市场化、人民币汇率机制完善、资本项目可自由兑换是需要重点推进的领域。在"一带一路"推出时,很多人习惯性地将之与三十多年前的对外开放混为一谈,认为三十多年前的对外开放是以"优惠政策"和"重点项目"驱动的,那么"一带一路"也该如此。但是,事实上"一带一路"不是以对外援助为核心,而是着重发展与周边发展中国家的互联互通关系,从而达到共同发展的目的。无条件的援助只针对极少数的重要项目,市场化原则仍占主导,其必要的前景和盈利性是重点,需要做到收益和风险的相对匹配。"一带一路"沿线国家大多是发展中国家,虽然有很好的增长潜力,但有一个共同的问题,就是基础设施薄弱,而大量互联互通的建设项目和贸易流动依赖完善的基础设施支持。因此,为了提高基础设施的建设效率,我国需要设计好重点项目,搭配合适的优惠政策,来推动交通、通信和能源等基础设施的建设,同时提高市场开放程度。

"一带一路"地区需要通过大量人民币的投入来补充其在基础设施投融资中缺乏的资金。为了解决这一问题,需要建立一个完善的货币稳定的市场。但这仅仅是与沿线各国开展各方面合作的基础。只有进一步建立相关稳定的投融资系统,才能保证各国资金来源的可靠性。不过,除了建立一个发达的投融资体系外,信息不对称问题和市场开放程度问题也是需要被考虑和策划解决的。因为我国与沿线国家存在语言差异、民族差异、宗教差异、国情差异,在价值观念、组织体制、运行机制甚至微观的管理规范等方面也有很大的不同,还有很多看不见的习俗、规范和惯例等也存在于不同国家和地区民众内心深处,我国实施的互助政策不仅要将这些差异考虑其中,同时又需要符合本国的金融规则、遵守本国的法律,所以如果不解决信息不对称问题,不少有意愿开拓"一带一路"沿线国家市场的企业就会因为遭遇的困惑没有得到及时解答,不好估计投资风险而不愿进行投资。而我国企业也因为不了解投资对象的宏观情况和商业运作规则,无法进行正确的判断和决策,只能为了减少投资风险而放弃投资机会。这一切会使得政策实施过程中产生的误解不能得到及时解决,最后使得沿线国家会抵制我国实施的互助政策。要想克服这些制度性障碍,需要打通"一带一路"沿线国家,实现互联互通,让资源、要素和信息等在一共通的平台上得到充分释放。同时,对一些关键项目的进展和可能产生的影响应做好预先判断,并根据判断结果提前做好准备,如加强相应的配套管理制度建设等。另外,也需要打破信息交流障碍,建立不同驻外机构、管理机构之间的信息共享体系,在项目建设过程中,实时跟踪了解项目执行情况和各国对项目建设或合作的意向情况,并进行有效的反馈。

实现市场开放,需要从利率市场化、人民币汇率机制完善、资本项目可自由兑换入手。虽然时任中国人民银行行长周小川在 2016 年表示我国已经基本完成了利率市场化,取消了存贷款利率管制,给予了各金融机构利率的自主定价权,但是中央银行对利率指导的传导机制仍待健全,利率形成机制还需在市场上不断磨合和完善。在人民币汇率形成机制方面,尽管现行人民币汇率形成机制基本上符合我国国情,但是其银行结售汇的强制性与银行间外汇市场的封闭性导致形成机制扭曲,汇率制度承载较多的政治负担,缺乏灵活性和弹性,丧失了调节功能,同时现行人民币汇率的调整缺乏充足的依据,又有较高的维持成本,使得人民币汇率制度的完善任重道远。另外,现在我国实行外汇管制政策虽然允许生产资本兑换,但还不允许投资款的自由兑换,因此资本项目仍未实现完全可自由兑换。

在跨国金融基础设施的建设方面,支付系统(PS)、中央证券存管(CSD)与证券结算系统(SSS)、中央对手方(CCP)、交易报告库(TR)和其他金融市场基础设施之间相互协调程度还需提高。金融市场的基础设施是金融市场运行的核心支撑,是金融活动实现跨国、跨区域、跨市场、跨机构开展的重要渠道。所以为了推动人民币国家化的进程,构建一个多元化、开放式的,将政策性银行、商业性银行和各种国际开发机构包括在内的金融服务体系是至关重要的。[①] 在构建过程中,我国需要鼓励人民币在资金融通过程中成为一个主要的货币形态。为了实现这一目的,"一带一路"在此过程中的重要性不容忽视。虽然这一倡议由我国率先提出,但其建设需要沿线各国的互相配合和支持。因为"一带一路"在本质上是一种国际公共产品,其建设需要的资金量和建设周期,超出了任何一国国家能力所能承受的范围。

"一带一路"是一项需要国际通力合作的项目,项目实施需要调动所有可用资源。我国应该通过创造新型投融资模式吸引国际资本参与建设,在发挥亚洲基础设施投资银行、丝路基金作用的基础上继续加强与

---

[①] 陈莹莹:《"一带一路"建设呼唤多元开放金融体系》,《中国证券报》2017 年 5 月 12 日。

国际开发性金融机构的双边、多边联系。为此,建设新型融资平台是必要的。目前,国际融资平台包括但不限于世界银行、各国商业银行和区域合作组织倡导的融资机构。同时,创新融资方式,包括但不仅限于银行直接融资或贷款、银团贷款、银行授信、优惠利率等。在此基础上,需要消除投资壁垒,拓宽合作渠道,促进投资合作便利化。为了实现这些目标,可从以下三方面入手:一是提供制度保障,保护投资者合法权益。二是挖掘新的投资领域。在双边投资保护协定的保护下,以丝路基金做牵引,鼓励各种社会力量参与到重点项目的建设中去,如各国主权基金、商业性股份投资基金等,营造健康的社会信用环境,搭建稳健的支付清算体系,保证安全的科技信息系统。不过,"一带一路"沿线国家受经济地理学规律的影响大,国家发展不平衡现象明显,因此,需要着重注意马太效应的影响。

在构建过程中还存在以下问题。一是金融法律基础较为薄弱,法律法规体系尚待完善健全。这体现在目前国内金融监管部门分块式的管理体制,监管理念和标准不一,尚没有建立统一的金融市场的管理规则和指引,不利于金融基础设施的跨部门、全局性使用。另外,对金融基础设施的宏观审慎监管架构还有待进一步完善,对于牵头跨部门协调机制和防范跨市场风险还缺少统筹安排。在相关法律制定时,还需要解决双重征税问题。二是信用风险问题。"一带一路"的相关项目由于需要不同国家的通力合作和参与,期限一般都比较长,投资需求量也较一般国内项目大,部分项目在短期内经济效益不明显。与传统商业银行的贷款供给在时间上和资金上均不匹配,贷款时面临的信用风险更大。加上"一带一路"国家的企业由于各自政治、经济情况的不同,履约还债能力也存在较大差异和不确定性,因此评价还款方到期还款可能更加困难。三是市场风险问题。受金融危机影响,各国央行为了经济复苏都选择了适合本国国情发展的货币政策和汇率政策,国与国之间实行的政策的溢出效应和差异明显,使得国际资本市场、大宗商品市场、外汇市场等的动荡加剧。在这一大背景下,"一带一路"建设负责融资的机构在管控市场风险方面,面临挑战更大和接受要求更为严格。四是合规风险问题。各国国情的不同,导致各国金融机构监管要求、对象等的不同,跨国金融基础设施的建设需要提前熟知国际和该国的监管规定,考虑当地政策,遵守相关法律法规,尤其是反恐、反洗钱方面的约束。

## 2.2.2 产品的供给

在"一带一路"过程中,我国不但输出资本,也输出产品,在促进产品输出的过程中,推动国内企业"走出去",扩大我国品牌的国际影响力。"一带一路"沿线国家中很多已与发达国家地区,如美、日、欧等签订长期的进口贸易协定,这些国家的产品在当地已经有相当的影响力。反观我国产品,存在产品竞争力不足的情况,要想进入这些国家存在很大挑战。具体来看,在我国产品供给上存在以下几个问题。

第一,部分国家对我国产品的出口存在戒备心理。"一带一路"沿线国家对我国输出的产品出抱有防范心理。西方社会将"一带一路"倡议视为我国转移"过剩产能"的出口,但事实并非如此。从经济发展规律角度看,过剩产能是指技术发展、社会和需求的变化,产能的利用率状况也在不断变化。之前在投资时有用的,过段时间在技术上可能就过时了,再过段时间可能就变成过剩的了。其次,有些产能可能是由于政策、体制和对市场规律把握不到位导致的,它的形成主要体现在价格扭曲上。对于产能过剩的化解有很多种方法,除了对职工的再培训、再就业和社会福利体系的完善外,就是对外输出。可见这个产能没有好坏之分,而是以是否符合国情和生产力发展要求为判别标准。而从"一带一路"实施的目的和实施现状来讲,他的确不是作为过剩产能的消化渠道出现的。虽然在过程中,我国部分产能通过协商利用、出口而获得消化,但大部分合作项目都是利用我国和相关国家的比较优势资源进行优势互补,建立在有关国家的实际需求上开展和共同开发的。民众会因对此的认知不清而误以为我国通过"一带一路"仅是授人以鱼,而不是授人以渔,害怕这是中国版的"马歇尔计划"而抵制"一带一路"进程。

第二,产品安全问题。如果这一问题不能得到妥善解决,会直接令沿线国家对我国出口的产品产生抵触心理。之前我国出口中存在的有"毒"玩具、不洁水产品、存在安全隐患的钢铁和轮胎、"毒"牛奶和宠物食品,引发了我国产品的声誉危机。我国出口增长很多是建立在向美国和世界大量输出廉价、受政府补贴的出口商品的基础上的,这样的增长不具备长期稳定性。随着我国厂家接连召回廉价的有害产品,"便宜没好货"的观念多次得到印证。美国就曾利用我国产品的质量问题进行大幅度炒作,令许多不明底细的人不敢买我国制造的产品。由于消费者对我国产品产生偏见,他们对我国产品的整体需求就会减弱。此外,我国主要出口劳动密集型产品,如农副产品、轻工业制品、纺织等,这些产品的质量很容易因生产条件恶化、技术水平退化而降低,导致出口因传统的外贸竞争优势弱化而走低。

产品安全问题还部分出在我国技术法规、技术标准没有随国际相关条例更新而明显滞后上。以我国工业标准为例,约有70%—80%的标准低于目前国际和国外标准。为了弥补这一缺陷,使我国出口产品达标,商检部门不得不重金进口国外先进的标准样本和检测检验设备。而这笔资金最终会落到企业出口产品的成本上,使得出口产品的价格缺乏竞争力,而且还会导致寻租、腐败等行为的产生。另外,在制作过程上,我国制定的标准基本是对于成品或半成品而言,标准制定的周期长,而国外的产品标准在研发阶段就开始制定,标准制定的时间短,更容易顺势调整。

第三,产品替代性方面。由于核心技术的缺乏,很容易找到替代品,随着竞争的愈加激烈、劳动力成本的提高、资源环境的压力以及人民币汇率的调整,已经将企业利润空间挤压干净,因此一味地想以低价取胜是不可能持续的。我国粮、棉、油料等大宗农产品的比较优势从90年代中期以来开始下降,"一带一路"沿线国家大多自然资源丰富,农产品价格要低于我国出口的农产品,因此在这些市场上我国的农产品目前基本不具有竞争力。所以,我国维持或获得新的出口竞争优势应该从第二产业和第三产业上寻求。目前在我国的制造品出口业务中,很大一部分是简单加工制造和装配业务,而我国的劳动力价格较发达国家低,使出口产品低价具有了有利条件。此外,这些类型的企业在政策上获得很大的优惠,价格补贴、出口退税、免征消费税等都有助于降低出口企业的成本,使得出口产品低价促销成为可能。当我国产品在国外市场份额逐渐增加时,优惠价格成了我国主要的出口竞争优势,但因为对核心技术的重视程度和创新力度转换为经济收益的能力不如发达国家那么强,所以本身存在一定的固有缺陷。目前,国际低端制造业市场的大部分份额已经被我国占据,此类产品在国际上再进行量的扩张基本没有发展空间。劳动密集型产品的大规模出口必然会对发达国家的相关产业及其就业造成较大冲击,因此这类产品不仅容易招致发达国家频繁的反倾销指控,而且由于缺乏核心技术,仅靠打价格战,很容易被他国其他产品所替代。

我国出口的基本都是劳动密集型产品,制造业出口的产品中大部分都是组装,如按原料分类的制成品、简单的机械运输产品等。这些产品占有很大比重成了我国出口产品的一个致命弱点。虽然也有些中高端的出口产品,但是国内无法满足其核心部件生产的需要,只能依靠进口,最终还是演变成简单的加工组装再出口,利润空间狭小。目前我国制造业呈指数级增长主要是因为国外的投资加大和技术的转让,而未能实现核心技术的自主研发,仍依赖发达经济体的资本产品和最新知识产权。举个最简单的例子,假设我国出口的商品价值为 100 美元,其中我国因零部件制造和简单附加值而仅能获得 67 美元,与美国出口 100 美元的商品能获得 87 美元相比,少了近 30% 的收入。可见"低附加值陷阱"后果非常严重。

对此,我国需要制定针对性政策来改变这一现状。除了加大扶持原有优势出口产品的力度外,还需给予政策优惠,巩固传统出口产品在国外的市场份额和培育新商业模式的发展,创造新业态、新气象,从而提升我国出口产品在全球价值链上的分工地位,形成新的外贸竞争优势。不过,在政府政策方面因政绩等因素影响,仍存在一些问题。虽然不少地方政府制定了不少优惠政策扶持高新技术产业的发展,但从过程和结果来看,他们缺乏理性的认识,盲目追求可推广、可复制,导致了雷同式布局和低层次竞争。[①] 同时,为了加快产业的发展速度,没有根据所在地区现实情况而盲目引进技术,无法将技术真正转换为生产力,最后只是"升级版的 GDP 主义",不仅浪费了资源,还错失发展机遇。这样无序、缺乏战略指导和技术支持的发展模式不但使得国内企业仍旧处在价值链的老位置上,仍旧被锁定在组装、加工、制造的低附加值环节,而且由于高技术产品组装线没有改变我国产业活动的性质,不少高技术企业仍处于"低附加值陷阱"中。要走出这一陷阱,根本方法就是自主研发核心技术。在这方面,我国可以学习日本二战后的方法,通过引进吸收消化再自主创新。除此以外,也可使用原始创新和集成创新的方法。

## 2.3 美国的"印太战略"

从"新丝绸之路"到"印太战略",涉及范围越来越广,包括的举措越来越多,美国的"美国优先"的战略态度也越来越明显。"美国优先"本质上就是倡导建立"美国霸权"的单边世界,且矛头直指中国、俄罗斯和伊朗等国。特朗普就任总统后,按照"美国优先"的施政逻辑,将施政策略分为三个阶段——战略收缩、四面出击和重点打击。为的是在减少需要承担的国际责任的基础上,为美国获取更多利益,维护美国正在式微的

---

① 郭树言、欧新黔:《推动中国产业结构战略性调整与优化升级探索》,经济管理出版社,2008年。

"超级大国"地位。其中,以印太战略制衡"一带一路"是其主要策略。"印太战略"是指 2017 年 11 月特朗普首次亚洲之行后提出的旨在实现亚洲再平衡的战略。印太是指从印度洋西海岸至美国东海岸的区域。这一地区具有经济和地理双重含义,不仅人口众多,而且经济活力充沛,历来是美国重视之地。美国认为"一带一路"体现了中国可以成为欧亚大陆霸主的潜力,因此"印太战略"的目的定位在让所有地区成员和国家共同对抗中国崛起。具体来看,美国的"印太战略"带给我国"一带一路"的现实挑战主要体现在以下三个方面。

一是为沿路国家提供更多合作选择。虽然目前美国还未开展和我国"一带一路"规模和资金相等的竞争,但是已经针对重点领域进行了前期投入。其中包括数字经济和网络安全、能源、基础设施建设三大领域,通过投入了 1.13 亿美元的预付资金来吸引私人资本进行参与。从中可以看出,美国规划中的印太战略是调动、整合各方资源和力量,而不是以美国为主导,负担大部分成本。同时,在重点投入领域方面,美国选择了"一带一路"的薄弱环节进行支持,而且还十分重视私营企业的作用,借助 OPIC 的功能,加深政府和私营企业间的联系,促进私营企业扩展在印太地区的业务,从而服务于美国外交政策。OPIC 是美国政府的发展融资机构,主要职能是帮助私营企业在发展中国家和新兴经济体拓展业务和立足,并推动东道国的就业和经济的增长。目前,美国政府根据《善用投资促进发展法案》,对 OPIC 增资 600 亿美元,并与国际开发署的发展贷款部整合,成立了新的国际发展金融公司(USDFC)。另外,印太战略还注重发挥美国同盟国和伙伴国的积极性,通过深化和日本、印度等国的实质性合作,整合各方比较优势,发挥协同效应。

因此,对"一带一路"的挑战反映在以下两个方面。一是影响可合作的对象。美国 OPIC 于 1971 年成立,历史悠久,资助、合作的对象众多,其中不乏一带一路沿线国家和相关企业,在这些企业和国家中已经拥有了良好的声誉和坚实的合作基础。同时,美国与部分沿线国家有悠久的合作历史。因此,在印太战略针对的重点领域和关注的重点国家上,在面临我国和美国两个选择上,他们可能会更倾向于选择熟悉的合作伙伴。二是增加合作成本。美国印太战略注重发展其伙伴国的比较优势,和加大协同效应的作用。因而即便是在美国未重点关注的领域和未有过合作的国家,也可能因与美国伙伴国有过联系,而在面对与我国合作的机会时重新思考。当面对我国提供的合作机会,和印太战略参与国提供的机会时,即便该国最终选择我国,也会因多了替代选择,在与我国谈判时,多了交易筹码,而抬高合作成本,或是换取我国的优惠政策,从而为本国最大限度地谋取福利。

二是以阴谋论败坏我国"一带一路"倡议的名声。除中国综合国力越来越强大外,南海争端、技术竞争、网络安全等问题的影响也使得美国国内的"对华接触失败论"和"中国威胁论"的声音越来越大。美国因此逐渐将中国视为其首要全球性的战略竞争者。其中,美国国内的民粹主义派更是声称中国要谋取全球霸权,号召各国民粹主义者应当联手抵制。截至目前,美国发布了《国家安全战略》《国防战略》等报告,将对华竞争上升到"自由世界秩序与压制性世界秩序之间的地缘政治竞争"的高度,将应对"中国挑战"视为首要优先议题,使得美国国内原先不研究中国问题的智库专家转向研究对华政策,且带入了对抗性思维,除了智库外,美国国会在针对中国挑战方面,"府会合流""两党合流"的趋势也变得更加明显。所以,在对华问题上,美国各界人士为了国家利益,也因这些言论的渲染,认为自身利益会受到损害而变得十分团结。这也为特朗普政府加大对我国的遏制创造了更多条件。除了美国国内,在国际上,美国也不断宣扬中国阴谋论,如声称中国通过"一带一路"给沿线国家制造"债务陷阱",即沿线国家因参与"一带一路"背上巨额债务,在未来难以获得长期融资,还面临债转股和违约问题。另外,通过媒体,设法让中国"背锅",如BBC和纽约时报共同关注"一带一路"不存在的煤炭站污染问题;美国战略界人士炒作中国"锐实力"和"影响力行动"等。

这些同样会从合作方和合作成本两方面对我国"一带一路"建设构成负面影响。在合作方面,现有美国合作对象会因此影响与中方企业的合作,如美国联邦快递转运华为包裹,也有可能是受"一带一路"是"掠夺性经济"言论的影响,为了自身利益,自觉停止,甚至阻碍和我国,以及我国和他国的合作。除了现有合作方外,负面言论还会影响潜在合作方。如美国将对中国工程承包商、国有企业、私营企业的研究转交给相关企业和政府,编造中国野心和危害性言论,使得潜在合作方选择拒绝与我国的合作。在合作成本方面,即便现有合作方和潜在合作方仍愿意继续和我国合作,但也会提出更多条件来保障自身利益。如受"滋生腐败论""产能污染论""输出模式论"等消极论调的影响,合作方也许会在相关领域提出要求我国增大投资占比、减少贷款利息、延长贷款时间等的条件,同时也会可能要求转变合作方式。同时,为了自身利益安全着想,可能还会寻求别的合作方进行项目的部分替代。因此,我国在合作时,信用风险可能加大,逆向选择和道德风险的可能性增大。

三是对中国进行贸易战,影响"一带一路"开展的步伐。贸易战作为印太战略中的重要一环,对我产生了巨大的影响。虽然美国对我国的贸易战是从 2018 年 7 月 6 日起正式发动的,但在此之前早有预兆。从 2017 年底开始,美国陆续出台的《国家安全战略报告》《核态势评估》《国防战略》等报告,就将我国和俄罗斯视为"修正主义国家"和美国的"战略竞争对手",并限制其军事部门与中俄的往来。其实,美国发动贸易战也与其自身式微有关。目前,美国许多的基础建设都步入了"老年期",而政府自身却债台高筑,以 2018 年的数据为例,2018 年美国的 GDP 为 19 万亿美元,但债务却达 21 万亿美元,因此 1.5 万亿美元的基础建设更新换代计划资金的来源至今未明。与此形成鲜明对比的是我国对"一带一路"建设的投入。目前,我国对"一带一路"的总投资额将达 1.3 兆美元,单就对巴基斯坦的基础设施投资就已接近 620 亿美元。美国发动贸易战的目的之一是通过贸易战的长期化引发我国国内社会舆情的复杂化,从而影响我国民众的心理,让民众对我国经济安全产生消极思想和悲观情绪。

可见,美国发动贸易战是想从"一带一路"供给方——中国入手进行阻挠。然而,对于这场蓄意发起的阴谋,我国国内民众的反抗情绪较为一致,因而在意识形态方面,美国的算盘落了空。此外,贸易战还旨在影响中国的经济实力和中国与其他国家的贸易伙伴关系。但就目前来看,"一带一路"进程可能因此加快,原因主要有以下两点:一是相较美国国内,如农业行业受到的冲击,我国的大经济体两、巨大的市场规模优势以及部分的技术优势让我国在这场贸易战中受损有限。二是美国越来越明显的霸权主义使得世界各国更倾向于选择共克时艰,而不是各自为政,这有利于我国发展对外贸易伙伴关系。不过,贸易战的负面影响仍对我国产生了一些冲击。一是提高部分高新技术产品的进出口成本。如我国部分电子产品的芯片是由美国研发,并从美国进口,当贸易战涉及这部分的知识产权问题和专利权问题时,美国一旦选择禁止出口,我国这部分产品在未能自主研发芯片前,生产计划可能搁浅,已产出的产品可能报废。二是中国可能失去美国这一国外市场。尽管我国可以通过一带一路寻求别的市场进行弥补,但由于市场体量和合作历史的影响,会提高我国获取市场的成本,在收益不定或低于美国市场的情况下,不仅减少我国国际贸易顺差,还会增大我国对"一带一路"建设的投入资金。

## 2.4 本章小结

对外开放意味着既要向世界各国开放我国的市场,同时又要积极开拓国外市场。从国际经济的发展趋势可以看出,开放化和一体化已经成为世界潮流,各国国内市场也逐渐发展成为世界市场。我国在"十三五"规划中提出要进行全面,且有深度的开放,要求国际国内两个市场、两种资源和对内对外的同步双向开放。利用"一带一路"建设这一契机和"一体两翼"的指导方面不仅可以实现这一目标,而且还能提高我国"走出去"和"引进来"战略的实施水平。

不过,在"一体两翼"形成过程中,在人民币国际化、产能过剩等大背景下,我国在要素资源需求、市场需求、资金供给、产品供给方面均需应对现存的挑战。在要素资源需求方面,我国想通过"一带一路"建设与沿线各国形成互惠互利的关系,解决国内部分自然资源存量减少和部分资源对外依赖严重的问题,同时给沿线各国在建造基础设施方面提供帮助。但是由于沿线各国国情不一,认知想法不同,且受非沿线大国的影响,给在合作过程中打造开放新格局带去了困难。在市场需求方面,我国国内产能过剩的部分正好是沿线国家缺乏所需部分,但是受制于各国政府管制和民众情绪影响,开放进程还没有达到一帆风顺的程度。在资金供给方面,"一带一路"在本质上是一个国际公共产品,尽管我国目前是第二大经济体,但仅靠我国是无法完成的,项目的落实需要国际社会的通力合作,和相关金融开发投资机构的支持和给予资金融通的便利。在产品的供给上,我国目前提供的仍然是低附加值产品,核心技术的自主研发能力欠缺,仍处于国际市场价值链低端位置。对于沿线各国来说,通过引进我国先进技术和吸收消化高端进口产品来提高该国的创新能力的实现还比较困难。

在建设新的"开放格局"的过程中,这些问题相互交织、渗透,且并行存在,一起影响开放步伐。因此,若想要"一带一路"倡议顺利推进,并实现我国可持续发展战略目标,则需要对这些问题的解决进行一个统筹规划。在抓住问题根本的基础上,在解决过程中根据实际情况不断地修正解决方案。

# 第三章 "一体两翼"开放与中国经济转型

　　受科学技术的发展和经济全球化的影响,我国经济在保持持续增长的同时,也步入了转折时期。我国领导人在党的十九大会议上明确指出,我国经济正处在转变发展方式、优化经济结构、转换增长动力的攻关期,经济已由高速增长阶段转为向高质量发展阶段。为了经济仍能可持续发展,我国目前迫切需要进行经济转型升级。在现在的经济新常态下,虽然我国面临经济下行压力大,经济发展不平衡不充分的矛盾和问题增多等问题,但是经济转型升级也为我国发展带来了巨大的发展潜力和增长机会。而与转型升级珠联璧合的战略举措则是对外开放。自我国改革开放以来,我国经济飞速发展,取得了许多举世瞩目的成果,用事实向人民证明了封闭必然落后,开放带来进步的真理。"一体两翼"开放战略的提出是对现有开放格局认识的一次升华。通过"两翼"的开放促进"一体"的转型升级,是在拓宽和深化对外开放的广度和深度的基础上,实现开放与发展的再次结合。因此,"一体两翼"开放格局建设是我国经济转型升级的必然选择。

## 3.1 经济转型面临诸多挑战

在当前这个风云莫测的国际环境中,我国面临着诸多挑战。然而,我国仍能保持较高速的经济发展,意味着我国经济发展还有巨大的潜力和空间。如何挖掘这一潜力,扩大发展空间,实现经济转型升级,是我国当下需要思考和急需解决的问题。这取决于我国趋利避害的能力——既抓住发展机遇,又处理好所遇到的问题。"一体两翼"战略的规划正是服务于应对我国经济转型面临的诸多挑战。

### 3.1.1 中国经济面临的外部挑战

2008 年国际金融危机将全球经济推至一个新阶段,全球的经济格局、发展趋势正在发生重大变化,呈现出新特征。

第一,全球宏观经济环境出现新变化。传统型全球化向新型全球化转型是全球宏观经济环境变化的一个突出表现,以互联网为核心的新技术革命的兴起正在改变全球化的方式,虽然互联网带来的新型全球化是必然趋势,但是在 2008 年全球性金融危机的冲击下,"逆全球化"思潮出现,民族主义和保护主义抬头,标志性事件"英国脱欧"使得全球化再一次受挫。在如此复杂的国际环境下,中国如何才能在新技术革命中脱颖而出,成为新型全球化的领头人,"一体两翼"开放战略是必备武器。全球经济复苏是全球宏观经济环境变化的又一表现。欧美发达国家近年来为了应对经济危机带来的严重后果,采取量化宽松的货币政策来刺激经济复苏。在财政政策方面,政府大量购买国债,将基础货币投放到民间,增加其供给,导致政府债务大量攀升,金融体系系统风险增加,加剧了世界经济发展的不稳定性。金融体系货币流动性泛滥后果严重且影响深远,货币银行学理论告诉我们,中央银行派发的货币是基础货币,通过商业银行创造存款,在央行初始基础货币供应量与最终社会货币量之间存在数倍扩张的效果,即货币乘数效应。在 2020 年新冠疫情冲击下,美联储出台无限量量化宽松政策,将联邦基金目标区间下调到 0%—0.25% 之间,可谓最激进的市场干预行动对全球金融市场和资产价格较高都产生了巨大冲击,其他主要经济体也都纷纷出台了历史性刺激政府应对疫情冲击,在全球经济全面取得胜利,全球经济发展的不断推动下,通胀压力正在加大。

第二,全球新技术革命正在兴起。回溯历史,每一次技术革命的兴起都会促进人类文明大飞跃,为全球经济发展注入新的生命力,改变世界经济格局。全球性新技术革命正在兴起,全球产业价值链正在因新技术革命的推进而发生重大改变。一方面,新技术带来新产业发展壮大,如智能制造、共享经济和医疗革命等,它们将改造传统生产模式,引领经济改革和发展;另一方面,新技术革命的核心代表互联网的普及和发展,跨境电商不断发展,推动大数据时代到来,产业数据化趋势不断增强,数据进也一步深化全球产业价值链。随着全球产业价值链发生变化的同时,各国的贸易竞争方式和重点都将发生改变,数据和技术的竞争更加重要和激烈,虽然新兴国家想要进入这个价值链有其隐含的壁垒,不可否认的是,新兴国家在价值产业链中的地位愈发靠前,世界各国在未来全球经济体系中的位置将因此重塑。

第三,全球各国经济关系正在重塑。一方面,新兴国家在全球经济中的话语权不断扩大,即使现在老牌发达国家在全球经济中仍然具有绝对优势,但是随着新技术革命的不断推进,新兴国家抓住发展机遇,甚至可能实现利用新技术革命对发达国家进行"弯道超车"。目前,以中国为代表的新兴国家在全球经济中的地位不断提高,在全球事件中发展中国家的声音越来越强,比如中国提出"一带一路"的倡导和发展中国家在"一带一路"中发挥的作用体现了新兴国家在经济全球化和全球经济发展中的作用,这为我国经济转型升级提供很好的外部机遇。另一方面,实体经济的重要性及其影响出现变化。早在十九世纪末,我国洋务运动领袖们就提出实业救国的思想,而在二十一世纪全球金融风暴冲击后的今天,再工业化战略得到了人们的重视,强调制造业和新兴产业的振兴与发展。如,美国提出《制造业促进方案》,后又推出"高端制造合作伙伴"计划,主要涉及环保能源、先进制造等高端产业,为促进这些产业的发展提供政策建议和措施。欧盟提出"增强型工业革命",自工业革命以来,欧洲一直以先进制造业领先于其他国家,然而随着经济发展,其优势逐渐被缩小,"增强型工业革命"的提出强调了欧盟工业的核心地位。英国也提出"高技术制造"为其未来再工业化侧重的方向,主要为了抢占高端产业链市场,这也是我国经济转型的目标所向,从全球化分工产业链的底端向高端奋进。目前,第三次工业革命在全球范围内蓬勃兴起,其主要标志是原子能、电子计算机、空间技术和生物工程的发明和应用,特点是技术创新速度快、影响广。发达国家正在实施再工业化战略,一方面为了从经济危机中尽快复苏,重振制造业,提高其在 GDP 中的比重,创造更多就业岗位;另一方面为了抢占第三次新兴工业革命的先机,获得新一轮全球分工的领先地位。一直以来,我国凭借低廉的生产要素优势处于全球加工厂的底端位置,面对新的发展机遇和时代挑战,重视高科技领域时不我待,打开与发达国家之间技术沟通的大门,促进经济转型,才能在新一轮工业革命中抓住历史机遇迎头赶上。

第四,区域主义的兴起。经济全球化发展使发达经济体占世界经济的比重明显下降,而新兴经济体和发展中国家在此轮经济全球化的过程中实力得到了较大的提升。经济全球化深入发展将各国经济更加紧密地联系在一起,但随着经济发展,自身要素禀赋发生变化,全球产业分工的深化,各国的利益诉求也随之改变。原本高度包容性的多边协议在经济诉求千变万化的今天难以同时满足各国的需求,而为了适应各国国情,提高风险抵御力,区域主义的双边协议更容易得到各国的支持。同时,美国在经济全球化不断深化的情况下,其主导地位逐渐衰弱,由以美国为首的大国主导的多边商贸协议越来越难以制定,对比之下,双边协定则更容易实现。"一体两翼"开放格局的建设,深化了我国对外开放的广度和宽度,面对敞开的机遇如何在其中选择合作方式及合作内容将对我国经济的转型产生很大影响,通过高利高效的双边协议做好产业转移和承接成为经济转型的关键。

### 3.1.2  中国经济面临的内部挑战

首先,我国经济发展不平衡、不充分。改革开放以来,我们国家开创了自己独特的经济发展道路,创造了 30 多年经济高速增长的奇迹,但是经济发展到现在,许多矛盾和问题凸显,比如经济增长速度放缓和增长动力不足、产业结构问题、收入分配问题、区域经济发展不平衡等。第一,我国经济发展进入新常态时期,由以前的高速增长变成现在的中低速增长。过去我国经济增长主要靠投资和净出口拉动,但是目前而言,投资过度造成现在的产能过剩和债务积压的局面,我国的净出口对 GDP 的贡献度甚至已经小于零,投资和净出口对拉动经济增长的作用已远远不如以前,我国经济增长需要寻求新的动力,经济转型升级正好可以为经济发展提供新动力。第二,随着经济的发展,我国三大产业结构不断优化,但因为以前的粗放式经济发展道路,产业结构存在不少问题。第一产业机械化程度不高,耕地破坏,缺乏可持续发展机制,农业基础薄弱;第二产业产品技术含量低下,资源利用率不高,造成资源浪费和环境污染,处在全球价值链的低端位置;第三产业虽然不断发展,但和发达国家对比,仍有不少差距。第三,在改革开放过程中,我国一直强调共同富裕和先富带后富,但是现实情况却是,收入分配不平衡,行业之间、区域之间和城乡之间的收入差异明显,存在较大的贫富差距。第四,我国区域经济发展不平衡,东部和中西部的经济发展水平存在显著差异,一方面不利于经济协调发展和社会稳定,另一方面为我国经济进一步发展提供了巨大的潜力空间。我国国内的这些经济问题在后续章节会详细阐述。

　　其次,我国原先具备的要素禀赋优势正发生改变。改革开放以来,我国制造业一直以劳动力密集型为主导,相较于世界一流制造强国美国、德国等美欧发达国家,我们在技术研发上仍然与其有着很大的差距,同时随着我国人口老龄化的进程进一步加快,我国已不再具备劳动力资源丰富、成本低的比较优势,这两个限制将导致我国经济可持续发展的动力不足。我国劳动力低成本的优势正在弱化,我国已步入人口老龄化中后期,近十年来,我国劳动力成本已增长近4倍,"人口红利"不断减少,2012年我国15—59岁劳动力有9.37亿人,占总人口的69.2%,较上年减少60%。2015年15—59岁劳动力人口约9.28亿人,预计2020年将减到9.16亿人。劳动力人口占总人口比重由67.6%下降至65.3%,表明我国劳动力人口减少,人口红利带来的低成本的经济发展优势已然消失,经济需要缺乏持续发展的动力,经济转型升级的压力重重。

　　最后,我国资源环境持续恶化,迫切需要经济转型升级来扭转劣势。一方面,我国人均自然资源占有量远落后于世界平均水平。例如,土地、水资源等常规能源,占有量仅为世界平均水平的35.9%和25%;石油、天然气等重要能源资源占有量则更低。另一方面,早年"三高"(高投入、高消耗、高排放)的发展模式,能源利用率低,严重污染环境。2016年我国全国能源消费总量约为43.6亿吨标准煤,在我国能源结构中,化石能源占90%,其中煤炭占70%,这导致了严重的空气污染问题。近年来,东南沿海、京津冀地区的环境污染问题一直是国家关注的重点,环境状况总体恶化趋势并没有得到有效解决。我国目前的煤炭排放总量已经超过美国,位居世界第一。2017年,国家能源局指出一次性能源消费总量要控制在44亿吨标准煤左右,节能减排任务艰巨。生态系统严重退化,生态平衡破坏导致自然灾害频发,如若不转变高投入、高消耗、高排放的粗放型经济发展模式,中国的环境和资源将无法承载未来的经济发展,这逼迫中国经济开放转型升级。

## 3.2 "一体两翼"开放是经济转型的必然要求

面对复杂的外部挑战以及严峻的国内形势,我国经济转型升级势在必行。经济的发展离不开对外开放,在深化开放的道路上,"一体两翼"开放战略为中国经济发展开拓空间,一方面国内要素市场改革,完善和拓展国内生产市场,为经济增长提供新动力;另一方面打开了外部市场,为我国产品提供广阔的销售市场,如"一带一路"倡议的带动作用。"一带一路"倡议的提出将两翼具体化,它将成为中国未来一段时间对外开放的总体方针。"一带一路"沿线新兴经济体和发展中国家近60个,总人口约44亿,占全球人口总数的63%,经济总量仅有21万亿美元,占世界经济总量的29%,超过世界一半的人口却生产了不到全球三分之一的产值。经济发展落后,产业附加值低等众多因素促使"一带一路"建设将成为我国主导并与沿线多边国家共同达成的新经济发展模式,是我国寻求更大范围资源和市场合作的重要机遇,也是我国在近200年来首次提出以中国为主导的洲际开发合作框架,这将彻底摆脱原来依附大国,被动挨打的政治局面,从根本上转型我国经济发展模式,推动一体的蓬勃发展。

### 3.2.1 经济开放与经济转型的理论关系

对外开放的要素积累机制。目前,我国经济的可持续增长离不开经济转型,对外开放对经济增长有要素积累的促进作用。传统经济增长理论认为,资本与劳动两种生产要素在经济发展中起着巨大的作用,对经济增长意义重大。首先,物质资本积累。经济的发展需要各种原始资本积累,因为各国不能具备生产某种产品的所有生产要素。所以资金成了一国进行经济生产时一项必不可少的投入。当一国处于封闭状态时,仅靠自身的资金积累很难满足经济增长的需求。而就资本角度而言,除了资金以外的很多要素,例如原料、能源或先进技术、先进设备等等,可以通过对外开放引进,从而增强本国的区位优势。同时,就劳动力要素而言,对外开放能够引进外资企业,为国内提供了更多的就业机会,劳动力需求不断增加。第二,人力资本积累。以罗默和卢卡斯为代表的新经济增长理论认为,知识技术与人力资本是经济增长的源泉,对外开放可以促进知识的区域转移,加速人力资本积累,促进技术分享与进步。所以,对外开放方便了各国间知识与技术的交流,为技术相对落后的国家提供了向科技强国学习的机会,有利于提高本国的科技水平,促进经济增长;引进外商投资促进本国知识进步的同时,加大了对高素质人才的需求,推进了本国教育事业的发展,教育强国是中华民族伟大复兴的基础工程。

对外开放的产业聚集机制。新地理经济学通过区域产业集聚的视角,将对外开放和区域经济增长联系起来。克鲁格曼的中心—外围模型认为,对外开放可以引起三种集聚效应:第一是相关部门的集聚;第二是与对外开放相关部门存在关联的部门的集聚;第三是技术溢出等其他产业的集聚。通过对外开放,产业聚集机制会使得厂商为了获得最大化利润向拥有生产同类产品的厂商地区聚集。随着专业化产业聚集的形成,与该产业有关的上游供应商、下游产业链以及中间产品等诸多行业都会聚集于此,一个较为完善的产业圈由此形成,这样的聚集将降低运输费用以及交易费用。聚集了包含劳动力、资本和技术在内的各项生产要素。一方面,产业聚集将各项生产资本聚集,在一定范围内形成了优势互补的局面,各产业能够在其中充分发挥自己的优势,进而提高劳动生产率,形成产业互补。另一方面,产业聚集机制将相关的竞争产业、互补产业联系起来,有利于知识和技术在集聚市场的流通,增加产业间的竞争,从而吸引高技术人才聚集,不断改革创新技术进步,推动当地经济发展。

对外开放的制度变迁机制。新制度经济学认为,制度是推动经济增长的根本原因,脱离了制度变迁这一因素,经济增长将难以持续。完善的制度能够减少交易成本,降低市场准入,激发经济主体能动性和活力。当制度或政策能够促进一国研究开发和完全竞争时,该国经济就会实现增长。制度优化完善,可以减少信息不对称,改善市场不合理收费现象,改进市场定价机制,降低交易成本,提高产品的生产和销售效率,完善市场运行机制,使得厂商进入和退出市场都更加有序,增加市场的有效性,同时可以优化要素配置,提高资源的利用效率,合理的资源配置进一步促进要素积累,使得对未来增长具有较大促进作用的高等要素积累效率提高,从而加快可持续的经济增长速度。对外开放是一个打开国门与世界各国交流学习的过程,各国可以通过对外开放学习别国先进的经济制度,增强自身管理水平,提高本国的劳动生产率,加速改革创新。

综上所述,一国的对外开放对其经济增长有很大的推动力,经济增长是经济转型的最终目标,因此经济转型升级将伴随着对外开放的程度加深而得以实现。

### 3.2.2 中国对外开放的成果

自1978年对外开放以来,我国经济取得了举世瞩目的成就。1978年我国贸易进出口总额为206亿美元,十年后1988年达到了1 028亿美元,翻了近5倍,近三十几年来,贸易总额不断增长。直至2016年,我国贸易进出口总额达36 849亿美元,较1978年增长了177.5%。

由支出法计算GDP的公式为:$Y=C+I+G+NX$,其中C为消费、I为投资、G为政府购买支出、NX为净出口,即贸易顺差。可见消费、投资、政府支出和贸易顺差一起被计入了GDP的核算。对外贸易的发展给我国带来了贸易顺差的大幅增长,改革开放以来我国贸易顺差如图3-1所示。三十多年来,我国对外贸易大部分年份呈现贸易顺差,且有

着逐渐递增的趋势,特别是进入二十一世纪以来,我国贸易顺差已突破
1 000 亿美元,2010 年以后更是突破了 2 000 亿美元并持续快速增长。贸
易顺差对我国 GDP 的贡献是显著的。并且随着对外开放,我国贸易顺
差占 GDP 的比重也呈现递增趋势。对外贸易成为我国经济增长的重要
引擎。

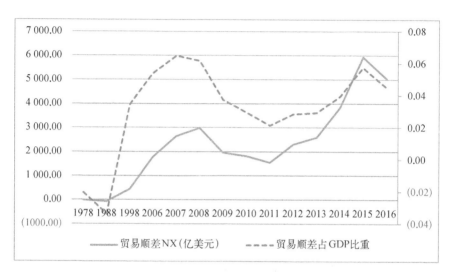

**图 3-1 改革开放以来中国年度贸易顺差额及占 GDP 比重**

数据来源:国家统计局

改革开放以来,我国对外投资发展迅速,外商投资不断扩大。从可
收集到的数据来看,1983 年我国实际直接利用的外商投资仅 9.2 亿美
元。然而二十年后,如图 3-2,2003 年我国直接吸引外商投资达 535 亿
美元,比 1983 年翻了近 60 倍。随着加入 WTO,外商对我国的直接投资
直线上涨,2015 年已达到了 1 262.67 亿美元,仅三十几年增长了 1 253
亿美元。惊叹于增长速度的同时,我们不得不承认对外开放为我国引进
了国外的资金、先进技术、高尖端人才及管理经验,极大提高了我国生产
力水平,为我国经济增长注入了全新的活力。

**图 3 - 2　改革开放以来我国实际利用外商直接投资及对外直接投资**

数据来源:国家统计局

从图中我们还可以看出,对外直接投资净额在 2007—2015 年间保持较快的上涨速度,说明尽管我国经济实力在这段时间内不断增强,经济增速明显,但是我国对外直接投资却远远小于外商对我国的直接投资。这虽然使得我国长期处于贸易顺差阶段,但其中隐藏了不少问题,如对外依存度较大、人民币升值压力增加等。

除了在贸易项目下积累的大量贸易顺差,我国在资本项目下也积累大量资本顺差,贸易和资本两个项目的双向顺差成了我国外汇储备的主要来源。对外开放以来,我国外汇储备快速增加,1978 年前,我国外汇储备未超过 10 亿美元,而至 2016 年我国外汇储备达 30 105 亿美元,改革开放近 40 年我国外汇储备增加近 3 000 倍。巨额的外汇储备标志着我国飞速的经济发展,标志着国际支付能力、抗风险能力以及综合国力的提升。

### 3.2.3　"一体两翼"开放与经济转型的必然联系

由上一节可知,我国实行对外开放取得了丰硕的经济成果,欣喜过去成就的同时,我们必须认识到目前我国经济发展步入了中低速增长的新常态,如何重新发动经济增长的引擎,是现在的重点问题。解决这一问题,一方面可以使我国产业摆脱长期处于全球价值底端位置力争上游,另一方面可以加快落实打造世界级先进制造业集群。前者是产业发展的定位体现,后者是产业发展的空间体现,两者关联紧密。

"一体两翼"开放战略下的"一带一路"建设是我国经济转型升级的助推器。"一带一路"是中国未来较长一段时间的对外开放模式,也是"两翼"的具体体现。自改革开放以来,我国以出口为导向型的经济发展战略取得了很大的成功,凭借自身的竞争优势吸引了大量外商投资。由于低廉的生产要素成本,我国已发展成为世界的加工厂、全球主要的生产基地和出口平台。跨国公司将产业链低端的生产和加工环节交至中国工厂,再将我国生产出来的商品出口至欧美等发达国家市场。虽然这为我国创造了很多就业机会,但在过去的几十年间,我国承接了太多发达国家的低端产业。随着人口红利的消退,国内劳动力成本不断提高,我国自身创新科技的发展以及不断向产业链中高端迈进的需求,原本的低端产业需要转移到要素成本更低的发展中国家,而这将与"一带一路"沿线国家的需求不谋而合。"一带一路"建设很好地将国内过剩的产能向我国的中西部以及沿线发展中国家转移,促进区域协调发展。"一带一路"使得东部产业更为便利地转移至中西部,可以促进中西部的工业化,带动中西部经济发展,并使得东部地区能够集中资源发展更具有优势的高端产业,提升东部地区产业等级。"一带一路"推动东、中西部共同发展,缩小中国区域经济发展不平衡的差距,优化经济区域结构,推动经济转型升级。"一带一路"不仅推动国内区域协调发展,还有利于国家之间的协调发展。以钢铁、水泥行业为例,这些传统工业随着我国国内基础设施建设趋于饱和,如何处理其过剩产能成了难题。"一带一路"沿线的发展中国家,由于相对落后的经济以及技术壁垒的限制,虽然拥有较为丰富的自然资源和劳动力资源,可其国内产业发展还很落后,基础设施建设不够完善。对于引进能带动本国经济发展还能促进就业、弥补基础设施缺口的工业产业,各国政府将表示强烈的欢迎,那么承接中国需要转移的制造业产能将成了互利共赢的合作。目前我国的一些劳动力、资源密集型具有产能过剩特质的产业,恰好是沿线国家空缺的产业,过剩的产能在合适的位置释放自己的能量,体现了"一带一路"项目互利互惠、互联互通的价值。

## 3.3 "一带一路"倡议的宏伟构想

"一带一路"倡议的提出引起各国领导人的高度关注和国际社会的重大反响。但就现阶段看,尽管国内各部门积极响应号召,但前路依然漫长而充满挑战。目前,"一带一路"建设正在紧锣密鼓地开展当中。在党的十八届三中全会将"一带一路"建设列入《中共关于深化改革若干重大问题决定》后,党的十八届五中全会对此再次进行了强调,指出"一带一路"建设旨在打造东西双向开放和陆海内外联动的全面开放新格局,点明"一带一路"建设需要各国各地区在多领域的通力合作,尤其是国际产能和装备制造方面的合作。此后,于 2017 年 1 月召开的党的第十九届全国人民代表大会又一次提及"积极促进'一带一路'国际合作"。可见,我国已将"一带一路"建设视为新时期中国对外开放的重要布局。在世界经济缓慢复苏,中国经济转向高质量发展阶段的情况下,"一带一路"的建设和规划,不但被我国寄予厚望,也成了国际社会的重点关注对象。

### 3.3.1 "一带一路"倡议的内涵

2015 年 3 月 28 日,经国务院授权,国家发展改革委、外交部、商务部联合发布了《推动共建丝绸之路经济带和 21 世纪海上丝绸之路的愿景与行动》,指出"一带一路"是一条跨地区、具有全球视野的各国互尊互信、合作共赢、文明互鉴之路,实施新一轮高水平对外开放之路。

《愿景与行动》将政策沟通、设施联通、贸易畅通、资金融通、民心相通作为"一带一路"建设的重点内容。虽然在不同的区域,有不同的双边合作内容,但共性的是推进"五通"来谋发展、共成长。政策沟通,要求相关国家达成政治互信,消除错误认识,达成互惠互利的双边协定,寻求各国经济发展的契合点。其中优先发展领域是改善基础设施建设,对铁路、港口、园区等基础设施的建设需要各国政府间的有效沟通和理解。设施联通强调沿线各国应达成共识,亚欧非之间贸易往来的加强要求建立健全基础设施网络。将瓶颈路段、交通要道健全优化是经济发展经济运输的前提,为各国间经济往来提供基础条件。贸易畅通重点在于贸易模式的优化,减轻甚至消除投资和贸易壁垒,在区域内构建公平良好的贸易环境,共同将蛋糕做大做好。资金融通主要包括加强各国间的金融合作,深化投融资体系和信用体系建设,使贸易结算方式更加简易化规模化。民心相通则是要求各国之间加强文化交流、学术往来、媒体合作等等,通过人文合作的发展实现经济合作的进步。

在实现互联互通的基础上,"一带一路"倡议却没有提出明确的目标和时间计划,毕竟包含的国家众多,形势复杂,存在很多安全隐患。在国际经济形势不稳定的情况下,很容易发生突发事件,具体项目落实存在难度与挑战。只有与沿线各国进行有效沟通、达成共识,才能实现这一美好愿景,而这将是一个漫长的过程。

### 3.3.2 "一带一路"倡议的国内蓝图

"一带一路"倡议是我国深化对外开放的必然,它将充分发挥国内各地比较优势的作用,统筹西北、东北、西南、沿海和港澳台及内陆地区的协同发展。具体来说,对于西北、东北地区,主要是实现先开放新高地,兰州、西宁开发开放,宁夏内陆开放型经济试验区建设,内蒙古连通黑吉辽与俄远东陆海联运合作;对于西南地区,主要是加快建设北部湾经济区、珠江—西江经济带,大湄公河区域经济合作,以及西藏和尼泊尔经贸合作等等。

对于沿海和港澳台地区的建设,主要包括建设 21 世纪海上丝绸之路核心区、福建海峡蓝色经济试验区、海南国际旅游岛、浙江海洋经济示范区和舟山群岛新区建设。海外侨胞和港澳积极参与,为台湾地区参与建设做出准备与安排。

我国内陆建设要求新高地及城市群的开放,包括东三省哈长城市群、中原城市群、长江中游城市群、呼包鄂榆城市群;开放内陆新高地如重庆、成都、武汉、长沙等等;支持内陆城市如西安、郑州等建设国际陆港,弥补内陆地区地理位置缺陷,加强其与沿海城市的经济联系与通贯口岸合作,并与此同时打通内陆地区延伸至境外的贸易合作,例如"中欧班列"沿线的国家地区间合作,成为连接中西往来的纽带。

总之,"一带一路"建设的推进将我国内陆与沿海地区的经济发展充分联系起来,加强内陆重点经济区建设,深化东南沿海对外开放格局,充分发挥国内各地区比较优势,打通中西合作的桥梁,全面提升开放型经济水平。

### 3.3.3 "一带一路"倡议的成本与风险

"一带一路"实现的是中国和其他国家的共赢发展。通过"一带一路"倡议,深化国家之间的合作,中国和"一带一路"沿线国家在产品市场、要素市场和产业发展之间互补,国家之间可以互为市场,优势互补,共同发展。中国可以为"一带一路"沿线国家提供它们需要的产品,如中国可以帮助"一带一路"沿线国家进行基础设施建设,既能释放中国的产能,又可以带动"一带一路"沿线国家的经济发展,同时还缩小了国家之间的空间距离,有利于国家之间的互通发展,发挥规模经济的作用。"一带一路"沿线国家为我国提供所需的要素资源,比如一些稀缺的自然资源,我为沿线国家提供资本和技术的援助。沿线国家的资源丰富且成本低廉,可以弥补我国资源成本过高和部分资源稀缺的劣势;同时,我国

可以弥补"一带一路"沿线国家资本不足和技术落后的劣势。此外,因为
"一带一路"沿线国家的生产成本优势和尚待发挥的市场优势,中国的部
分产业可以转移到这些国家,充分利用沿线国家的天然优势,推动它们
经济发展,又有利于优化中国产业结构,助力经济转型升级。

由前所述,实现"一带一路"的美好愿景,需要各国人民共同努力,并
且这并不是一个可以在短期内实现的目标。客观地说,要深刻清晰地认
识到建设中存在的成本和风险,有利于我们更好地优化建设方案和明化
发展方向。

第一,从社会政治经济稳定角度来看,全球的高风险国家主要分布
在"一带一路"沿线。"一带一路"穿过了亚欧非三大洲,其中包括中东及
其周边地区,而这些地区的一些国家长期处于政治动荡、族群冲突和战
乱之中。众所周知,政治稳定是经济发展的前提。可近年来,南亚、中亚
以及西亚都存在着激烈的社会冲突。伊拉克、叙利亚、伊朗、黎巴嫩等,
这些国家有的处于战乱中,政府对国家主权尚且无法掌控,对长期经济
建设是自顾不暇,因为稳定国家政权才是其政府的当务之急。如果得不
到沿线国家的支持,那么横跨亚欧非大陆的道路就无法畅通,这将极大
地影响"一带一路"倡议下的经济建设的效率与质量。此外就这些国家
而言,即使短期内与之达成了互联互通,其时局不稳、政局动荡的局面,
会让我们卷入纷争,甚至卷入战争,就根本谈不上高质量经济发展。

第二,贸易保护主义与金融体系。"一带一路"沿线国家存在严重的
贸易保护主义。哈萨克斯坦、乌兹别克斯坦、塔吉克斯坦、吉尔吉斯斯坦
等国的进出口需要众多文件,贸易壁垒阻碍严重①。除此以外,以印度为
代表的部分国家将我国视为竞争对手,经常采取贸易保护主义行为或政
策,常常以各种理由对我国出口产品发起反倾销和反补贴的调查。其

---

① 世界银行:《2013 年营销全球环境报告:对中小企业实行更为明智的管制》,《世界银行集团旗
    舰报告》2013 年第 10 期。

中,在"一带一路"沿线国家中,印度是对我国发起反倾销诉讼最多的国家。金融体系方面,由于沿线多为发展中国家,经济相对落后,银行不良贷款占比高,汇率波动大,加剧了贸易往来中的金融风险。如果没有贸易自由化的政策和相对稳定的货币体系,将对双边贸易往来带来很大的冲击。

第三,产业转移可能对中国带来负面效应。众所周知,我国将一部分过剩产能转移到沿线发展中国家,缓解我国经济下行压力。可这一举措并不是为了推销我国的过剩产能,"一带一路"的最终目标并不是为了为国内过剩产能找到出口,而是为了与沿线各国达成互惠共赢的局面。虽然目前"一带一路"能够顺利地将中国一部分过剩产能转移到其他欠发达国家,并与这些国家形成很好地产能互补,解决我国目前水泥、钢铁等产业尴尬的局面,但经济的可持续发展更根本的是需要这些企业加强产业改革和技术创新,从而获得新的发展动力,而非通过特殊途径与制度安排来实现。"一带一路"沿线各国会有一些产业与我国形成贸易互补,也存在与我国提供同质型产品的竞争对手。"一带一路"倡议的实施能使得利益与竞争共存,一方面可以促进我国的产能转移,为产业转型升级流出发展空间,另一方面也需注意到产业的转移意味着不同区域之间的产业新竞争,如果我们不能够提升本身的产业生产力,发挥自己的比较优势,则很可能对我国经济产生负面影响。

## 3.4 本章小结

改革开放四十余年的今天,我们享受开放带来的富裕生活的同时,也必须认识到我国经济可持续发展面临的挑战。如今我国经济步入新常态时期,经济内部面临收入差距过大、产业结构单一、区域结构发展不平衡、要素禀赋变化、生产成本上升、环境恶化和资源枯竭等诸多挑战,外部挑战有传统型全球化向新型全球化转变、民族主义和贸易保护主义抬头、全球新技术革命正在进行和各国之间的国家关系正在重塑等,我国需要以正确的姿态迎接内外部挑战,同时应对经济发展的内外部挑战要求我们继续深化对外开放,实施"一体两翼"战略。

"一体两翼"战略的提出,为我们迎接挑战提供了指导方针,"一体两翼"战略不仅可以为我国提供广阔的内部市场和外部市场,而且可以促进我国的物质资本积累和人力资本积累,发挥产业优势,学习和借鉴国外的先进制度,推动我国经济转型升级。"一带一路"倡议是我国经济发展的重要战略,可以使我国和沿线国家形成互惠互利的局面,实现"共赢"发展,同时也为我国经济转型升级提供了可操作的舞台,"一带一路"倡议可以深化国家之间的合作,进一步优势互补,发挥规模经济的作用,推动沿线国家的基础设施建设,改善居民生活条件,推动当地经济发展,同时为我国经济发展开阔市场,为经济发展提供新动力,有利于优化产业结构,让我国专注于发展具有更高附加值的产业,使我国在全球价值产业链中的地位升级。

当前我国需要坚持"一体两翼"开放战略,加速经济转型升级,为经济发展注入全新的活力,摆脱世界经济下行的负面影响,走出中国经济低速增长的困境,才能解决我国目前发展不平衡不充分的问题,才能保证全体人民共同富裕迈出坚实步伐,才能实现中华民族的伟大复兴。

# 第二篇

中国经济转型升级挑战篇

# 第四章　中国经济转型升级的"全球化之问"

　　"全球化"已经成为一个耳熟能详的名词,跨国公司在发达经济体与新兴经济体之间建立起了一座座经济沟通的桥梁。一直以来,我国也在贯彻落实"走出去"的发展战略,鼓励企业海外投资,发展国际业务。然而,成也"全球化",败也"全球化"。2007—2008年间,源自美国金融市场的次贷危机深深地打击了全球投资者的热情,世界经济受到严重影响,"逆全球化"的呼声也越来越高。然而全球化在人类社会发展过程中是不可逆的一个必然趋势。"逆全球化"的诉求那么多实际上是在全球化的过程中,各种政策制定、制度变革、经济发展模式与全球化状态不匹配造成的,导致不论从国家层面,还是从产业、企业或个人层面都对全球化带来的挑战有些不适应。次贷危机的发生,意味着全球化开始进入到深刻的再平衡阶段。新冠疫情的发生,让全球化的不确定性和复杂性进一步变大。

　　中国的改革开放几乎与这一轮全球化发展同步进行,并给中国经济带来了30余年的快速发展,目前我国已经一跃成为全球货物贸易第一大国,经济总量稳居世界第二。随着在国际上话语权的提高,我国应更积极主动地融入全球化,主动推动全球化的发展。为此,中国经济也需进一步转型升级,提升中国产业和企业的全球化核心竞争力,以适应全球化发展的新需求。

## 4.1　对全球化的认知

自 1492 年哥伦布发现美洲大陆以来,世界便不再是分散与孤立的,全球化由此拉开帷幕。2008 年美国次贷危机发生之后,美国一极独大的经济状态受到挑战,世界需要新的全球化规则。与此同时,由于全球经济受挫,"逆全球化"的呼声越来越高,美国极力主张制造业回流,退出TPP,甚至主张定期废止《北美自由贸易协定》,英国脱欧公投等,都给全球化蒙上了一层阴影。在全球化版图和贸易规则的重构过程中,中国该如何应对各种挑战,适应全球化发展新阶段的新需求,是我们需要解决的战略性问题。

### 4.1.1　全球化的特点

全球化期间,以资本输出为主要目的的跨国公司开始兴起,并通过海外直接投资(FDI)在发达经济体与新兴经济体之间搭建了一座资本沟通的桥梁,推动了土地、资本和劳动要素等要素配置的全球化。参与到全球化的国家和地区越来越多,各个国家之间的沟通不仅限于生产方面,资本、技术的全球化以及人员的流动加强了各国之间的沟通,各国间的相互依存度和相互影响力也日益增强。

经济全球化的特征,大体说来有以下三点:

第一,资本、劳动等生产要素全球流动趋势。经济全球化之前,各国经济的发展主要利用本国资源,生产要素和产品市场都非常有限,这点毋庸置疑。然而随着全球化的发展,不仅资本随着跨国公司在全球之间流动,劳动力也在各国之间转移。根据世界银行统计的数据,跨国迁移的劳动力从 1980 年的大约 9 370 万增长至 2010 年的 21 331 万人。

第二,经济结构发生两极变化,发达国家重知识技术产业,发展中国家重制造业。随着全球化的深入,发达国家和发展中国家的产业结构都发生了巨大的变化。跨国公司在发展中国家设厂,利用低廉的土地、劳动力大力发展制造业,使得发展中国家经济结构越来越"硬化"。而在发达国家,制造业所占的比重越来越小,知识技术密集程度越来越高,其经济结构呈现了"软化"的趋势。

第三,经济全球化深化进程的各国发展不平衡。虽说经济全球化是以美国为首的发达国家所主宰,然而发展中国家也确实尝到了全球化的好处。这一轮的全球化进程,使得世界各国间的发展不平衡出现了一些新的变化特征,新兴经济体相对实力上升,发达经济体相对实力下降。

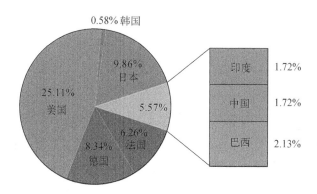

图 4-1　1980 年各国占世界 GDP 比重

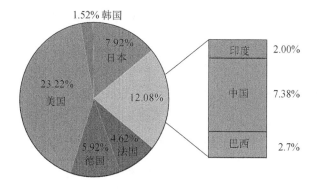

图 4-2　2008 年各国占世界 GDP 比重

### 4.1.2　中国经济与全球化的关系

我国经济发展离不开全球化的渗透,改革开放以来,我国一步步开放国内市场,支持外资进来,鼓励中国企业走出去。经济全球化给我国带来许多机遇,例如次贷危机之前全球化也对中国经济增长产生过重大影响,下文从以下两点阐述。

第一,吸引外资来华投资。我国的改革开放开始时,面对十年时间停滞不前的经济,邓小平指出:"我们现在不是海外关系太多,而是太少。"在这之后,改革开放的步伐向前,有效利用外资是我国市场开放进程中非常重要的一步。从图4-3中可知,我国实际利用外资额在两个阶段有较快速度的增长,一个是1992—1997年这段时间,一个是2001—2007年期间。为吸引外资,1992年邓小平南方谈话为我国确定了四个经济特区,并制定了一系列政策性文件和法律法规鼓励外资走进来。1992年我国实际利用外资额约为192亿美元,相比于1991年增长66.2%;1993年约为389亿美元,与此前三年实际利用外资额的总数持平。为了拓宽和加深我国对外开放的深度和广度,我国于2001年宣布加入世界贸易组织(WTO),希望借此平台让我国社会主义性质的市场化经济能有一个更好的发展。加入WTO意味着我国市场环境更加成熟,吸引和利用外资的条件更加完善。之后几年持续增加的实际利用外资额也说明了我国市场正朝着正确的方向行进,逐渐变得更加成熟。

自改革开放以来,外资对我国经济的助推作用一直备受重视,合理运用外资可以从源头上推动我国经济的发展。首先,外资来华投资、建厂,不仅带来充足的资金,还带来了先进的技术和经验丰富的管理人员。这有利于发展国内工业与制造业,生产的增加带动了出口的增加,从而使我国贸易长期顺差,并在此过程中积累了大量的外汇储备,国内生产总值也得以快速增长。与此同时,由于高新技术与高科技产业的发展,我国出口结构也得以改善,产品竞争力大幅提高。并且,工业与制造业的大规模展开,解决了大量人口的就业问题,劳动力从农村来到城镇,我国的城镇化率也因此提高。

(单位:亿美元)

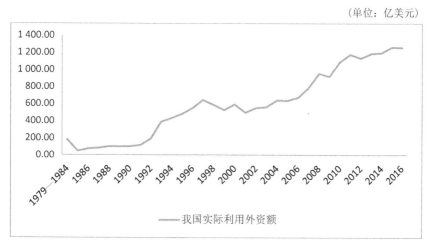

**图4-3 我国实际利用外资额**

数据来源:中国统计年鉴

第二,拉动出口贸易的增长。国家统计局中国统计年鉴将出口总额分为货物的出口与服务的出口。从图4-3和图4-4中我们看出,货物出口和服务出口的规模都在2001年以后快速增长,这正是我国加入WTO的时间,可见入世对我国更好地参与全球化,并在国际社会中积极发挥自己的优势地位起了很大的作用。另一方面,从货物出口总额与服务出口总额的数量级来看,二者之间有很大的差距,如果将两者放在一个表格中,如图4-6所示,我们可以很明显地发现这种差别。这也说明了我国在经济全球化的进程中,经济结构是"硬化"的,经济的增长更多来自工业与制造业的推动,第三产业的发展则相对滞后。

（单位：亿美元）

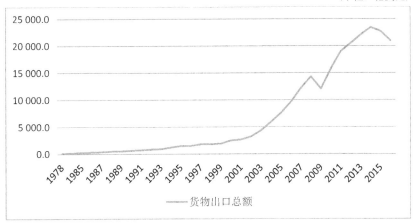

**图 4-4　货物出口总额**

数据来源：中国统计年鉴

（单位：亿美元）

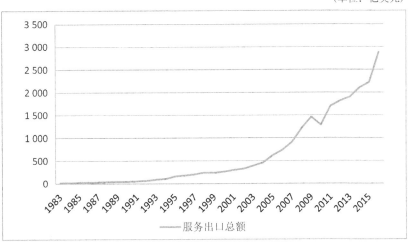

**图 4-5　服务出口总额**

数据来源：中国统计年鉴

然而，经济不总是平稳顺利运行的。2007 年以来，来自美国的次贷危机引发了全球的金融市场海啸。短短一年多的时间里，大量企业破产，失业加剧，股市暴跌。虽然美国联合了欧洲、日本等发达经济体共同

（单位：亿美元）

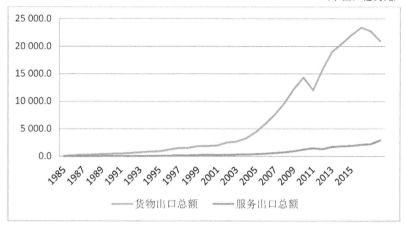

**图 4-6　货物和服务出口总额**

数据来源：中国统计年鉴

解决这场灾难,然而收效甚微,次贷危机的影响很快由发达国家传播到新兴国家,整个世界陷入了经济低迷的旋涡。我国也不例外地受到了次贷危机的影响,最直接的便是外汇储备和一些金融机构投资的损失。次贷危机的爆发给美元资产带来巨大的投资风险,极大地挫伤了人们继续持有美元的信心,造成了美元的贬值。作为美国债券的最大持有国,这无疑给我国的外汇储备带来巨大的潜在损失。

另外,从国家宏观经济运行来看,次贷危机也给我国带来全方位的影响。首先,是通货膨胀带来的物价上涨。危机爆发之后,我国政府采取了一系列务实有效的措施来防止经济受到强烈冲击,其中 4 万亿投资计划为代表的财政刺激政策为市场提供了充分的流动性。拉动经济增长"三大马车"中的消费和投资在得到恢复并发展的同时,流动性大幅增加导致物价的急剧上涨。同时,美国启动了量化宽松货币政策,国际大宗商品的价格不断推高,使得我国原油、粮食等的进口成本上升,输入性通货膨胀在我国表现明显。此外,美联储的量化宽松政策以及美元资产的贬值,使国际资本开始寻求其他的投资市场。此时中国经济的强劲复苏,吸引了大量热钱涌入我国。热钱的进入给我国通货膨胀带来更高的压力,为了抑制物价的快速上涨,我国的宏观经济政策需要采取加息的手段,而加息又进一步刺激了热钱的涌入。同时,美元的贬值又给人民币带来了升值的国际压力。一旦处理不好升值的节奏或方式,我国的出口就可能受到抑制,从而不利于后危机时代经济的持续复苏,甚至可能使以前已经取得的成就受到影响。

可见,这场全球经济危机确实给我国经济发展带来了巨大的挑战,从汇率、利率以及经济结构等各方面考验着中国应对危机和全新的国际资本市场的能力。过去,在美元占统治地位的全球化时代,我国的经济发展更多的是依据发达国家已经制定好的国际规则来行事,即便中国在国际上的话语权有所提高,但仍然有限。并且,我国跨国公司还未能对全球要素进行有效利用,更多的是通过廉价的土地、劳动力等要素参与国际生产,长期的粗放式发展确实如前文所述,在改革开放以后的三十年间给我国经济带来了快速增长,然而这种发展模式已经逐渐显示出了其劣势,所以不再适用后危机时代我国的经济发展。次贷危机之后,发达国家受到重创,旧的国际经济规则被打破。在这样的国际形势下,我国寻求经济发展方式转变成了必然诉求。这一转变要求我国在面对新一轮经济全球化的情况下,找出并有效利用新的要素禀赋优势,以新的姿态在国际经济发展趋势中站稳脚跟。

虽然这场经济危机给我国经济发展带来了不少严峻的挑战,但是挑战中也蕴藏了前所未有的机遇。面对经济转型的压力,我国需要彻底认清和解决目前经济发展中隐藏的深层次矛盾和问题。这要求我国需要深化要素市场改革和提高自主创新能力,重视科技和知识产权的作用,全面提升国际竞争力和国际地位。与此同时,危机的产生使得国际金融体系布局重新调整,洗牌后的国际形势可能使得我国将掌握更大的主动权积极参与制定国际经济新规则。因此,我国可以在当今国际社会中发挥更重要的作用,并以更加积极的姿态面对现在的全球化浪潮。

## 4.2　次贷危机后的再平衡

### 4.2.1　次贷危机爆发原因

国际分工体系的产生使得世界经济结构僵化失衡,而全球化的加深使得这种失衡变得更加严重,最终引发了此次次贷危机。自 20 世纪 80 年代以来,国际社会对外开放的政策不断落实,跨国公司层出不穷,全球分工体系由此产生[①]。以前,生产和消费主要在一国条件下进行,市场可以很好地指导生产和消费的平衡。若消费不足,必然引发经济危机;若消费过剩,则会引起通货膨胀。然而在经济全球化与自由贸易的推动下,跨国公司实行产业链全球配置,将生产环节安置在土地、劳动力价格较低的发展中国家,从而使得发达国家的生产下降。于是,发达国家为了刺激经济,采取信用扩张、鼓励消费的方式;发展中国家为了自身经济的发展,大力搞生产,将产品出口到发达国家;同时利用贸易顺差积累的外汇购买发达国家债券、股票、金融衍生品等,使资金回流到发达国家。这一循环得以持续的原因是发达国家长期的消费需求,且虚拟经济的迅速增长也在不断刺激着该消费需求。一旦虚拟经济出现了问题,整个世界经济便会陷入危机。因此,这场全球经济危机的爆发,其实是经济全球化的必然结果,问题的根本不在于全球化本身的对错,而在于在全球化的过程当中,世界经济缺乏调节平衡机制。[②]

### 4.2.2　全球经济的再平衡

在 2009 年匹兹堡 G20 峰会开幕前,时任美国总统的奥巴马抛出了美方为此次峰会设定的"一号议题"——探讨全球经济再平衡。上文中

---

① 许佩倩:《全球经济再平衡与我国开放经济的新定位》,《世界经济与政治论坛》2011 年第 6 期。

② 田伯平:《美国次贷危机与全球经济新挑战》,《世界经济与政治论坛》2008 年第 6 期。

我们提到,源自美国次贷危机的全球性经济危机实质上是由于全球经济缺乏调节平衡机制,因此如何找到相应的途径达到经济的再平衡,一直是次贷危机之后的几年间被各国领导人提及并予以重视的话题。

次贷危机之后,全球经济总供给与总需求的矛盾越来越突出,像中国这样的发展中国家贸易长期顺差,而以美国为首的发达国家则出口严重不足。从国与国之间的贸易关系来看,当前的全球经济是无法持续下去的,现有的全球总需求已经无法消化全球总供给,因此全球经济再平衡的本质,实际上是解决全球经济的可持续增长问题,而这实际上是一个国家间利益博弈的过程。现如今,美国、中国、日本、欧洲,乃至东南亚一些国家都在经济再平衡的过程中企图提高自身的国际地位,争夺更多的资源以及国际上的话语权。这意味着探索可持续发展的过程绝不会是一帆风顺,甚至是相当痛苦的。我国应有充分的心理准备与足够的措施,顺利完成经济的转型升级,来应对这场全球变革。

## 4.3 当下的全球化特点

### 4.3.1 全球化挑战与进展

次贷危机之后,"逆全球化"已经成为国际上一个热点问题,在西方发达国家中引起一个个政治或经济事件,使全球的神经都跟着紧张起来。英国"脱欧",特朗普当选,美国主张制造业回流,退出 TPP 甚至声称要定期废止《北美自由贸易协定》,这些都给经济全球化的进程蒙上了一层阴影。不仅如此,在一些发展中国家,"逆全球化"或"反全球化"的现象也层出不穷,例如保护主义和民族主义在近几年不同程度的抬头。这表明逆全球化已经是一种全球范围的现象,与国家发达程度及所处地位无关,只是表现形势与强度因国家和地区而异。我们无法忽视"逆全球化"现象,它带给全球经济与贸易的影响是非常巨大的。不论是英国经济政策研究中心发布的《全球贸易预警》,还是国际货币基金组织发布的《世界经济展望》,都指出自 2008 年以来各国实施了历史最多的贸易保护措施,并且贸易数据也在近两年有所下降。可见,"逆全球化"的思想已经全面影响了世界经济的正常运行,因此,现在急需探究导致"逆全球化"的深层次原因。

其实,"逆全球化"与全球化发展进程中固有的一些问题有着深层次的因果关系,其中最突出的是社会财富分配不均衡。在西方发达国家,呼吁"逆全球化"的更多的是平民,而非拥有所谓 99% 财富的那些精英阶级人士,带有一定的"民粹"主义色彩。法国经济学家托马斯·皮凯蒂在其著作《21 世纪资本论》中提到,如果放任自流,纯粹资本主义天生具有一种使财富和收入分配的不均等程度加剧且得到无限持续的长期内在趋势。在他看来,经济增长率如果在较长一段时间内显著低于资本收益率,那么社会的财富分配差距就可能变得非常严重。在他观察了 300 年左右的数据后,他发现平均每年的投资回报相比 GDP 高出很多,分别为 4%—5% 和 1%—2%。这意味着在 100 年的时间里,资本所有者的财富翻倍 7 次,是最初的 128 倍;而经济的整体规模在同样的时间里只扩大了 8 倍。社会分配不公平是市场经济调节本就存在的一个问题,而经济全球化将这个问题进一步放大。这也就解释了为什么 2008 年全球经济危机以来,"逆全球化"的现象越来越严重。发达国家主导的跨国公司拥有大量资本,而资本的流动性与收益率都相对其他要素高很多,于是长期以来,跨国公司积累了大量的财富,在这背后是极少数精英人群财富的急剧增加,而普通平民则并没有享受到这种财富增长带来的好处,反而经济危机给他们的生活带来了不安与动荡。

与此同时,全球化过程中出现的国与国之间的经济发展不平衡同样值得引起注意。现如今的发展中国家当中,有一些因为政治、战乱等因素经济无法得到平稳发展,全球化不仅没有给他们带去好处,反而因为大国之间的利益争夺给他们带去了灾难;一些国家,例如中国,在四十多年的改革开放中经济快速发展,逐步改变了世界的经济格局,这些发展中国家与发达国家差距的缩小,在国际上地位的提高,引起了发达国家的紧张情绪与敌对思想,为了保持自身的国际地位,一些发达国家对于经济全球化更有了偏见的态度。

然而,尽管"逆全球化"的浪潮一直没有停歇,但是还有很多国家,为了维持世界经济的平稳运行,使各国能够更好更快地发展国内生产并开展各方受益的国际贸易,正在努力探索全球经济再平衡中的可持续发展途径,从而使全球化有了新的进展,比如近几年兴起的服务贸易主义与区域主义。

服务贸易兴起是人类社会化分工的必然趋势,其根本原因在于世界经济结构发生了历史性的变化。服务业发展是市场经济为了应对经济复杂程度提高、市场风险波动加大的自然发展趋势,有助于降低交易成本和市场风险的溢价成本,因此服务贸易的兴起也成为不可逆的趋势。在服务贸易兴起的背后,有三种主要力量在推动。一是海外直接投资(FDI)推动的全球生产社会化深化。按照发展经济学的理论,随着一国的经济能力的提升,产业结构会不断优化,从以第一产业为主的农业经济过渡到实体经济为主的工业经济,再过渡到增值类服务经济。FDI在改变了本国的生产消费模式的同时,对发展中国家经济的发展起到了助推作用,于是世界各国在经济危机后的再平衡进程中,逐渐兴起了服务贸易。二是货物贸易的发展带来了对服务贸易更多的需求。在货物贸易高速增长的刺激下,国际运输、保险、结算等这种同货物进出口直接关联的服务贸易项目都在相应增长。三是嵌入到产品中的服务越来越成为决定产品竞争力大小的重要因素,使得具有服务业比较优势的发达国家日益依赖于服务业发展以提高对产业价值链的控制力,当然发展中国家在这个过程中也不甘示弱,纷纷提高自身的服务水平。

经济再平衡中的另一个新的特征也值得我们关注,就是区域主义的兴起。我们可以从以下三点来总结区域主义兴起的原因:一是原有的多边主义协议存在明显的缺陷,不能满足现实发展需求,而新的多边协议又因为协调成本过高而难产,所以给区域主义协议的发展留下了广阔的空间;二是全球化发展不平衡,全球化红利分配机制的缺陷,多边协议的非歧视原则所产生的非对称利益,容易使各国寻求区域主义协议来平衡这一缺陷;三是次贷危机的发生,使各国意识到要想较快解决内部矛盾,应优化内部,这增加了区域主义协议的政治推动力。从最近的区域主义协议的发展趋势来看,区域主义开始越来越不仅拘于国家间的自由贸易区的构建,而且越来越试图成为全球的标准。各主要经济体都在试图通过区域主义协议的达成,以图形成更大规模的市场影响力,由此促成其比较优势在产业价值链中获得较高垄断定价权,从而最大限度地获得对全球产业价值链的控制权以及未来全球化红利。目前,许多国家在推进区域主义协议中非常活跃,尤其是《贸易便利化协定》的通过。世界贸易组织总干事阿泽维多表示,《贸易便利化协定》是 21 世纪最大的全球贸易改革。它传递出的一个信息就是,贸易是全球就业和增长的重要支撑,无论是在发达国家还是发展中国家。我们也确实可以看出,该条款给予发展中国家多项优惠,如给予发展中国家和较不发达成员国特殊待遇,使这些成员国获得最大收益。但是与此同时,发达国家的贸易数据表现得也非常强劲。比如,2017 年 2 月 21 日,每日经济新闻就报道过,按照美元计算,2016 年中国进出口的确比美国少 204 亿美元。仅从数据层面来看,去年我国的进出口贸易额已经被美国反超。此外,欧盟的最大成员国德国的贸易情况也非常可观。2 月 10 日,德国相关报告指出,2016 年德国的出口额 12 075 亿欧元,创历史新高;同时,贸易顺差达到 2 529 亿欧元,这是二战之后德国贸易顺差的最高纪录。不仅如此,德国也再次超过中国,回归全球第一大贸易顺差经济体。

以上的分析说明,当今全球经济的再平衡进程中,既存在严峻的挑战,又存在令我们感到欣慰的进展。中国如何发挥大国作用,积极探讨全球经济的可持续发展问题,并在新一轮全球经济结构重塑中分得一杯羹,是当今经济的深刻话题。

### 4.3.2 中国参与全球化的需求与挑战

我国为什么要主动参与全球化,这是一个值得思考的问题。从目前发展来看,参与全球化可以给我国发展带来更广宽的空间。自 2008 年经济危机以来,我国意识到转型升级的重要性,要素市场面临改革。然而,以往的出口与投资为主导的经济发展模式并不利于经济模式的转变。依赖出口是造成我国"高储蓄高投资"现象的重要原因之一,这一现象最明显的表现就是国内消费疲软,经济运行低效。同时,政府对于关键生产要素的控制,事实上也无法提高生产要素的效率。为了改变这一现状,我国需要加强国内外经济要素之间的流动。一是改变国内要素市场现状,将国内经济要素送出国门,在国际背景下发挥比较优势,提高资源配置的有效性,从而提高我国经济可持续发展的能力。二是为国内外经济要素交流提供良好的外部环境,促进各国要素之间的流动。如利用"一带一路"倡议协助沿线国家建设基础设施,并以此为依托增进各国之间全方位的互利合作与友好交流,最终实现我国提出的"人类命运共同体"的目标。我国也可以借此机会在国际上展示具备的大国实力,让我国以更加积极的姿态面对全球化。

不过,伴随着"逆全球化"思潮的兴起,我国在此次全球经济再平衡中,面临了更多阻力,包括且不限于部分国家政局不稳定、经济复苏缓慢、对我国倡议的偏差理解等。因此,在这新一轮经济全球化中,我国该如何处理这些问题,是我国在探讨经济可持续增长问题中的"全球化之问"。

第一,贸易受到排斥,损害中国经济利益与国际地位。在前文中我们已经提到,自 2008 年金融危机以来,各国之间制定了多项贸易保护主义措施,给中国的对外投资与出口带来了许多不利影响。如目的为促进区域经济发展的跨太平洋伙伴关系协定(TPP),也将中国排除在外。TPP 不仅涉及传统的贸易与投资,还关系到知识产权、环境、政府采购、金融发展等一系列和当下一国经济有关的领域,因此 TPP 对于成员国的重要性不可小觑。虽说随着美国总统特朗普的上台,TPP 已经趋于废止,然而当时中国被排除在外,却足以说明中国在贸易方面面临的国际局势之严峻。并且,美国通过 TPP 与中国周边国家建立了强有力的经济联系,向这些国家释放了美国遏制中国的信号,其中一些国家很有可能受到美国的牵引,从而表现出对中国的不友好态度。由此,中国在贸易方面受到的排斥,不仅损害了中国的经济利益,也从区域安全等其他角度影响了中国的国际地位。中国如何在这样的全球贸易大背景下,走出一条我国掌握发展主动权且能让世界也接受的发展道路,是我国在经济再平衡过程中的全球化第一问。

第二,发达国家指责中国发展,影响中国的国际声誉。发达国家在中国的投资,帮助了中国在全球化进程中成长了起来。同时,中国也在正向回馈世界经济的增长。国际货币基金组织在 2014 年测算据显示中国经济增长对世界经济的贡献率达到了 27.8%。然而美国总统奥巴马在接受采访时却说,中国是在搭便车,并且已经搭了 30 年。这一论断忽视了中国红利,否定了中国 30 余年的经济发展对国际社会的贡献。因此,如何让世界充分认识中国并非只是全球化的受益者而是国际经济的重要建设者,以及在全球经济的再平衡中彰显我国国家实力,削弱发达国家对中国的偏见,摆脱其控制真正积极主动参与全球化,是我国的全球化第二问。

第三,国内传统生产模式已无法满足经济可持续增长的需要。很长时间以来,我国经济的增长走的是粗放型的发展道路,比如过度依赖出口和投资来拉动经济增长,忽视了消费对经济的影响;过度依赖廉价劳动力,采取低成本的竞争战略;过度消耗资源,以环境受到严重污染为代价;过度依靠初级产品的加工制造,科技创新能力不足等。这些因素给我国经济带来了需求结构失衡、产业结构失衡、城乡结构失衡与收入分配结构失衡等许多矛盾。近年来,尤其是 2008 年全球经济危机以后,我国意识到了经济转型升级的必要性,提出拉动内需,优化产业结构等一系列措施。

其实,中国经济的转型升级,与中国以更加积极的姿态参与全球化,有着共同的利益诉求。随着中国经济的发展,很多人开始担心中国无法跨越"中等收入陷阱"。中国经济为求可持续增长,固然与本国体制和经济发展模式有关,但是全球化的背景下发达国家制定的国际秩序对此同样具有深远的影响。在旧的国际经济规则下,发展中国家很难在不改变国际贸易规则与发展模式的前提下,实现经济的持续、健康发展。因此,如何使得中国自身经济增长保持可持续性,是我国参与全球化再平衡的第三问。

### 4.3.3 中国面对全球化的新姿态

为了更好地参与全球化,我国提出了构建以"一带一路"倡议为核心的"一体两翼"新格局。我们认为"一体"和"两翼"含义如下:"一体"指我国和沿线国家在"五通"方面的合作与发展;而"两翼"指的是国家关系与国内关系。"一带一路"倡议不仅仅是为了服务各国之间的经济,更是要为各国共同的文明伟大复兴添砖加瓦。在我国致力于打造人类命运共同体的背景下,"一带一路"为推动各国之间的文化交流与碰撞提供了强大力量。在当前全球经济增长,贸易与投资面临新的国际秩序的大背景下,各国都在努力寻找使经济焕发的新生命力,"一带一路"恰是我国提供的国际范例,可以以更加开放、自由与包容的姿态构建新的国际贸易体制。

首先,"一带一路"有利于深入区域联系,降低交易成本,增强区域间经济增长的协同效应。沿线国家虽然经济规模较小,但作为新兴力量,在全球经济结构的重构过程中有着很大的潜力,经济增长速度较快,对基建条件需求显著。"一带一路"结合了沿线国家的资源、区域,以及产业优势,各个国家相互交流、共同发展,打破了从前发达国家占主导,发展中国家处于被动地位的历史局面,在世界经济格局的重构过程中,发展中国家能够凭借自身优势站上历史舞台。同时,"一带一路"在各个国家进行基础设施建设,开展丰富的文化交流活动,也能够直接或间接地降低国家之间经济运行的成本,进一步提高经济运行效率。

另一方面,"一带一路"倡议有利于经济危机之后我国彰显国家实力,体现了中国"文化自信"。"一带一路"带给中国的,首先是资本和要素能够在全球市场中发挥更大的比较优势。过去,我们出口的产品主要是低级加工制造产品,科技与知识含量低;然而通过"一带一路"倡议,我国的科技、文化,甚至一些发展和管理理念也得以输出,中国以更加强大的身影参与了全球经济的再平衡。此外,"一带一路"倡议对实现人民币的国际化也有很大帮助,对于人民币离岸市场的建设和完善发挥正面作用。

简而言之,在新的全球经济治理框架形成过程中,"一带一路"对降低"逆全球化"给全球经济政治形势带来的负面效应,支持经济可持续增长是一个开创性倡议,是中国应对全球化挑战的强有力方式,中国在国际上的话语权本质上得到了提高。

## 4.4　本章小结

中国经济的转型升级要想与参与全球化结合起来,核心点是要让中国经济要素的比较优势可以发挥作用,进而提升中国经济全球核心竞争力以及可持续发展动力。比如,对内进行要素市场的改革、优化产业结构与老百姓需求结构、协调区域结构与收入分配结构、变革国内经济制度、提高创新能力、大力发展新兴技术、让政府职能转变成为升级可持续的保障等;对外大力发展金融市场,加速发展人民币国际化进程,这将提升我国在国际金融领域的影响力。

转型升级是我国经济在近几年所面临的方向,在过去的几十年间,我国采取的是"投资—出口导向型"经济发展模式,"高能耗—高污染—

低附加值"的粗放式生产模式已经无法满足我国经济进一步发展的需求,立足于科技与知识创新,大力发展第三产业,减轻对环境的破坏与污染,是我国经济当今的改革方向。同时,在全球经济再平衡的大背景下,我国正在开展"一带一路"倡议,"贸易相通"作为"五通"中非常重要的一个方面,对于我国的经济转型也有很高的要求。因此在本章节的讨论中,我们大可以将中国经济的转型升级与中国参与全球化的方式结合起来:经济的转型升级是我国能够自信、坚定地融入全球化,主动推动全球化发展的后方推动力,而我国在全球化进程中的良好表现,正是经济转型升级的成功表现。

要想做到以上两个方面的结合,其实核心点就是让中国经济要素的比较优势能够发挥作用。在过去的"投资—出口导向型"的经济发展模式中,我国的经济发展其实是内外不平衡的。对内,拉动经济发展的"三驾马车"中投资和出口占了绝大部分比例,国内的消费疲软,不利于发展内部经济,对于市场经济的建设也不能够起到足够的刺激作用,这也间接导致了我国第三产业发展的相对落后。对外,我国对其他国家的长期出口与投资,导致了我国外汇储备的大量积累,这给我国带来了人民币升值的压力,然而从前我国的固定汇率制度又与这种压力竟相矛盾,造成了我国汇率市场的不平衡。而随着我国对汇率的逐渐放开,采取有管制的浮动汇率制度,人民币在升值以后,又对我国的出口与投资造成了阻碍。因此,无论从国内市场还是国外情况来看,从前的经济发展模式依然不适用,表现为我国要素市场的不健全,我国市场主义经济制度的不完善,政府对于要素的管控不足以让经济要素充分发挥作用。因此让经济要素充分发挥作用是我国发展市场经济的关键目标,这对于提高资源的利用效率,促进消费,并提高初次分配中劳动者的收入比例[1]有深刻

---

① 郭树言、欧新黔:《推动中国产业结构战略性调整与优化升级探索》,经济管理出版社,2008年。

的意义。比如,我们要提升创新能力,尽可能做到让科技元素成为产品的核心竞争力;从经济结构的角度看,产业结构、收入分配结构和需求结构的优化,区域经济的协调优化是我国能够真正完成经济转型升级的根本基础;转变政府这一在经济中"看得见的手"的作用,营造良好的制度环境,为经济转型升级持续性提供制度保障。在全球经济再平衡的大背景下,实现经济的转型升级,让中国经济要素发挥比较优势,对于我国开展以"一带一路"为核心的"一体两翼"发展格局使中国主动融入全球化,体现中国的"文化自信",具有现实的意义。

# 第五章　新兴技术发展能否成为"弯道超车"机遇

## 5.1　国际经济发展的现状

按照历史经验来看,历次科技革命伴随着经济危机革命应运而生,技术和产业将会发生翻天覆地的变化。这是因为在危机中那些旧的、落后的、无效的技术、企业和产业都被淘汰了,产业结构、经济结构等的重组使得新技术、新产业等得以出现,并转为新的经济增长动力。2008 年的国际金融危机和 2009 年的欧债危机,一方面使得世界各国经济增长受到了不同程度的负面冲击,其中的部分国家经济增长影响较大,这些危机所暴露出来的是原有增长模式的弊端与不可持续性;另一方面,这些危机预示着原有发展模式和发展动力的终结,也因此孕育着新的经济增长点,实际上是新的技术革命前夜的一次阵痛,正在为新的技术革命发生和发展提供新机遇。

为了更好地理解危机发生和影响,本文先把最重要的几个经济体,美国、日本、德国、英国、俄罗斯的经济发展与我国的经济发展情况进行比较,三国在危机前和后几年的经济发展的具体情况详见表 5-1 和表 5-2。从 1993—2014 年间,我国在 GDP 增速方面远远高于其他五国,在

GDP 总量方面我国从对外开放新格局成立后,在落下的情况下逐渐赶上,到现在已经成为世界第二大经济体,仅低于美国。不过在人均 GDP 方面,我国仍远低于其他五国。

表 5‐1　1993—2014 年中、美、日的相关宏观经济情况

| 年份 | 中国 | | | 美国 | | | 日本 | | |
|------|------|------|------|------|------|------|------|------|------|
| | GDP | GDP 增长率 | 人均 GDP | GDP | GDP 增长率 | 人均 GDP | GDP | GDP 增长率 | 人均 GDP |
| 1993 | 0.44 | 14 | 0.04 | 6.58 | 2.87 | 2.53 | 4.41 | 0.17 | 3.55 |
| 1994 | 0.56 | 13.1 | 0.05 | 6.99 | 4.11 | 2.66 | 4.85 | 0.86 | 3.88 |
| 1995 | 0.73 | 10.9 | 0.06 | 7.34 | 2.55 | 2.76 | 5.33 | 1.94 | 4.25 |
| 1996 | 0.86 | 10 | 0.07 | 7.75 | 3.79 | 2.88 | 4.71 | 2.61 | 3.74 |
| 1997 | 0.95 | 9.3 | 0.08 | 8.26 | 4.51 | 3.03 | 4.32 | 1.6 | 3.43 |
| 1998 | 1.02 | 7.8 | 0.08 | 8.74 | 4.4 | 3.17 | 3.91 | −2 | 3.1 |
| 1999 | 1.08 | 7.6 | 0.09 | 9.3 | 4.87 | 3.33 | 4.43 | −0.2 | 3.5 |
| 2000 | 1.20 | 8.4 | 0.09 | 9.9 | 4.17 | 3.51 | 4.73 | 2.26 | 3.73 |
| 2001 | 1.32 | 8.3 | 0.10 | 10.23 | 1.09 | 3.59 | 4.16 | 0.36 | 3.27 |
| 2002 | 1.45 | 9.1 | 0.11 | 10.59 | 1.83 | 3.68 | 3.98 | 0.29 | 3.12 |
| 2003 | 1.64 | 10 | 0.13 | 11.09 | 2.55 | 3.82 | 4.3 | 1.69 | 3.37 |
| 2004 | 1.93 | 10.1 | 0.15 | 11.8 | 3.48 | 4.03 | 4.66 | 2.36 | 3.64 |
| 2005 | 2.26 | 11.3 | 0.17 | 12.56 | 3.08 | 4.25 | 4.57 | 1.3 | 3.58 |
| 2006 | 2.71 | 12.7 | 0.21 | 13.31 | 2.66 | 4.46 | 4.36 | 1.69 | 3.41 |
| 2007 | 3.49 | 14.2 | 0.27 | 13.96 | 1.91 | 4.63 | 4.36 | 2.19 | 3.41 |
| 2008 | 4.52 | 9.6 | 0.34 | 14.22 | −0.36 | 4.68 | 4.85 | −1.04 | 3.8 |
| 2009 | 4.99 | 9.2 | 0.37 | 13.86 | −3.53 | 4.52 | 5.04 | −5.53 | 3.95 |
| 2010 | 5.93 | 10.4 | 0.44 | 14.45 | 3.02 | 4.67 | 5.49 | 4.44 | 4.31 |
| 2011 | 7.32 | 9.3 | 0.54 | 15.09 | 1.7 | 4.84 | 5.87 | −0.7 | 4.59 |
| 2012 | 8.3 | 7.8 | 0.61 | 15.68 | 2.21 | 5 | 5.96 | 1.95 | 4.67 |
| 2013 | 9.4 | 7.67 | 0.68 | 16.8 | 1.88 | 5.31 | 4.9 | 1.54 | 3.85 |
| 2014 | 10.36 | 7.35 | 0.76 | 17.42 | 2.39 | 5.46 | 4.6 | −0.1 | 3.62 |

数据来源:世界银行

表 5-2  1993—2014 年德、英、俄的相关宏观经济情况

| 年份 | 德国 | | | 英国 | | | 俄罗斯 | | |
|------|------|------|------|------|------|------|------|------|------|
| | GDP | GDP 增长率 | 人均 GDP | GDP | GDP 增长率 | 人均 GDP | GDP | GDP 增长率 | 人均 GDP |
| 1993 | 2.01 | −1 | 2.47 | 0.98 | 2.22 | 1.7 | 0.44 | −8.67 | 0.29 |
| 1994 | 2.15 | 2.47 | 2.64 | 1.06 | 4.28 | 1.83 | 0.40 | −12.57 | 0.27 |
| 1995 | 2.52 | 1.68 | 3.09 | 1.16 | 3.05 | 1.99 | 0.40 | −4.14 | 0.27 |
| 1996 | 2.44 | 0.79 | 2.97 | 1.22 | 2.89 | 2.1 | 0.39 | −3.6 | 0.27 |
| 1997 | 2.16 | 1.74 | 2.63 | 1.36 | 6.21 | 2.33 | 0.40 | 1.4 | 0.27 |
| 1998 | 2.18 | 1.86 | 2.65 | 1.46 | 3.84 | 2.49 | 0.27 | −5.3 | 0.18 |
| 1999 | 2.13 | 1.87 | 2.6 | 1.5 | 3.66 | 2.56 | 0.20 | 6.4 | 0.13 |
| 2000 | 1.89 | 3.06 | 2.29 | 1.48 | 4.46 | 2.51 | 0.26 | 10 | 0.18 |
| 2001 | 1.88 | 1.51 | 2.28 | 1.47 | 3.15 | 2.49 | 0.31 | 5.09 | 0.21 |
| 2002 | 2.01 | 0.01 | 2.43 | 1.61 | 2.66 | 2.72 | 0.35 | 4.74 | 0.24 |
| 2003 | 2.42 | −0.38 | 2.94 | 1.86 | 3.52 | 3.12 | 0.43 | 7.3 | 0.30 |
| 2004 | 2.73 | 1.16 | 3.3 | 2.2 | 2.96 | 3.68 | 0.59 | 7.18 | 0.41 |
| 2005 | 2.77 | 0.68 | 3.35 | 2.28 | 2.09 | 3.79 | 0.76 | 6.38 | 0.53 |
| 2006 | 2.9 | 3.7 | 3.52 | 2.44 | 2.61 | 4.03 | 0.99 | 8.15 | 0.69 |
| 2007 | 3.32 | 3.27 | 4.04 | 2.81 | 3.47 | 4.61 | 1.3 | 8.54 | 0.91 |
| 2008 | 3.62 | 1.08 | 4.41 | 2.64 | −1.1 | 4.29 | 1.66 | 5.25 | 1.17 |
| 2009 | 3.3 | −5.13 | 4.03 | 2.17 | −4.37 | 3.51 | 1.22 | −7.83 | 0.86 |
| 2010 | 3.26 | 3.69 | 3.99 | 2.25 | 2.09 | 3.62 | 1.49 | 4.3 | 1.05 |
| 2011 | 3.57 | 3 | 4.37 | 2.43 | 0.65 | 3.88 | 1.86 | 4.3 | 1.31 |
| 2012 | 3.4 | 0.67 | 4.15 | 2.44 | 0.27 | 3.85 | 2.01 | 3.44 | 1.4 |
| 2013 | 3.63 | 0.43 | 4.51 | 2.52 | 1.74 | 3.93 | 2.1 | 1.32 | 1.46 |
| 2014 | 3.85 | 1.6 | 4.76 | 2.94 | 2.55 | 4.56 | 1.86 | 0.64 | 1.27 |

数据来源:世界银行

因虚拟经济过度膨胀引发的 2008 年的次贷危机,对表中 5 个发达国家的影响更甚。美国作为这次的发源地,GDP 增速直接由正转负,加上 2009 年欧债危机加之的负面影响,美国 GDP 增速下降得更加明显,经济大受影响,但是第一阶段的量化宽松政策的成功使得美国的增速马上恢复到危机前的水平,虽然第二阶段和第三阶段的量化宽松政策的效果差强人意,但是的确使美国经济快速从危机中复苏过来,且美国是唯一一个危机过后 GDP 增幅大于危机前的国家。日本作为亚洲唯一的发达国家,受两次危机重创的程度要明显大于美国,虽然日本政府在 2010 年继续推行扩张性经济政策,才令日本经济在 2010 年有了明显的好转,但是受全球经济下行风险影响,2011 年日本 GDP 增速再次由正转负,2012 年的安倍经济学虽然在短期内挽救了日本的经济,但是未有持续的实质的作用。从表中数据可以看出,截至 2014 年,日本的经济还未从完全恢复。

反观德、英、俄方面,三国所受的冲击几乎都要小于日本,而且三国受欧债危机的重创程度要远甚于全球金融危机。德国虽然因为国际金融危机使得 GDP 增速放缓,但仍保持正的增速,而后发生的欧债危机虽然使得德国措手不及,但凭着强大的制造业基础和出口强劲很快从危机中缓过来,虽然后来增速放缓,但经济仍保持稳步发展。英国和德国一样是老牌的发达的资本主义国家,危机后增速很快由负转正,并保持正的增长态势。与德国相比,它受金融危机的冲击更大,但受欧债危机的负面影响更小,一是因为英国不愿意插手欧债问题,二是因为英美关系密切,两国经济联动性强。俄罗斯虽然 GDP 总量要小于德、英,但 GDP 增速要高于这两国,这点和中国很像,不过这也恰恰说明了俄罗斯的经济发展程度不如德、英。从表中的数据可以看出,俄罗斯受欧债危机的负面影响要大于受全球金融危机的影响,危机后虽然增幅由正转负,但增幅逐年大幅下降,一是因为欧债危机影响了俄罗斯的出口收益,二是因为金融危机影响了大宗商品的价格,三是因为俄罗斯受这两个危机影响在 2014 年爆发了卢布贬值危机。

与其他五国相比,我国在 2008—2014 年这段时间里的表现十分惊人。我国经济发展水平不如另外几个发达国家,所以 GDP 增速要远超过其他五国,一直呈现高速增长态势,但从增幅变动趋势来看,我国和其他五国无异——均是受两次危机影响,增速大幅下降,但仍保持正的增速,危机过后增幅有所恢复,但逐渐放缓。在两次危机期间,我国启动了"4 万亿产业振兴计划",并搭配使用货币政策和财政政策,阻止了经济下滑并使得经济逐渐回升。从危机后横向比较可以看出,在 GDP 方面我国逐渐追上了美国,并于 2010 年超过了日本,且与日本逐年拉大差距,同时也远超德、英、俄;在 GDP 增速方面,虽然我国和俄国同样是新兴经济体,但我国仍保持高速为正的稳定增长,在经济增长稳定性方面,已经可以与美、德、英相提并论;在人均 GDP 方面,虽然我国在数量上不如其他五国,但我国是唯一一个能和美国一样在危机中后均能保证人均 GDP 逐年增长的国家。从上述分析可以发现,在目前的国际社会上,我国的主要竞争对手是美国。

从 1993—2014 年的发展历程可以看到,虽然中美 GDP 总量差距缩小,但中美人均 GDP 的差距却逐年扩大。而在 GDP 增速方面,从图 5-1 可以看出,两国的总体趋势相反,但在金融危机和欧债危机后逐渐趋同,这与经济全球化、国与国之间联系加深有关,同时也与我国对经济发展更深入理解,注重质量发展有关。虽然我国增速放缓,但仍远高于美国。可见,如果中美两国各自保持现在的发展态势,在可预计的将来,中国在经济总量上会赶上甚至超过美国。这就需要我们思考我国经济如何在这关键时期实现"弯道超车"。

弯道超车是指原来的先进经济体的经验积累由于技术变革快速折旧而丧失优势,原有比较优势不再有效,使得原来比较劣势的经济体可以和先进经济体处于同一起跑线。目前,美国仍是世界上唯一的超级大国,其综合实力和国际影响力要远远大于其他国家。从上述分析可以得

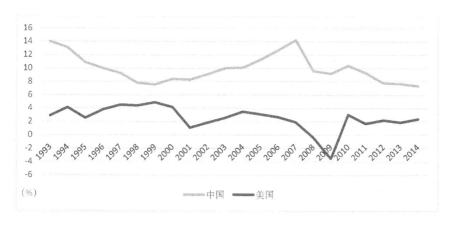

**图 5‑1  1993—2014 年中美 GDP 增长率对比**

数据来源：世界银行

知,虽然我国作为世界第二大经济体,但与美国之间还是有较为明显的差距。不过,我国由于新的战略布局和"一带一路"的实施,与美国的差距日益缩小。2008 年的金融危机和欧债危机因为经济发展"脱实入虚",占用了原本用于实体经济的投资而引发,这给了后发经济体一个超越老牌发达国家的机会。历史事实证明,一国在传统产业上落后于发达国家的情况下,在新兴产业上可以一跃超过发达国家,因为该国可以利用后发优势,不用淘汰大量基础设备,可以不受旧技术经济范式约束。同时新兴技术可以巩固实体经济的发展,给实体经济带来新的利润增长点。

## 5.2  新兴技术的重要作用

### 5.2.1  新兴技术有效性的历史证明

历史上因为新技术的突破而引发的工业革命共有三次,分别发生在 18 世纪中叶、19 世纪 60 年代和 20 世纪五六十年代,每次工业革命之间的时间间隔为 60—70 年,每次工业革命的产生都给发源国带去新的经济增长动力,改变了发源国在世界上的地位。

第一次工业革命的发源国和主要受益国都是英国,发生时间为 18 世纪中期。英国成为此次工业革命中巨大的受益者与其此前的积累密不可分。在工业革命发生前,他通过推行"圈地运动"和殖民统治,在国内外获得了大量的廉价劳动力,同时殖民统治又为他扩展了廉价的原料产地和提供了广阔的海外市场。同时,海外贸易的进一步发展又为英国积累了丰富的资本。由于国内很多商品供不应求,激发生产领域展开一系列发明创造。其间,以瓦特改良蒸汽机为标志的第一次工业革命兴起,机器被大规模应用于生产环节。原先的传统生产方式因为机器生产的兴起被彻底改变,手工劳动的手工工场被应用机器进行大规模生产的工厂被取代,第一次工业革命使得人类社会从农业文明步入了工业文明。从社会历史变革来讲,第一次工业革命的意义远不止一场技术革命,它更是一场社会变革。第一次工业革命的发生,使英国具备了先进的科学技术、可自由出卖劳动力的劳动者和大量的资本积累这三个扩大生产的先决条件。

经过将近一个世纪的发展,英国于 19 世纪 40 年代最先完成了工业革命。作为当时世界上最先进的资本主义国家和第一个工业国家,英国于 19 世纪末成为"世界工厂",农业产品也称霸世界。此后,英国在制造业上完全摆脱了手工劳作,实现了完全工业化生产,机器大工业占据绝对优势,英国成为近代世界最大的殖民国家和工业国,经济实力排行第一。不过,英国没有止步于此,于 19 世纪五六十年代进入了工业发展的高涨时期,工业迅速发展,占据了世界垄断地位。虽然在第一次工业革命之前,英国积累了不少资本,但是放眼世界,其综合实力并非是最强的。而蒸汽机作为当时的新兴技术的出现,不仅极大地提高了英国的生产力,彻底改变了传统的生产方式,使得英国市场上的商品越来越丰富,还巩固了资产阶级的统治。至此,英国成为称霸世界的"日不落"帝国。可见,新技术的作用和后续影响不容小觑。

第二次工业革命发生在 19 世纪 60 年代,主要受益国是德国和美国,标志着人类跨入了电气时代。

德国方面,第二次工业革命前,政治上的长期分裂和国内连绵的战争,使得它在第一次工业革命上的进度要晚于英、法、美。不过,德国历来重视交通运输业的发展,在后期其交通运输业的发展带动了其他工业部门的变革,促使其较早地转移工业发展的重心完成轻工业向重工业的转变。同时,为了赶上欧洲其他国家的发展进度,德国对工业革命进行干预,并积极推动教育改革,在高等学校改革中,贯彻教育、科研与生产相结合、基础研究和应用研究相结合的方针,大力促进了新技术的开发研究。1866 年,德国西门子研制发电机成功,第二次工业革命在德国拉开了序幕。尔后,德国工程师奥托于 1876 年成功制造了奥托循环机,即一种按四冲程原理工作的煤气机,被视为是内燃机划时代的进步,因为最早的汽车和飞机这类交通工具都是以内燃机为发动机创造的。可见,内燃机的出现不仅解放了生产力,极大地提高了工业部门的工作效率,还推动了交通运输领域的变革,为新型交通工具的出现做了铺垫。

第二次工业革命在 19 世纪 70 年代末结束的时候,德国已经和英国消除了原有的差距,甚至在生产技术上取得了比英国更大的成就。不仅如此,德国的化学、电气等新兴工业走到了世界前列,在排名上也超过了英国。1871—1914 年间,德国在完成国家统一的基础上,借助了第二次工业革命的机会,凭借电能、内燃机等高新技术崛起,改造了传统的机器设备制造业,形成了三个主要的制造体系,即电力机器设备,以加工工具、缝纫机、刀具等为代表的轻型机器设备,以机床制造为代表的重型机器设备。其实,在这段时间内(以 1907 年为标志),德国在各个制造领域都已经领先英国,尤其是在技术密集型的制造领域,其生产率远远高于英国当时的水平,就此,"德国制造"模式逐渐走上国际社会的舞台。1914 年,德国成为当时冶金制造业的成功范例,同时还建立了完整的工业体系,完成了工业化任务,成为欧洲头号工业强国。

美国方面,虽然第一次工业革命时以及其后一段时间,其表现并不突出，但是在此期间，美国开始了城市化的进程，并将先进的生产方式和技术传播到各地，同时加快了对西部地区的开拓，进行国土的扩张。另外，虽然许多技术创新源于欧洲，但美国拥有的巨大、丰富的市场可以在技术转变为生产力后实现规模经济，使美国从新兴技术中获得更多的经济利润。第二次工业革命时，美国不仅利用标准化生产使各种机器的基本零部件实现相互通用，还鼓励电气化技术的发展，让其取代蒸汽动力成为推动经济发展的新能源。事实证明，电气化的发展为美国经济和创新发展注入了强劲的新动力，在此基础上延伸了许多发明，如美国人贝尔发明了电话；爱迪生发明了电灯、留声机等。

美国国内在第二次工业革命后广泛应用电力，并开发相关新兴技术，新发明更是层出不穷，为了提高工业生产效率，政府制定政策，缩短了专利转为实际生产力的周期，此举不仅令美国的科技水平迅速提高，还使其自身经济实力有了极大巩固和发展，为其以后世界霸主的地位奠定基础。与英国不同的是，美国的崛起是通过内向型经济实现的，靠的不是剥削工人，而是技术创新和保证民众工资增长。世界进入电气时代的同时，美国迅速崛起取代英国成为霸主，工业总产值跃居世界之首，成为世界头号经济强国。

第三次工业革命发生于 20 世纪五六十年代，是一场技术革命，除了发源国美国外，日本和苏联的表现十分显眼。

日本方面，在第二次工业革命前，明治维新的开展令日本从一个封建落后的国家变成了一个一流的军工大国。由于自身原因，日本错过了第一次工业革命的发展时期。因此在当时，日本在吸收第一次工业革命的成果的基础上，直接利用第二次工业革命的新技术，使两次工业革命在国内交叉进行。为了充分利用工业革命的成果，加快科技发展，日本政府看准了当时国际经济发展的趋势和国内资源贫乏的现实，制定了外向型的经济发展战略，选择了以"重、化学工作"为中心的加工贸易型的面向国际的发展战略。同时，日本优化资源配置，重组国内企业，鼓励企业发展托斯拉,并制定政策保护大型企业,并调整了相应的产业结构。不过,即便如此,日本在第二次工业革命中还是没有特别突出亮眼的表现,还跟欧美的工业科学技术拉开了一些距离。日本的真正崛起源于第三次科技革命。而第三次科技革命成果的普及应用阶段正好也是日本经济恢复发展的主要时期。20世纪50年代至70年代,由于美国的扶植政策,日本成为美国在亚洲的科学技术产业化的代工厂,这使得它迅速从低谷中爬起,开始集中精力攻克新兴技术。为此,日本制定了"科技立国长远发展战略"。日本在分析和吸收第三次科技革命成果后,选择了以计算机技术和合成材料技术的开发作为振兴其工业的突破口,并引进国际尖端技术。新技术的引进和消化不仅在国内转化为生产力,还为其自主研发奠定了基础。

日本抓住了第三次科技革命的机遇,确立外向型经济发展战略和充分利用、发展新兴技术。在这段时期内,日本迎来了其当时历史上最高速的增长期。据相关数据所示,在1956—1964年间,日本全年经济的平均增长率为10.1%,其中有48.5%的是因技术发展而增长的。随着技术的进一步发展,日本在工业技术,微电子技术,以及工业改良尤其是机器人技术遥遥领先他国。它的电子技术更是成为世界第一,美国退居第二,且美国的技术水平与其相差了三年左右,日本的国际地位明显提高。

俄罗斯方面,在苏联成立前的沙俄是一个帝国主义国家,本身具有一定工业能力。苏联成立后,它利用第一次和第二次科技革命的成果,建立和巩固了集中计划管理体制,适应了当时生产力发展的要求。当时,苏联以开放的特点被称为世界科学的天堂,和美国、德国进行了多次密切的技术交流。斯大林在1939年声称:"从生产技术的角度、从用于工业生产的新技术的密度上讲,我们的工业位居世界首位。"第三次科技革命时,冷战中苏联集中力量发展军事技术和国防工业,大量的国家资源都偏向军事工业的发展,时刻准备和美国打全面核大战,科技水平飞速发展。在第三次以电子计算机、航天技术为核心的技术革命中,苏联取得的成果和之前卫国战争胜利取得的大量利润,使其成为可与美国抗衡的超级大国。随着苏联解体,俄罗斯继承了苏联的主要成果。

### 5.2.2 中美新兴技术发展对比

前述事例有力地证明了新兴技术的重要性——新兴技术是经济转型升级的重要动力,是实现"弯道超车"的最佳手段。

不过,与其他国家不同的是,我国跳过了第一次和第二次工业革命直接进入了第三次工业革命。第三次工业革命是以集成电路、个人电脑、互联网等为标志的信息技术革命,世界主要国家分成了两个明显的阶梯,美、日、德、英为第一阶梯,中、俄为第二阶梯,第一阶梯内4个国家之间差距很小,而第二阶梯内中、俄有明显差距。虽然我国紧抓第三次信息技术革命的机遇,但与美国比仍有较大差距。

不过,近年来我国也不甘示弱,将发展新兴技术列为首要国家战略,希冀在新兴技术领域获得绝对优势,以期在不久的将来可以与美国势均力敌,甚至赶超美国。目前在第三次工业革命的背景下,在现实中切实可行的新兴技术包括大数据和人工智能、量子技术,这些技术具有巨大的经济增长潜能,具有万亿美元的技术需求,且能对社会进行根本性变革,还可以改变整个世界的结构变化。而高铁则是扩大经济影响力的有效途径,是支撑国民经济各区域协调发展的重要框架。

在大数据应用方面,美国因得益于奥巴马政府时期的"大数据计划",大数据的应用技术已经非常成熟,不仅涉及金融、电信、智能办公、医疗、教育、交通等与社会民生密切相关的领域,而且还有延伸到如超市仓储、销售货品、航空调度、农场收割、体育竞技、动漫影视制作等特别的、小众的商业和生活领域。而且在美国大数据发展过程中,研究机构、企业和政府三者之间的关系已经得到很好的协调——政府负责协调因纠结产生的问题,研究机构负责技术研发,企业负责应用技术和推广产品。三者权责明确,互不干扰。而我国则还处于探索起步阶段,面临着信息壁垒突出、数据安全管理薄弱、产业生态体系不完善等问题。但是随着我国政策体系日益完善,制定相关条例等进行支持,如《关于数据中心建设布局的指导意见》《关于"宽带中国"战略及实施方案的通知》《国务院关于促进信息消费扩大内需的若干意见》等,我国有关大数据的产业发展平台逐步建立。据我国信息通信研究院发布的《中国大数据发展调查报告》显示,我国大数据市场规模在 2016 年达 168.0 亿元,增速为45%。可见我国大部分企业已经意识到数据的收集和分析的重要性。其中,我国受访企业中 59.2% 已成立了相关的数据分析部门,27.3% 已在计划成立数据部门,35.1% 则已经应用了大数据技术,22.9% 计划将在未来 1 年内应用大数据。可见,有了我国政府、企业的双向配合,我国大数据技术的发展前景十分乐观。

在人工智能技术应用方面,美国发展它的首要目的是延续美国在新兴技术上的国家优势。而卓越的技术研发机构和认知学科的各类实验室以及政府的支持使得美国在人工智能的发展具有先天优势。不过据《国家人工智能发展与研究战略计划》和《为人工智能的未来做好准备》两份报告显示,美国政府不急于对人工智能研发进行广泛的监管,而会在汽车业、航空业和金融领域的应用制定具体标准,这从侧面表示了美国企图以工业革命颠覆军事的想法。同时,美国也十分人工智能人才的培养,且将机器人技术列为警惕技术,主攻军用机器人技术,并将云机器人作为机器人技术的未来研究方向之一。但是,在特朗普上台后,减少了对人工智能的扶持力度。美国近期发布的一份预算案显示,特朗普政府会把美国国家科学基金会在所谓智能系统上的开支减少 10%,降至1.75 亿美元。这对美国人工智能的发展会是个不小的打击。我国在人工智能技术应用方面的探索起步其实并不晚,在全球人工智能专利数量方面,我国以 15 745 个紧跟在美国 26 891 个之后位列第二,而且人工智能已经在我国国内得到广泛应用,比如今日头条这款常用的 APP 就已采用了人工智能技术,根据各个用户不同的需求,将新闻内容和视频进行不同的排列,形成资讯分发的多样性。另外,美图秀秀利用人工智能中的人像数据库,在对数据进行标记、结构化后,进行了图像算法的优化。据统计,我国人工智能产业规模在 2016 年达到了 95.6 亿元,同比增长了 37.9%,预计未来仍会保持高速增长态势。与此同时我国政府为了进一步推动人工智能的发展,在《"十三五"国家战略性新兴产业发展规划》中明确提出,要加快基于人工智能的应用技术研发和产业化,支持人工智能领域的基础软硬件开发。此举激发了科技企业利用开源技术和深度学习等提高自主创新能力的热情。现有研究预计,中国人工智能行业市场规模在 2022 年将达到 680 亿元。尽管有了政府和企业的大力支持,但我国在原创性研究、人才储备层面相较美国仍存在不小的差距。

在量子技术方面,美国注重技术的研发和应用,如基于量子技术的量子密钥、量子计算、量子通信等领域。在量子计算机领域方面,美国非常重视其技术拓展,如 IBM、微软、谷歌等均已投入大量资金研究这一技术,以期以此为研究的突破点,将此技术延伸到能源科学、生命科学、物质科学等领域,形成计划的规模优势。此外,量子技术被认为会对美国未来的军事,如战略需求、军事任务行动等产生长期、重大、深远的影响,目前其已成为美军六大技术方向之一。同时,量子通信产业在美国应用非常广泛,已经渗透到国家发展的方方面面,如信息传播、经济发展、外交工作、社会活动等。为了进一步发展此项技术,美国 Los Alamos 国家实验室在量子通信未来发展规划下正在研究创建一套辐射状的量子互联网来提高通信质量。我国在量子技术方面也具有不少优势,而且目前在实际应用方面位于世界前列。就有关量子通信技术 SCI 论文而言,尽管领先优势有限,但我国已超过美国位居第一。在应用方面,我国已经在 2016 年 7 月发射了世界上首颗量子科学实验卫星。这颗卫星的成功发射意味着我国实现了世界上首次卫星和地面间的量子通信,同时构建了天地一体化的量子保密通信和科学实验体系。作为保证通信安全的关键技术,量子通信未来在我国肯定会被大规模商用,以期达到保障信息社会安全的目的。我国量子技术除了满足军方需求外,还发展了光学工业。目前,中国科学院已经建立了量子光学重点实验室,主要学科方向是量子光学,主要研究内容为光的非经典性质和光与物质相互作用中的量子现象。

在交通领域方面,美国虽然在铁路货运世界领先,但在铁路客运上比较落后,尤其是在高铁的发展上。从奥巴马政府计划大力发展高铁到现在的几年里,美国高铁的施工情况一直没有实质性的进展,当局仍秉持"宁要美国的草,不要外国的苗"的原则,坚持高铁列车必须美国自己造。实际上,高铁在美国无法顺利大面积建造的原因不仅与美国地广人稀、土木工程成本和劳动力成本高有关,也牵扯到了政治因素和法律纠纷。政治方面,共和党强烈反对用国家资金修高铁,部分支持共和党的州甚至退回国家资助资金。法律纠纷方面,高铁沿线社区居民,曾以高铁噪音、占地拆迁、破坏风光等为由,将高铁项目推上法庭。国内反对声音很大,认为这种资金分配方式不合理,将客运火车从时速 112 千米提升到不超过 176 千米的意义不大,因为和汽车、飞机相比,这仍没有什么竞争力。因此有美国学者指出政府应该做"聪明的投资",只战略性地选择建造一两条高铁干线即可。与美国不同的是,我国因为国内对高铁的需求大,所以在发展高铁上格外用心。目前,我国的高铁里程已经超过其他国家总和。在技术发展上,我国从引进德、日、法高速动车组进行了消化吸收到自主创新用了近 20 年的时间,我国在高铁建设上已拥有丰富的经验和雄厚的实力。从 2011 年开始,我国铁路的固定资产投资就从 5 863 亿元快速增长到了 8 000 亿元,2016 年仍保持 8 000 亿元的水平,投资资金的分配上,高铁领域的投资占有较大比重。在高铁建设方面,我国采用高速桥梁和无砟道床技术,利用超大半径弯道,从而消除平交道口和对行人的干扰,同时又能防止路基沉降,保证路基的平顺。而

且采用这种方式,能让数十公里乃至数百公里的高速桥梁成为广阔平原上的一道亮丽的风景线,

除上述新兴技术外,我国最近在可燃冰开采方面也实现了世界性的新突破。国际公认的全球天然气水合物资源量相当于 21 万亿吨油当量,而我国海域天然气水合物预测资源量可达 800 亿吨油当量,可见储量巨大的可燃冰是一种非常重要的可利用资源。可燃冰的开采方法一般有三种:热激发法、化学药剂激发法和减压法。三种方法各有各的难度和缺点,成功开采可燃冰不仅要有特殊开采技术,更难的是特殊的生态保护技术,因为如果出现大面积海底甲烷气溢出,就会产生生态灾难。"可燃冰喷射假说"认为,当发生"喷射"时,可能导致在人类的寿命时间尺度内会发生突发性失控变暖,恢复到二叠纪—三叠纪恐龙灭绝时代。因此真正技术难的是开采同时不使温度升高,不使甲烷气从海底溢出。这点没人敢试,中国目前也仅是试采成功。但是中国南海可燃冰试采成功后,实现连续 22 天稳定产气,也表明了中国的可燃冰开采技术的日益成熟和完善。试开采团队继续进行的不同矿区和不同类型的可燃冰试开采工作,也将为促进可燃冰勘查开采产业化积累更多经验。

从中美两国新兴技术发展现状的比较中,可以发现我国在高铁建设方面相较美国有绝对的优势,但在大数据和人工智能以及量子技术上与美国相比仍有一段差距。在大数据应用上,美国较我国要成熟很多,应用领域广,我国仍处于起步阶段,以探索为主。美国的研究机构、企业和政府已经协调成一体,中国政府、科研机构和企业虽然干劲十足,但三者之间的衔接、技术的转化还存在一定问题,三者还未自成体系。在人工智能的应用上,虽然我国探索时间不晚,在国内的普及率也较高,但与美国相比,我国求精度少突破、求应用少创新是发展的致命缺点。不过,在人工智能领域,尽管我国投入巨大,但是基础性研究存在明显不足,使得我国和美国之间一直存在着发展差距。我国必须重视和加强对基础性学科的投入,为人工智能领域的追赶提供强有力的理论支撑。在量子技

术上,中国拥有一定优势,看上去和美国势均力敌,但其中也存在不少隐患,比如很多研究仍处于研究阶段,离进入生产领域进行使用还有一段距离。试验成功后,能否快速地大规模应用,也需要相应的政策扶持。在可燃冰方面,虽然中国已经能够实现连续稳定产气,但毕竟还是在试采阶段,技术成熟度不高,开采过程中的危险系数较大,在这方面的投入和研究必然还需要加大。

## 5.3　中国新兴技术发展的情况

新兴技术转换为巨大的生产动力,需要相应的条件。从之前工业革命的主要受益国可以发现,他们之所以能抓住这一机遇是因为他们在产业革命发生时均已拥有了雄厚的经济基础和强大的综合实力,且在革命发生时配以正确的制度体制和培养相关人才作为新兴技术发展的支撑。

国家发改委宏观经济研究院副院长王昌林表示,总体上来说,新科技革命和产业革命还处于孕育和突破阶段,时间可能需要十五年到二十年。目前,我国政府确立了生命科学、新能源、新材料等技术和相关产业的发展方向,来扶持新兴技术的发展,同时把建设创新型国家作为战略目标,将可持续发展定位战略方向,另外将战略重点放在争夺经济科技制高点上,为的是让战略性新兴产业逐渐成为我国经济社会发展的主导力量。在新兴技术发展方面,我国有本国的优势,也存在明显的瓶颈。

### 5.3.1　中国在新兴技术上的优势

作为新兴技术的后发国家,我国若想通过实施科技赶超战略实现弯道超车,在制定战略时就必须考虑到以下两个问题:一是在追踪国际上最新的科技成果的同时,如何同步更新国内技术,占领科技高地;二是发掘出科技创新中的后发优势。这两点并不是要求我们一味地去追赶新兴技术创新,而是指出我们需要了解各种技术各自的特性和关键技术之间的支持和融合,进而挖掘关键技术的潜能,以及其对科技创新的促进作用和社会生产的推动作用,同时根据相关技术发展所需创造和制定新的行业标准①。

目前,在追赶世界最新科技成果上,我国在人工智能和量子技术较其他国家有一定的优势,在高铁方面则有显著优势。这些技术相较于其他技术更加现实可用,能创造出万亿美元的技术需求。他们使得要素组合的方式发生了变化,导致不同要素的市场价值发生变化,从而引领产业流程的组合变化,产生新的财富创造方式,进而可以改变整个世界的结构变化。

人工智能已经渗入我国国民生活的方方面面,如电商平台购物的网上客服就是人工智能在服务顾客;规划运行路线帮助保持室内清洁的扫地机器人也是人工智能的一个应用;为人们提供高考志愿填报、智能快件代收等各种服务的提供者也逐渐被人工智能所取代等。人工智能的本质是数据计算,利用算法从大量样本中找出其中规律。从中可以看出人工智能的发展需要具备三个条件:一是大量的数据样本,二是高速的计算能力,三是充分的资金投入。这三个条件我国均处于世界先进水平,人工智能领域的应用创新具有较强优势资源。首先,我国人口众多,相关的数据信息极为庞大。随着移动互联网的兴起和上网人数比例的增加,每人在网上进行一次搜索或者浏览或者评论就会留下一个数据样本,比如一次灌水发帖就增加了搜狗的语义识别能力,一次阅读新闻就增加了今日头条的图像识别能力。这些极大规模的数据让人工算法开发和应用拥有了充足的样本。其次,我国国民平均数学水平较高,而人工智能算法需要极强的数学能力,这有利于人工智能领域相关人才的培养。我国的新增专利数从 2012 年开始就已经超过美国就可以作为这点

---

① 陈其林:《产业革命之技术与制度层面的考察》,《中国经济问题》2005 年第 4 期。

的一个证明。最后,我国国民善于理财,重视投资机会。现在的人工智能在技术上还不能做到通用,即某一个智能系统只能解决某一特定领域的问题。不过,人工智能每占领一个领域就能创造出大量财富,加上我国政府对人工智能行业持积极支持态度,这都将促进人工智能行业的快速发展,目前我国人工智能企业融资规模仅次于美国,位列世界第二,为我国人工智能发展提供有力资本支撑。

量子通信在理论上是一种可以保证通信绝对安全的通信方式,速度也快,因此十分适合非常适合国防政务,也适合用于商务,如量子保密通信系统已进入工商银行、中国银行、交通银行、民生银行、浦发银行以及北京农商行等多家银行的长期规划中。我国较早进入了量子信息技术研究领域,因此量子技术研发方面有很好的科研积淀,总体位于全球前列,并在量子通信方面处于全球领先水平。我国量子通信技术的特点包括:在量子密钥分发的实用化方面已跻身世界前列;政府相关部门高度重视并大力支持,促进我国量子通信技术快速发展;量子信息产业化进程快速推进。[①]  目前,除了我国"京沪干线"在 2017 年9 月正式开通,标志着我国量子保密通信开始进入大规模实用阶段外,随着我国"墨子号"量子科学实验卫星的成功,使得安全通信速率比传统技术提升万亿亿倍,我国量子通信领域在国际上达到了全面领先的优势地位。

高铁不但能方便人们出行,缩短通行时间,而且对经济也有独特的推动作用。研究发现,高铁建设直接或间接地影响了地区就业、工资和经济增长空间,可以重塑一国的经济空间,有助于各地区进一步借助高铁建设拓展区域发展空间、促进地区就业和经济增长[②]。经过这些年的

---

① 唐川、房俊民、王立娜、张娟:《量子信息技术发展态势与规划分析》,《世界科技研究与发展》2017 年第 5 期。

② 董艳梅、朱英明:《高铁建设能否重塑中国的经济空间布局——基于就业、工资和经济增长的区域异质性视角》,《中国工业经济》2016 年第 10 期。

技术改进,我国的高铁建造技术有了突飞猛进的发展。同时,我国还对世界先进技术进行引进、吸收和整合,并加以自主创新,积累了许多经验。随着中国高铁技术的广泛应用,与其他国家相比较,这一技术优势更为明显。除此以外,我国高铁最大的优势在于成本控制力。这种成本控制力体现在高铁建造成本的逐渐下降上。一方面我国高铁因为动车组国产化率的提高和规模化采购和生产,降低了部分制造费用,另一方面产品定型又使得研发投入减少,最终造价只有国外造价的三分之一到二分之一,拥有很大的价格优势。另外,"一带一路"建设的开展,方便我国实行"高铁外交"。高铁外交是指通过高铁建设,让我国的高技术、产品、产业走出国门,进入其他国家,以此来带动我国进出口贸易的发展,促进我国经济的转型升级。我国高铁"走出去"战略发展至今,已经集成了商品贸易、服务贸易和资本输出三大方式,成为目前国际上最值得称道的商业模式。

除了在专门新兴技术上具有的优势外,我国作为后发国家,本身在新兴技术的研发和应用上就具有一定的优势。后发优势是指后发国家在新兴技术的探索和发展上,可以引进发达国家已有的成熟的技术、借鉴其发展模式和学习其优秀的经验,并据此采取相应行动来获得更多的市场份额。一般来说,模仿成本要比创新成本低,后发国家可以在R&D、人才教育、基础设施建设等方面"搭便车",同时后来者也可以享受技术和市场不确定性降低的好处,而且还能从技术变化、消费者需求变化,以及先行者在变革方面的惰性中获得好处。目前,我国政府已经出台了许多相关政策,担任起了引导新兴科技健康发展的角色。同时我国企业对新兴科技领域投入也不断增加,在现有技术的基础上,侧重技术应用方面的发展,加快了科技转换为生产力的速度。另外,我国科研机构和学校近年来更是增加与发达国家的交流往来,加深了对新兴技术的理解和进行了积极研究,从而弥补中国在创新和理论突破方面的不足。因此,加上在利用后发优势带来的成本差以及市场规模较大的基础上,我国可能在比较短的时间内达到先发国家现有水平,形成自己独特的技术优势和成本优势。

## 5.3.2　中国新兴技术发展的瓶颈

虽然我国因为在新兴技术上的后发优势可以使得自身的技术水平在短时间内得到极大提高,但是这种技术进步并不长久,很多实质上是现代化的补课。在大部分补课结束后,新兴技术进步的速度必然会放缓。如何使新兴技术得到长足发展、如何更好地发展发展战略性新兴产业的问题,有两个关键因素:体制机制和人才积累。而这恰好是我国目前发展新兴技术的瓶颈。

在体制机制方面,尤其在经济领域,仍存在部分僵化体制,制约了创新的发展。过度的体制性政策调控加大了市场运行成本,对市场机制产生影响。市场受不同因素影响产生波动是正常现象,利用行政手段如投资项目审批、土地供应、产业准入政策、环保、安全、劳动等体制性政策来调控,有时反而影响了市场自我调节机制的发挥。行政手段可以解决一时的问题,但难以有持续良好的效果。不适宜的手段不仅破坏了市场公平,还导致部分人通过权力投机获得巨额财富,抑制了创新创造财富的想法和动力。可见,目前我国还没有完全形成一个鼓励创新的环境,金融还未做到为创新提供真正的支持。此外,我国在知识产权保护上还比较薄弱,盗版现象较国外更为猖獗。在教育上,教育体系仍是以应试升学为主要目的而构造的,不适于创新人才的成长。在科研体制上,我国尚不够健全和成熟。以美国为例,早在1862年,四种科研机构(私人高校、公办高校、科研机构和企业)共存、三类科研经费(财政、商业资本、社会捐赠)来源共同投入的模式已经开始在美国出现(《莫里尔法案》),科学理论能够以极高的效率转化为技术。而我国还没有形成这样的良性互动,高校、科研机构、企业和政府之间的协作、衔接也还不够完善,使得新兴技术从创新到发展再到应用这个过程中存在有一定时滞。

另外,体制机制中的这些弊病,使得行业间产生壁垒,资源信息难以实现及时共享。这体现在以下三方面:一是信息内容部门和基础设施部门的分离,导致基本信息流通、传递和共享不能畅通,各部门间会形成信息孤岛,如智能交通的公安部门和交通部门的信息系统分割。二是投资主体的投资和收益没有很好地得到平衡。企业关注的是什么时候获得收益,科研机构希望的是不要求回报,却又能提供大量投资的合作对象,两者之间存在矛盾。虽然两者会在早期就投资周期、金额、收益等达成协议,但是研究周期的不确定会削弱协议的有效性。三是需要在技术标准方面建立与国际接轨的行业规范。标准不一致引起的规范性缺乏问题会导致企业在跨国贸易、结算上产生法律、会计、金融等方面的问题,不利于"走出去""引进来"战略的实施。另外在程序代码和软件框架的编写上,规则的不一致会使得程序的修改和整合变得极为困难。

在人才积累方面,我国较国外还有一定差距,所需人才的供给还未满足需求。原因有以下四点:一是体现在我国人才发展体制机制不完全遵循人才成长规律,政府人才管理职能未能真正转变,市场化、社会化的人才管理服务体系仍存在不足,在保障用人主体自主权方面还有所欠缺。二是科研成果转化和收益让人才的成就感和获得感得不到满足,以学历、论文数量、职称高低为标准的人才评价体系和行政化的人才管理体系也是使得问题导向型人才积累不足。三是国外人才引进、流入的不足。美国作为一个世界性的帝国,可以通过整个国际体系的自然运转,来吸收和整合来自全世界的人才、资本和资源,而我国无法做到这等规模的资源集中与整合以及人才的流入。四是我国在新兴技术上很多都是处于摸索阶段,对新兴技术接触的人也不多,在各大高校相关任教的教授和开课数也远远小于国外,相关领域的专业人才很难实现积累。

## 5.4 弯道超车的战略规划

### 5.4.1 加快改革,消除体制障碍

体制机制问题是我国新兴技术发展过程中的一个瓶颈。李克强总理就曾提过我国政府需要大力推动简政放权、放管结合、优化服务,促进体制灵活。加快改革、消除体制障碍一方面可以降低经济运行的制度性成本,提高财政政策和货币政策的有效性,另一方面可以激发企业和民众的创新活力。目前,我国体制中存在许多问题,如政府保持对土地、信贷等重要稀缺资源的支配权力,以 GDP 增速为主的政绩标准,财税体制中以生产型增值税为主要收入来源,要素价格被扭曲,长期以来价格过低,导致资源浪费等。新的增长方式需要新的体制来支撑,要真正实现增长模式的转型,就需要对政府的相关职能进行改革。

一是在相关领域政府需要给企业松绑放权。不过,松绑放权前需要先对相关法规条例做一个系统评估,在评估结果的基础上进行改革,需要有大局观,重视长远利益,下放实权才能给予企业更大的自主活动空间,从而能让企业发挥主动性,优化市场资源配置。二是扩大市场准入范围,减少投资限制。民间资本投资是我国经济快速发展的一个根本支撑。就目前来看,我国依然有很多高盈利的领域向民间资本开放不够,认真梳理市场准入问题的基础上,以高盈利吸引民间投资,不仅能激发民间资本投资的积极性,还能促进资金融通,释放巨大潜在增长能量。三是减免税收,如营改增。在协调好政府财政支出和收入的前提下,税收减免可以降低企业负担,促进企业投资实体经济,支撑实体经济的发展。

### 5.4.2 技术重点突破,系统提升

新兴技术种类繁多,我国不可能在短时间内攻克发达国家所有的技

术。人力资源和自然资源的稀缺性使得我国注定要选择适合本国经济发展的通用性关键性技术重点突破,在从"中国制造"向"中国智造"转变中,释放出新技术产业带来的技术红利,实现技术重点突破,提升技术创新发展的效率。为此,我们需要先以先行突破的技术带动其他技术的发展,再推动新兴技术在各个产业内和不同产业间扩散,并利用这一技术溢出效应对我国经济生产方式的转变产生促进作用。目前,我国可以从大数据技术、人工智能、5G技术、量子技术、高铁和可燃冰等方面重点突破和发展,来引导产业链向高端延伸,为形成现代产业体系提供有力的科技支撑,大力发展惠及民生的科学技术。

技术重点突破需要协调各方力量,并辅以统一的规范和标准。一是设计和优化顶层架构,加强跨领域的协同合作。为了提高协同效应,发挥协同优势,应充分利用互联网、IT、电信等信息传播手段,突破网络、数据、安全等的制约,从而形成统一或兼容的体系来吸收各领域的创新主体。在关键核心技术研发的基础上,增加制造业和新兴产业的联动性,促进成果转化工作的实施和实现。二是体现先锋模范作用,适时展示应用示范案例。先行者对新兴技术普及推广工作的探索、实践和成功,会起到吸引更多投资者和鼓励更多企业、机构参与这一领域。新兴领域参与者越多,则越有助于开展大规模、跨国家、跨领域的实际应用测试工作,从而突破大规模推广应用的障碍,达到普及新兴技术这一目的。三是开展国际合作,实现技术、标准等的对接。新兴技术作为一个新生事物,形成和发展并不受地域的限制,需要国际社会共同关注,也需要各国政府、企业和科研机构的通力协作,彼此间建立起紧密的合作关系,共同开展实验验证,促进技术攻关和成果转化,利用统一的技术标准,推动新兴技术在全球范围内普及和应用。

同时,抓住空间产业发展的契机,促进新兴技术和空间技术产品的集成创新,从而培育出新技术、开展新业务,推动信息和空间产业的全面发展,进而提高社会信息化水平和国家经济实力。另外,为了使新兴技术更好地服务于现代产业体系,提升产业核心竞争力,需要加快智能化技术应用于交通信息系统的步伐,从而实现各种运输方式的无缝衔接,有效提高运行效率和综合运输效能。为此,可以加强产业具有共性、可共享关键技术的研发,缩短先进适用技术研发和创新成果转化的周期,从而在高新技术形成产业化后可以用来支撑振兴重点产业和改造升级传统产业,最终达到提高产业整体技术水平的和减少重点产业的能耗、排放的目的,使得我国在若干关系民生的重点领域建成具有国际竞争力的现代产业技术体系。

### 5.4.3　经济转型推动技术创新机制构建

经济转型是指一国的经济发展方式和资源配置方法发生转变,其中涉及了模式、要素、路径等的转变,经济转型的结果是特定经济条件运行下的产物,即不同的社会背景会产生不同的运行路径依赖,对目标模式产生不同的影响。推动技术创新机制的构建主要与转型中的体制转型有关,其主要目的是在一段时间内完成制度创新。

为了实现经济转型,我国需要在以下几方面重点推进:一是优化国民收入分配体系。随着经济的发展,我国的人均收入的基尼系数处于一个较高水平,如果不能有效地解决收入差距过大问题,导致社会贫富差距日益变大,容易引发一系列不稳定因素,给经济社会平稳发展带来隐患。二是积极推动生产性服务业的快速发展。发达国家的第三产业发展尤其是生产性服务业一般都处于较为发达状态。发达国家的服务业占比一般都在70%以上,部分国家甚至超过了80%,我国与他们相比差距很大,这也预示着中国在这方面还有很大的发展空间,应该加快发展速度,为制造业领域的技术创新提供知识、组织等支持。三是重点发展战略新兴产业。战略新兴产业的发展对于未来的经济可持续发展来说,具有战略性引导作用和推动作用。战略新兴产业依托于新兴革命性技术的运用,可以在微观上优化企业资源配置,在中观上可以引领产业发展模式和发展方式的变化,宏观上能促使我国经济发展从要素驱动的粗放型转向靠核心技术创新推动的集约型发展模式。为此,我国政府需要注重战略新兴产业和企业发展的积极作用,重点培育战略新兴技术,为相关技术创新给予各项优惠鼓励政策,如企业与个人所得税的税收优惠、加大知识产权保护力度等,保障产业成长所需的基础条件。因此,政府必须提供长期持续的资金投入并支持研发行为和成果应用,吸引构建专业人才队伍。

### 5.4.4 产、学、研良性互动机制构建

知识经济的来临,知识的生产成为技术创新的基础,也促使生产领域和科学研究领域的关系变得更加密切。在产品市场竞争过程中,技术创新是根本,缩短科技成果转化周期成为加速技术创新和企业产业发展的又一关键因素。发达国家的经验表明,加强产、学、研的联合是加快新兴科技产业发展的重要措施。第二次世界大战后的美国,历届政府都十分强调产、学、研的结合。我国可以参考美国已有的模式,把握好政府、企业和研究机构三者的关系。让政府专注于知识生产和技术创新过程中的风险解决和协调,免除研究机构和企业的后顾之忧,分别集中注意力于技术研发和新产品生产、推广应用。除此之外,培养一批专业的对新兴科技投资的风险机构,形成类似于硅谷风险投资模式的"知识生产＋技术创新落地＋资本促进发展"的良性循环。

在研究机构方面,可以成立跨部门跨学科专家委员会,积极推进相关智库的建设,推动新兴技术重大、前沿、综合问题研究,定期评估技术演进、产业发展态势对经济社会发展的贡献与影响。在政府方面,政府作为科技成果转化的推动者,应为科技成果转化创造良好的社会环境和政策环境。定期或不定期采取德尔菲法或召集专家座谈,研究和讨论新兴技术发展可能引起的相关社会问题,如法律、伦理、就业等,并就相关问题邀请专家进行头脑风暴提出具有前瞻性,且可行的公共政策建议和

实施框架,提前做好预防措施。专家应不限于院校和科研机构的先驱,还应包括相关社会组织、企业等的相关领导,促进产、学、研三方代表的信息互通,减少不必要的摩擦,然后政府可定期将相关内容和措施以白皮书的形式公布。除此之外,政府应该发挥引导作用,在和各界进行综合讨论研究的基础上,选择在未来具有巨大发展潜力和广阔市场的技术。为了加速科技成果的转化,政府可以通过各种方式或直接参与企业的战略规划,给予发展导向和优惠政策,引导企业的决策。此外,科技体制改革势在必行,这样才能使科研机构管理体制和运行机制得以快速转变。同时发挥高等院校和科研机构的研发优势,引导企业成为投资开发、应用新兴技术的主体,缩短科技成果产业化的周期,形成一条有效产、学、研相结合的途径。

## 5.4.5  人才培养机制变革适应新技术发展需求

新兴技术的发展依靠大量人才。因此人才的引进和培养至关重要,政府要主动作为,创造并维持一个足以支撑未来的庞大人才资源队伍。一支健全的人才队伍需要从技术、社会、未来三个层面进行建设,需要配备技术精湛的技术专家、深入社会治理领域的应用专家以及关注未来趋势把握未来的未来学专家。

相关研究表明,当一国处于经济转型时期,亲属和朋友两类强关系组成职业流动者的主要社会网络。可见社会网络发挥作用的表现形式以提供人情为主,以传递信息为辅[1]。所以为了培育创新思维,培育有创新特质的人才,创设鼓励创新的社会氛围,可以让"让一部分人先'创新'起来",通过科研、高校等高知识人群,利用"人情"来引进所需人才,进而培养"富足、自由、有修养"的社会软环境,使得我国能发展人才,留住人才。

---

[1] 边燕杰、张文宏:《经济体制、社会网络与职业流动》,《中国社会科学》2001 年第 2 期。

再次,政府需要制定方法与方案,增加官方统计来反应新兴技术相关领域从业人员的现状,预测未来的人才需求和供给情况。发展一项新兴技术,需要不同领域的人才,涉及专业广,如包括了从基础数学、信息科学、自动化控制、机械、生命科学、心理学、伦理学、社会经济、政治、管理乃至哲学的广泛的人才队伍。因此需要有针对性的招募、培养人才,增加新兴技术相关领域的教育和培训机会,来创造并保持一个健康的国家研发人才队伍,同时在各大高校的相关课程中增加相应主题内容,建立国别间人才交流项目,通过一系列的出访和交流活动,促进模式创新,增加对相关技术发展现状的了解,完善人才培养体系。重点培养具有创新力的高级专业人才,弥补中高端专业人才缺失的现状。同时,以成功案例为典范,鼓励企业在新兴技术的研发增加资金投入,采取恰当的技术路线进行支持,共同参与人才队伍建设。

## 5.5 本章小结

比较目前各国的综合实力,我国仅次于美国。而美国自 2000 年互联网泡沫破灭之后,经济增长一直缺乏新的动力,2008 年次贷危机的爆发也表明美国国内虚拟经济过度膨胀,影响了经济的正常运行。当美国失去了比较优势,新的科技突破和新的主导产业还未出现的情况下,对于我国而言正好是一个可以实现"弯道超车"的时机。

历史经验表明,每次的经济危机都会催生新科技革命和产业革命,要实现弯道超车,最佳途径是依靠新兴技术的突破和发展,从而带动整个产业的蜕变,实现社会结构的变革。如 1857 年的第一次世界性危机就催生了第二次产业革命,而第二次产业革命使得增长模式从传统增长模式变成了现代增长模式,从利用投资来支撑增长转变成了靠技术进步和效率提高来支撑增长。一般来说,能引起产业革命的新兴技术具备四方面特征:一是与它有关的产业规模巨大;二是它能对社会、经济的发展和相关行业具有广泛的带动作用和巨大的影响;三是该技术投入生产领域后具有巨大的市场需求;四是相关产业的科技创新比较密集、技术进步比较快。

与其他国家的新兴技术水平相比,我国在人工智能、量子通信技术和高铁建造技术上有明显优势。而这些技术均能带来万亿美元的财富,还能实现要素组合方式的改变,使得不同要素的市场价值随之而变,从而达到引领产业流程组合变化和产生新的财富创造方式的目的。如何能挖掘出新兴技术最大的经济潜能,需要政府、企业和研究机构三方协调合作。

新兴技术是新生事物,人们对此今后的发展报以不确定态度,因此政府的态度和政策就显得尤为重要。政府需要在新兴技术方面成为领头人。不过,新兴技术是按其自身固有的演化规律发展的,政府制定的政策和措施应该以过程导向为主,根据新兴技术演化的规律进行调整,并针对具体的新兴技术发展所需提供相应的微观环境,使其适应技术的发展[1]。同时,政府还需放管结合,扩大市场准入,以高盈利吸引企业投资实体经济,以此来达到新兴技术创造新的主导产业,新的主导产业成为新的经济增长点的目的。除了让利企业外,还需重视相关领域的人才培养和积累,改革人才管理机制,激发人才的创新实力,为新兴技术的发展注入新鲜活力。

---

[1] 高峻峰:《政府政策对新兴技术演化的影响——以我国 TD—SCDMA 移动通讯技术的演化为例》,《中国软科学》2010 年第 2 期。

# 第六章　产业结构升级是我国经济优化转型的唯一出路吗？

改革开放以来,我国经济的扩张途径是通过以低端要素嵌入全球价值链,依靠填补全球市场中的缺口来迅速扩大自身经济体量的。而在世界金融危机之后,全球市场已经难以容纳像中国这样体量庞大的过剩产能提供者。与此同时,我国内部市场的人口、资源、政策等红利已消耗殆尽,低成本优势逐步削弱,而在外部市场,随着欧美国家的"再工业化"和制造业回归再加上新兴发展中经济体东盟、印度等对我国出口产业的替代效应,我国面临内部外部的双重压力,因此我国对于经济优化具有强烈的迫切性,需要通过依靠全面的产业结构性改革来支撑我国经济的可持续发展,还要改变过去偏重于"增长"和"开放"的全球化战略,摆脱对发达国家市场过度依赖的现状,培育高级生产要素,发展战略新兴有竞争型的产业,以求在全球价值链中占据更高端的位置,最终实现我国的经济结构优化。本章结合我国目前所处的环境来分析我国当下进行产业结构升级紧迫程度,再通过产业结构升级与经济优化转型的关系,阐述产业结构升级是有助于我国经济优化的,最后进一步提出了产业结构升级的相关政策建议。

## 6.1　我国目前经济发展现状与原因分析

### 6.1.1　我国目前经济发展现状

在过去四十多年中,尤其是在加入 WTO 之后,我国经历了经济高速增长时期,如图 6-1 所示期间,平均经济增长率高达 11.6%,在这段时间内我国对产业结构调整主要具备以下特点:一方面由于国际市场需求的刺激,外贸出口企业得到巨大的发展,带动了劳动力从农业向劳动密集型产业的转移,其中工业产业得到了快速发展是最重要的表现;另一方面市场竞争不断规范,企业也在激烈的全球竞争中引进了大量的先进技术和管理方法,低效率的企业被淘汰,逐渐形成以第二产业为主导,第三产业不断兴起的产业结构。在这段时期内,我国经济增长具有明显的要素投入驱动增长的特征:高劳动要素投入伴随着高投资率以及高GDP 的增长,人口红利、高投资等以上成为我国参与全球化竞争的主要优势。

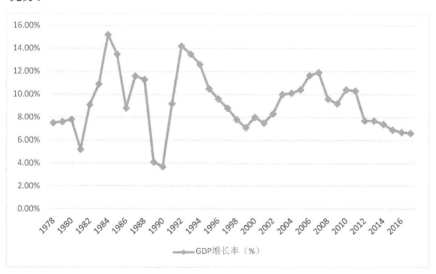

**图 6-1　1978—2016 年我国 GDP 增长率**

数据来源:国家统计局

改革开放让我国工业化程度得到大幅度提升,但同时也使得我国人力资本和环境资源的成本持续增长,尤其是东部地区,其受到的资源限制更加突出。目前,我国拥有的资源禀赋优势、人口红利和土地红利优势正在逐渐消失,而对应的发展成本却正在不断增加,导致我国经济发展成本愈来愈高。随着我国经济继续发展,支撑我国产业发展的要素禀赋优势与现有产业结构正日益不再匹配,其中存在的产业结构性问题日益严峻。因此,我国亟需挖掘经济发展的新动力。接下来,本部分将从出口、消费、投资三个方面对我国目前在这方面存在的问题进行一个详细的阐述和分析。

首先,国际贸易对我国经济的拉动作用有所减弱。在出口方面,由于国际市场受到国际金融危机的负面影响,全球经济增长乏力,出口市场的需求萎缩,潜在的贸易保护主义逐渐抬头。部分国家为了保护本国市场,对我国出口的产品频繁展开反倾销调查,使得我国自2007年起就成了反倾销案件最多的国家,这对我国对外出口产生了较大的影响。我国在加入WTO初期时,出口结构中以技术含量较低的轻工业制成品占有绝大比例。这类产品虽然拥有低成本的低端要素投入的优势,但是可复制性极强,缺乏核心的技术要素极易被取代。尽管如此,时至今日,我国出口结构中的这一特征还未有明显改变。随着劳动力资源、土地使用成本等的提高,原先劳动密集型产品的优势逐渐转移到东南亚等新兴市场国家,我国出口产业的利率不断走低,出口结构不合理问题日益严重。我国出口竞争力受到禀赋优势降低而下降。

其次,对于消费来说,在经济增长过程中,由于分配机制等一系列更深层次的问题,我国的贫富差距在不断扩大,财富集中度越来越高,不同行业与地域之间的收入差距不断变大。据测算,近几年我国的基尼系数已经超过0.45,在边际消费倾向递减规律的影响下,社会整体的消费能力有所削弱,影响了新需求市场规模的充分发展。同时在高房价的影响下,社会消费能力受到极大的压缩,阻碍了我国产业结构调整,进而影响了我国经济整体的发展。

最后,在投资方面,我国经济的高速增长与政府投资密相关,一方面,我国居民储蓄率高,资本形成率居世界之首;另一方面,在改革开放之后,由于我国基础设施、配套政策不断完善再加上国内庞大的市场和低廉的劳动力成本,吸引了巨额的外商直接投资,但我国的技术水平落后,只能提供基础的加工服务,在国际竞争的舞台上,最主要的优势是低成本的低端要素投入,未能提供核心的技术要素。而随着我国经济的不断发展,我国劳动力、资源、土地使用等成本势必不断增高,外商投资利润率逐渐走低,很大一部分的劳动密集型产业转移到东南亚等新兴市场国家。随着我国要素优势的转变,投资效率开始出现降低:在 1995—1999 年,平均每单位的固定资产投资可造成 3 单位的 GDP 增长,而2007 年之后,每单位固定资产投资只能产生 1.6 单位的 GDP。[1] 必须要提到的一点是,投资的减少在某些方面是我国主动进行结构优化的表现:随着我国发展思路的转变,高环境成本、高能源成本的企业和重复建设的低端产业在我国的展越来越受到限制,因此我国需要极力发展高附加值、高技术含量的企业,使得我国吸纳更多的外商投资,从而发挥乘数效应带动 GDP 的上升。

## 6.1.2 我国目前经济发展现状的原因分析

为了改变我国近几年经济增长的疲软状况,我们需要深究根源性的影响因素,从而更好地寻求优化经济结构方案。

首先,不能回避的原因之一就是我国的房地产市场对于我国经济造成的扭曲。2008 年金融危机后,发达国家进口消费需求减少,贸易保护主义不断兴起,对我国出口产业冲击巨大。我国为刺激经济发展,出台

---

① [美]霍利斯·钱纳里:《工业化和经济增长的比较研究》,上海人民出版社,1995 年。

四万亿经济刺激计划,然而由于产业结构的落后,投资新兴产业回报率不高,新增贷款没有起到发展新兴产业的作用,反而使经济重心进一步转移到房地产,虽然房地产企业能带动上下游大量相关行业,在过去的一段时期中,房地产不断推动了国民经济的增长,但基于我国城镇化发展不平衡性的客观原因,房价上涨过快,泡沫现象突出,房地产金融属性过强,占用信贷体系中大量资金,增加了系统性金融风险的压力。从长远来看,为消除这种系统性金融风险,除了一系列的控制房地产泡沫的监管措施外,产业结构升级也十分重要,并且还需注重配置资本流向新兴产业。低端制造业利润率低加上投资减少,实体经济基础支撑作用不足使得资金流向虚拟经济并陷入空转结合,使得系统性金融风险加剧,这种体现在房地产市场非理性繁荣的脱实向虚特征严重制约了我国的产业结构升级。

其次,在产能供给方面,四万亿经济刺激计划迟滞了过剩产能的自动退出,本该退出的产业在四万亿的刺激下继续运行。从图 6-2 中可以看出,在金融危机影响蔓延到我国时,从 2008 年初开始,国际市场订单量骤减,直接冲击我国的出口及相关产业,我国 PPI 指数迅速下滑。在此期间,为避免经济的硬着陆,我国出台了四万亿经济刺激计划,在四万亿投放后的一段时间,PPI 经历 V 型反弹,在 2010 年中也就是四万亿投放两年之后,PPI 到达 108,接近金融危机前的水平。然而在小幅震荡运行一段时间后,更深次的问题显示出来,PPI 增速持续降低到负值,显示出工业领域的供求关系变化,部分产能已经过剩。以煤炭、钢铁行业为例,这类大型工业早期迅猛的发展有我国的历史原因,即集中力量发展重工业,而这类企业在发展过程中,由于大型国企的管理原因,难以靠市场价格信号来灵活调节产能,在产能已经过剩的情况下,由于政府的大力注资,原本应该逐渐退出历史舞台的产能希望依靠继续扩大产能以期将竞争对手击垮之后再提升价格,这又造成了地区间的恶性竞争,并且职工安置等问题难以解决,最终导致过剩产能不断扩大,而这类企业往往占据大量的资源,包括能源和资金,投入产出比不断上升,已经对我国经济结构优化产生了不利影响。

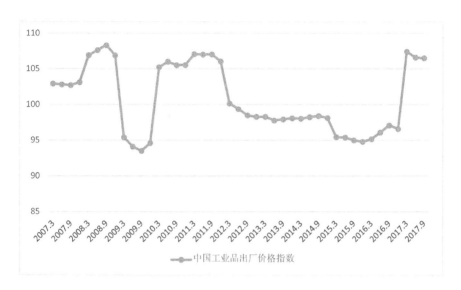

**图 6-2　2007—2017 年我国 PPI 走势**

数据来源:东方财富网 data. eastmoney. com

再者,随着我国经济社会发展,我国要素禀赋优势正在不断丧失。这一点在人口红利的递减上表现尤为突出。庞大的人口资源在过去的工农业发展中是我国得天独厚的优势,以青壮年为主的人口结构、充沛且廉价劳动力跨地区跨行业的转移为我国上一时期的经济增长起了巨大的作用。然而从图 6-3 中可以看出,我国的人口结构正在出现新的变化,体现为自然增长率不断降低,从 20 世纪 80 年代峰值的千分之十六,下降到不到千分之五;新生人口下降,死亡率降低,老年人口数量不断增多,65 岁以上人口占比超过百分之十二。根据联合国的划分标准,65 岁人口占比超过百分之七即视为老龄化社会。青壮年人口赡养比率升高,依靠廉价劳动力不断提高供给的所谓人口红利正在消散,我国人口的"刘易斯拐点"正在到来。此外,青壮年人口赡养比的提高,意味着我国青壮年赡养压力加大,这部分消费人群的消费需求因而会有所减弱。而老年人口的增加,则表明我国劳动力占比减少,社会保障支出在养老、医疗等方面需要增加,社会养老成本和压力上升,使得社会其他领域的投资必然下降。这在一定程度上会影响我国新兴技术创新和战略新兴产业的发展,不利于我国劳动生产率的持续提升。

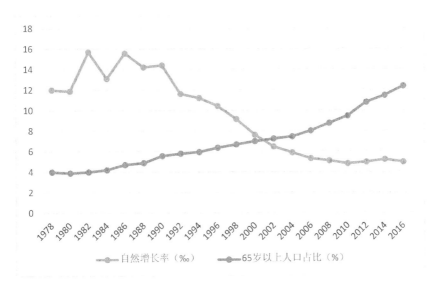

图 6-3　我国人口增长率与结构变化

数据来源:国家统计局

最后,我国社会主义市场经济的发展虽然稳中有进,但仍存在不少弊病。随着市场改革不断深化,市场规则得到不断完善,同时市场活力不断释放,使得市场力量逐渐增强经济更加迅猛发展。在经济领域每一次市场化的改革都能激发巨大的经济增长潜力。在我国计划经济为主导的时代背景下,要素价格的调配遵循的往往是行政命令而不是价格,资源配置效率低下使得我国市场的发展落后于经济体量的增长。之后进行的改革,使得我国金融体制、财税体制的不断成熟和完善,提高了我国的经济活力,一定程度上打破了行业垄断、资源错配等问题。然而,发展到今天这一阶段,在某些领域,我国的市场化程度已经较高,改革已进入深水区,原有的体制性改革难以为经济发展带来新的增量,而现有的问题例如产能过剩等在短时间内难以通过体制改革来解决。现阶段的深化改革应作为经济发展动力转变中的政策保证,未来通过产业结构变化来带动我国经济优化升级的过程需要政策大力的支持。

由上文所述,我国经历了长达四十年的高速发展阶段,我国的资本、技术与原有的要素禀赋优势都已或正在发生变化,我国过去的发展模式已经让中国当下的要素禀赋不再满足在全球化深化阶段的发展的需要,随着全球化发展深化和中国经济本身发展阶段的需求,中国经济的可持续增长动力将要依靠扩大内需和自主创新来完成,要形成有效的资本积累和技术创新,合理配置各类经济资源,提高我国经济的核心竞争力,实现我国经济的可持续增长。而可持续的经济优化升级与产业结构升级关系密不可分,产业结构升级是实现这一目标的唯一方式。

## 6.2　产业结构升级是实现经济结构优化的唯一出路

### 6.2.1　产业结构升级对于经济优化的必要性

霍利斯·钱纳里于《工业化和经济增长的比较研究》[1]一文中表明,随着经济不断发展,收入不断增加,从而带动消费结构升级,由于消费需求的变化,引起产业结构和其他经济结构的不断升级,反过来不断促进经济发展。关于经济增长的影响因素,最直接的体现是产业结构的变化,产业结构变动可引起生产结构、要素结构以及贸易结构的变化。不能仅从经济总量的角度分析经济增长,在科学技术渗透至生产和服务的方方面面的条件下,经济增长的动力主要来源于主导产业的发展,以我国为例,经过一段时期的高速增长,经济增长曾经依赖的、资源禀赋资本结构、要素结构、人口结构都已发生变化,由此引起投资与消费的新变化,原有的技术条件和生产方式已经不适应新的需求,必须通过产业结

---

① [美]沃尔特·怀特曼·罗斯托:《经济成长的阶段》,中国社会科学出版社,2010年。

构调整来发挥新条件下的要素优势,以此来带动新一轮的经济增长。即"引入一种新的生产函数,以提高社会潜在的产出能力"[1]。每个经济体在经济发展的过程中,都会遇到资源瓶颈或生态环境的压力,例如李嘉图的"土地报酬递减论"与"马尔萨斯人口论"的制约,如何利用有限的自然资源实现最大化的发展是所有国家面临的一大挑战。那么,什么才是打破原有平衡,带动增长的新的生产函数呢?按照罗斯托的观点:"人类社会不断的技术革新是一个新的生产要素,而这个要素是可以无限扩大的,人类智慧的有组织的创造力已经成为一种生产力,可以补偿土地和自然资源的局限。"[2]因此,通过科学技术创新带动产业结构升级对于经济发展必不可少。

相应的原理延伸到我国的经济发展,如图6-4所示,自改革开放以来,我国经济经历了粗放式增长的快速发展阶段,现如今,随着我国原材料成本、人力、土地、外资等要素优势的减弱,原有的发展方式难以维持经济的进一步增长,若还是依靠不断扩大投资规模来刺激经济增长的方式,必然陷入"投资边际报酬递减",需要以系统系的产业结构升级来推动经济转型。

表6-1中的数据显示,伴随着经济高速发展的同时,产业结构出现过自发地调整,即劳动力由农业转向报酬率更高的制造业和服务业,充沛且低成本的劳动力跨部门、跨行业的转移,也是我国在那个时期经济迅猛发展的依托。然而随着我国经济水平的提高,劳动力成本优势丧失,劳动密集型产业发展停滞;另一方面,我国在过去的发展中,积累了一定的技术和资本实力,不甘心位列全球价值链中底端,而在寻求高回报率的位置,以获得更大的经济利益。以上产业结构内部的问题似的在优化经济转型过程中,产业结构升级显得极为重要。

[1] 林毅夫、刘明兴:《经济发展战略与中国的工业化》,《经济研究》2004年第7期。
[2] [美]保罗·萨缪尔森:《经济学》,华夏出版社,1998年。

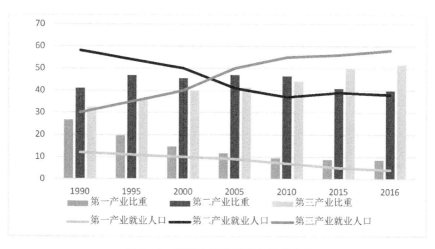

图 6-4　我国人口增长率与结构变化

数据来源：国家统计局

表 6-1　三类产业贡献率的变化

|  | 2008 年 | 2009 年 | 2010 年 | 2011 年 | 2012 年 | 2013 年 | 2014 年 | 2015 年 | 2016 年 |
|---|---|---|---|---|---|---|---|---|---|
| 第一产业对 GDP 的贡献率(%) | 5.2 | 4 | 3.6 | 4.1 | 5 | 4.2 | 4.5 | 4.4 | 4 |
| 第二产业对 GDP 的贡献率(%) | 48.6 | 52.3 | 57.4 | 52 | 50 | 48.5 | 45.6 | 39.7 | 36 |
| 第三产业对 GDP 的贡献率(%) | 46.2 | 43.7 | 39 | 43.9 | 45 | 47.2 | 49.9 | 55.9 | 60 |

数据来源：国家统计局

## 6.2.2　产业结构升级带动经济优化转型的案例分析

韩国从 20 世纪 50 年代开始到 2008 年金融危机这半个世纪的时间内，由一个积贫积弱的农业国，变成了经济迅猛发展的新兴国家，中间经过产业结构优化最终跨越中等收入陷阱,所走过的道路对我国来说很有参考价值,经济变化如图6-5和图6-6所示。

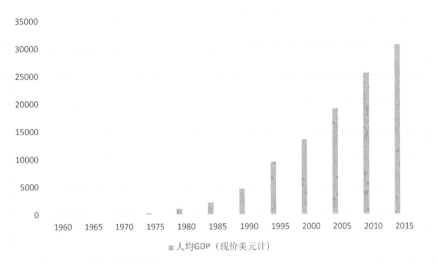

**图6-5 韩国人均GDP变化**

数据来源:韩国中央银行

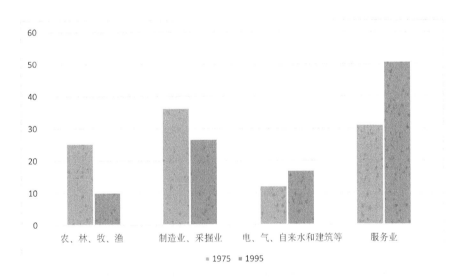

**图6-6 韩国产业结构在跨越中等收入陷阱前后的变化**

数据来源:韩国经济六十年史编撰委员会

20 世纪 50 年代，日据时期留下的工业基础大部分被朝鲜获得，韩国的只是一个人均 GDP 只有 7 美元的农业国，为当时世界上最贫困的国家之一。20 世纪 60 年代后，韩国经济开始发力，主要依靠的是政府主导的进口替代产业，对内扩大需求与对外出口，后来出口导向型成为韩国经济的主体，在这一时期，对韩国经济贡献率最高的是劳动密集型企业，以轻纺、纤维为主。20 世纪 80 年代时，韩国的经济结构经过一段时间的改革和发展，形成了如下态势：农、林、牧、渔业占比为 12.4%，采掘业和制造业占比为 28.4%，通用事业（电、气、自来水和建筑等）占比为 10.0%，服务业占比为 49.2%。[1] 韩国制造业的占比在这段时间内稳步上涨，服务业比重也快速增长。同时，为了扩大出口，进一步利用出口导向型经济的优点，韩国政府顺应国际市场的需求，将大规模资金引入需求旺盛的外贸出口产业，促进产出，将其出口产品的结构进行了调整。在 1975 年，韩国的出口产品中，轻工业、初级、重化工产品的比重为 60：15：25；而在 1985 年，这一比例为 40：55：5，就是这一时期奠定了韩国向高附加值产品出口国升级的基础，当时出口的产品也从劳动密集型和轻工业产品，转向为技术密集型和资本密集型产品，例如计算机、电子产品、半导体、特种钢铁和汽车等，在优化出口结构的过程中，韩国对国内经济结构也进行了优化。结合表 6-2 分析可知，这次优化的具体表现包括了以下几方面。

第一，生产要素在"看得见的手"和"看不见的手"间逐渐平衡。在朴正熙执政的年代（1961—1979 年），韩国通过市场管制与大规模投资，使得政府在经济中占主导地位，让 GDP 总量与政府投资规模直接相关。在国民经济高速增长的过程中，随着经济规模的不断扩张，经济结构的复杂程度不断增加，这些新变化使得政府难以再像以前那样判断出经济中所需的要素或者需要清理的隐患，政府干预的效果不断降低。在全斗

---

[1] [美]西奥多·W·舒尔茨：《论人力资本投资》，北京经济学院出版社，1990 年。

焕上台后,一方面继续制定产业政策引导经济发展;另一方面,将政府的职能由主管者转化为服务提供者和监管者,倡导市场自由化改革(以今天的角度来看,依然是十分不完善的,但同之前相比确实市场发挥了更大的作用),在资源分配方面,市场已经完全取代了政府,在原有的垄断性产业中,民营企业和社会团体也被允许参与进来,韩国经济的运行效率明显提高。

第二,在劳动力规模逐渐下滑的同时,依靠韩国政府多年来对教育、科研的不断投入,以及对职业人才培养的重视,技术型劳动人口的比例不断提高。在 20 世纪 50 年代,韩国技术劳动人口占总劳动人口的比例为 20%,而到了 20 世纪 90 年代,这一数据达到 60%。劳动力结构的变化使得知识密集型产业得到发展,而劳动力密集型产业慢慢被淘汰,高素质的劳动力是韩国提高劳动生产率的保障。

**表 6 - 2  1970—1997 年韩国经济增长的要素分解**

| 要素平均增长率 | GDP | 资本 | 劳动力 | TFP |
|---|---|---|---|---|
| 1970—1978 年 | 9.5% | 14.4% | 4.2% | 1.0% |
| 1979—1989 年 | 8.1% | 12.5% | 2.5% | 1.7% |
| 1990—1997 年 | 7.2% | 12.0% | 1.6% | 1.8% |
| 要素平均贡献率 | — | 资本 | 劳动力 | TFP |
| 1970—1978 年 | | 67.8% | 26.0% | 6.2% |
| 1979—1989 年 | | 54.6% | 18.7% | 26.7% |
| 1990—1997 年 | | 63.7% | 12.9% | 23.4% |

数据来源:亚洲生产力组织 APO 数据库

第三,电子、汽车等新兴产业的发展。1981 年,韩国政府为半导体产业、电子产业和汽车产业补充修订了"电子工业复兴法",这一时期的韩国不再依赖大规模投资来提升经济增长,经济增长的动力来源于全要素生产率的提高。LG、三星、现代、大宇等韩国企业,将巨量的资金投入电子工业的研发。1981 年,韩国民营企业的 R&D 支出占比为 0.3%,而到了 2006 年,这一数据增长至 2.5%,三星公司依靠购买成品逆向研发与直接派遣工程师赴美学习,成功研发出 DRAM,为后期韩国的电子工业发展打下了坚实基础。这种技术创新推动生产率的提高,是韩国扭转经济瓶颈局势不可或缺的条件。

## 6.3　产业结构升级促进经济优化转型的政策性建议

### 6.3.1　市场还是政府?

产业结构的调整除了旧产业淘汰和新产业的发展,通常也会涉及收入分配方式、所有制结构以及利益集团的变动等多方面的变化,因此不能单靠市场的力量,也需要政府的高层设计来引导经济发展方式转变,即由政府主导干预经济的产业政策,在产业结构调整的过程中,市场对新技术的追逐可能会是盲目的,存在市场失灵现象。对于我国这样一个正处于转轨过程中的国家来说,市场更容易出现"失灵""失效"等现象,具体如市场波动过大,负外部性,不完全竞争,信息不对称性等问题,这些市场问题的存在同样不利于培育和发展新兴产业,因此也需要政府结合对科技发展形式的判断,引导产业结构升级;另一方面,新兴产业在起步初期常常会需要巨量的投资,例如传统农业国家发展重工业,投资周期长,短期盈利低,而一般市场化的行为难以为这种战略性的行为提供足够的资金,这一类的投资往往更需要国家行为的支持。而且由国家产业政策所支持的项目往往会吸引更多投资者的资金,从而得到迅速发展的基础支持。例如战后日本制定了一系列的产业扶持政策,让战后百废待兴的日本工业迅速重新步入正轨。

实际上,不仅韩国、日本和我国等一些东亚国家在工业化发展初期存在政府主导的产业政策,西方发达国家国家也存在政府以税收和财政政策引导、特售土地与采矿权等方式来扶持一些产业的历史。以美国为例,美国的产业政策主要体现在美国政府对科研的直接投资上,高校、科研单位和企业(以军工等高科技企业为主)研发经费的很大一部分由政府部门直接出资,这种方式的产业干预为美国积累了大量的技术储备,奠定了美国在高科技领域遥遥领先的基础。

但是,产业政策过度干预经济,如直接决定资源在部门之间的调配,在某种层面上冲击了西方经济学的完全市场化理论,同样以日本为例,在战后产业政策对于经济重回正轨发挥了巨大作用,不过到了20世纪七八十年代,日本经济的高速增长告一段落,日本产业政策暴露出大量问题,例如价格补贴引发严重的通货膨胀;重化工业的发展带来生态环境的灾难;保护性贸易政策引起贸易摩擦,对于产业政策所包含哪些产业,涉及利益集团,也产生出腐败丑闻;在产业政策后期,企业对政府过度依赖,出现企业重扩张而轻收益的现象;在高新技术选择方面,日本政府也忽略了数字技术的发展,重硬件生产,轻软件开发,导致日本在20世纪90年代的电子科技大发展中,日本的信息技术落后于美国。诸如此类,产业政策的种种负面效果也让我们认真考虑在制定实行产业政策所面临的问题。

虽然产业政策面临种种问题,但至少可以说,市场主导并不会是一帆风顺的,以20世纪80年代末出现的《华盛顿共识》为例,这是针对拉丁美洲国家和东欧转轨国家基于新自由主义经济学的一套政策主张,其强调减少政府干预、企业私有化改革、促进金融和贸易自由化,在苏联解体之后,包括俄罗斯在内独联体国家都曾采用这种被称为"市场原教旨主义"的休克疗法来恢复经济。然而在同一时期,并没有采用这种西方主流经济学理论框架的韩国、中国台湾和中国大陆等地区,采取了内容广泛的产业政策,以政府力量为主导,集中、精准而高效的发展某些重点行业,实现了经济的快速增长,其收效远比严格执行"共识"的拉丁美洲国家要好。

对于产业政策的争论,并不是要把市场与政府对立起来,而是要认识到政府和市场作用的侧重点。政府与市场都是经济发展中不可或缺的两个部分,通过市场或产业政策实现经济增长目标的国家或地区,都有其独特性。正如诺贝尔经济学奖获得者约瑟夫·斯蒂格利茨所说:"历史告诉我们的是许许多多的经验,经济的成功和经济的失败会在许许多多的场合下发生,并不存在这样一个简单的秘诀:有了它你就成功,没有就会失败。"按照政府和市场的边界理论,政府在公共领域发挥作用,而市场在私人领域发挥作用,需要政府干预的只有市场出现失灵的部分。并且,政府与市场的合作随经济发展而变化,是一个动态的过程,体现为一方面市场自身会不断成熟,市场功能延伸,自身抵抗波动的能力增强,对政府的需求持续减弱;另一方面,产业结构在变化的过程中,经济中的矛盾也在转化,需要政府不断调整产业政策的内容。

对我国来说,已经完成了新型工业化国家起步迅速发展的时期,面对新的结构性矛盾,对于产业结构升级的需求较为迫切,产业政策的目的就是尽快地完成产业结构升级实现新的经济增长阶段;其次,由于我国的特殊国情,市场体制长久以来不健全,政府对经济的控制较强,这样的机制从资源调配角度来看或许效率低下,但在防范产业产业政策风险方面,却有优势。再次,在产业结构升级中,如何完成旧产业的淘汰出清,引领资源转移,做好人员安置等工作,避免结构升级过程中的冲击过大,实现平稳过渡,这也需要政府的力量。因此,我国应该结合自身情况,在详细分析我国的现实问题的基础上制定产业政策,培育新兴产业发展壮大,推动技术创新,并与市场相结合,引导市场,立法规范,理清市场与政府的边界问题,兼顾效率与公平,保护生态环境与公共利益,并且在实践过程中不断修正,以此完成产业结构升级,实现经济结构优化。

## 6.3.2　重构支柱产业,优先发展先导产业

未来的战略新兴产业是在结合重大颠覆性技术突破和充分的需求保障下,实现社会经济的全方位发展。这类新兴产业的代表是知识密集

型产业,其具有资源消耗少、具有巨大的成长潜力和优越的综合效益的特征。发展战略新兴产业的关键在于发展和创新新兴技术。这点和此前的三次产业革命相类似——产业革命源于技术革命。其中,第一次产业革命来源于改进型纺纱机以及蒸汽机,机器生产代替了手工业生产,极大地提高了生产率,资本、劳动力等生产要素也从农业、手工业转移至工业。第二次产业革命则依托的是电力和内燃机的广泛应用,进一步改变了生产方式,提高了生产效率。率先完成以电力和内燃机为基础的产业革命的国家,奠定了其经济领先地位。接下来信息技术的大发展,主要是计算机技术、通信技术、传感技术和控制技术的革新,引起了第三次产业革命,基于信息技术所产生的商业模式、交流方式的变化,已经深刻的改变了我们的生活,例如依靠信息技术发展起来的电子商务,降低了企业的交易成本、库存成本和流通环节成本,提高了与市场的沟通效率,创造出新的需求,其对经济增长的带动难以估量。

如今,新一轮的产业革命正在形成,区别于前几次,新一轮的产业革命将会以新技术大爆发的方式所呈现。例如新能源技术,旨在通过太阳能、风能、潮汐能、可燃冰、地热能等新能源技术的发展,减少日益紧张的石化资源对经济发展的束缚,并带动相关产业的发展;量子通信技术,基于微观世界中粒子位置的不可确定性的新型通信技术,相较于传统通信方式,其安全性与高效性都得到了突破性提升,在国家安全和金融信息安全领域有着广阔的应用前景;人工智能技术,使计算机具有模拟人类的思维和学习能力,在某些领域对人类的替代不仅仅是体力劳动上,已远超计算机科学的范畴等等。为此,我国"十三五"规划进行了具体的规划,并确立了实现产业结构升级的任务:一是重视网络经济发展,旨在通过发展信息技术,实现网络经济新空间的扩展;二是升级中国制造,实现高端装备和新材料产业的发展;三是培育生物经济,创新发展生物产业,为我国经济发展注入新动力;四是扶持新能源产业和节能环保产业,促进可持续发展新模式的落地;五是引领新型消费,促进数字创意产业发展;六是提前布局战略性产业,重视未来发展新优势的培育;七是构建战略性新兴产业集聚新格局,促进产业协调发展;八是拓宽国际合作新渠道,推动战略性新兴产业蓬勃发展。①

优化产业结构,发展战略性新兴产业,对解决我国目前面临经济增速放缓、亟需经济结构转型的问题具有不可估量的巨大作用,中国工程院发布的《2017年战略性新兴产业发展报告》②显示,从2010年到2015年,我国战略性新型产业上市公司创造的营收平均增幅高达15.6%;从资本市场的情况来看,战略性新兴产业已经成为我国上市公司的一股重要力量,在维持总体业绩稳定增长方面发挥重要作用,在2015年,战略性新兴产业上市公司总营收额达2.6万亿元,占总体收入的比重为8.9%。一批以高铁、通信、航天装备、核电设备等高新技术产业为主体的新兴产业集群为我国区域经济转型升级提供了有力支撑,在未来10年中,按照"中国制造2025"的发展规划,我国将建成一批世界级的先进制造业集群,带领我国迈入全球产业链的高端位置。并且,这一轮的先进制造业集群的建设与改革开放后我国各地方政府发展"产业园"的内涵与方式有着本质的不同,培育先进制造业集群,是我国瞄准世界尖端技术,发展全世界范围内规模指标排名前列的龙头企业,以此为引领,带动一批中小规模企业,其产品在细分领域中足以体现工匠精神,在特定领域中不断改进优化和提升,能够满足龙头企业向全球价值链高端升级的需求。这样的生态体系才能形成真正的对我国产业结构升级和经济优化转型有推动力的世界先进制造业集群。

我国长期以来注重科教兴国战略和高端人才培养,近年来由我国所引领的量子通信技术的发展,便是这一战略的回报。此外"天宫"空间站、"蛟龙"深海载人潜水器、"天眼"超大型射电望远镜、"悟空"暗物质探

---

① 《"十三五"国家战略性新兴产业发展规划》,国务院,2016年12月19日。
② 《2017中国战略性新兴产业发展报告》,中国工程院,2016年11月15日。

测卫星、"墨子"量子通信卫星、C919 大飞机等重大科技成果相继问世,这些技术革命的内在又是科学技术的发展,所谓科学技术是第一生产力,基础学科的突破,一旦产业化,便会具有很强的不可替代性和竞争力,是新兴产业的核心。在深度学习、人工智能等领域,我国都有一定的宝贵的技术积累,这些科技的储备都是在下一轮产业革命中蓄势待发的力量,因此要充分运用这类尖端科技,将科学技术与新兴产业相结合,引领我国的产业结构转型升级。

## 6.4 本章小结

传统的发展动力逐渐减弱已经不再适应新的环境,并对制约了经济的增长。同时,经济内部不断优化,突破了发展瓶颈,重新与内外部环境形成崭新的资源配置体系。我国是一个正在发展中的大国,也是一个新兴工业化国家,在经历了一段时期的高速发展后,积累了大量的资本和生产技术,我国产业正在向全球价值链中更高的位置迈进,同时原来所依靠的劳动力、资源等禀赋优势正在逐渐减弱,全球化的发展过程中世界市场也无法容纳中国这样庞大的经济体继续提供过剩的产能。在这样的情况下,升级生产要素和统筹优化经济结构成了我国产业结构转型的必由之路。对我国而言,现阶段只有通过系统性的结构优化来淘汰旧产能同时大力发展新产能,才能为经济增长注入新的动力,提升我国在全球价值链中的地位。

# 第七章　制度变革是转型"水到渠成"的动力吗?

公元前 6 世纪,以城邦制取代了部落制的古希腊文明凭借其制度所带来的自由贸易和民主政治走向了繁盛。然而到了公元前 4 世纪,古希腊文明却为古罗马文明的兴起所取代。有效的行政管理、稳定的币制、大规模的公共工程以及广泛的自由贸易给予了古罗马文明迅速崛起的资本。归根结底,不论是古希腊文明的繁荣还是古罗马文明的兴盛,无不源于先进制度的支撑。制度内生于社会经济系统本身,成为社会经济系统的一个宏观变量和系统性指标,所以我们能够观察到的社会状态变迁过程就是制度变迁过程。因此纵观东西方的社会发展历史,社会状态之兴衰更迭实际上与制度变迁时时联系在一起。制度变迁为社会的变革提供了保障,并使其成为一种持续存在的现实。对当下的中国经济转型升级而言,社会经济制度的变革是否可以使社会经济系统的转型升级变得"水到渠成",是当下中国社会变革的重要课题,其所影响的不仅仅是中国经济,还是中国社会化的生产方式和普通百姓的生活方式。本章内容主要探讨通过构建符合未来发展趋势的制度变迁来推动中国经济转型升级的可行性和可能性,以及把社会经济系统制度变迁作为推动当下转型升级发展的逻辑和具体实现路径。

## 7.1 什么是制度？

"制度"一词在《现代汉语词典》中有两层释义：一是要求大家共同遵守的办事规程或行动准则；二是在一定历史条件下形成的政治、经济、文化等方面的体系。在经济学家看来，制度具有宽泛的含义，既包括规则、秩序、习惯，乃至道德和意识形态等内容，又包括计划机制、市场机制以及激励机制等成分，还涵盖了社会制度的本质规定。从这样的定义，不难得出"制度"的如下特性：首先，制度的本质是一种公约性的规则，由其所覆盖的时空内的所有个体共同遵守；其次，发展背景集合和制度集合之间存在映射，故特定的历史时期对应于特定的制度，前者的变化作用于后者的发展，而后者与前者形成适应性的对应关系具体制度内嵌于其发展背景（时代）中；最后，制度同时关乎国家整体以及其中个体的发展可能性，是由个体约定的行为准则和国家制定的管理方案等共同构成的。

第一点特性阐明了制度的性质。制度由其所针对的对象共同遵守，在为他们提供行为准则的同时也对其进行了一定的规范和约束。由于行为及其结果评判的相对性，这种行为规范和约束也不是绝对的，对于一类群体的良好发展有促进作用的制度可能对另一类群体是具有抑制和消极作用的。因此，也正如制度的第二点特性所暗示的那样，制度不是一成不变的。同样，制定制度也不是一劳永逸的。随着时代背景、国内外政治、经济环境等的变化，制度的受用对象的宏观和微观的条件都在发生着变化。制度环境只有随之改变才能顺应发展的潮流，产生最优的效用。此外，制度的最后一点特性表明，制度不仅仅包括由制定者在短期内针对实际形势制定的具有强制性的正式约束，还包括人们约定俗成的一些规矩、传统和准绳等非正式约束。这两部分都是一个制度具有普适性的基础与前提，是一个具有实践可操作性制度中不可或缺的部分。

正式约束是指制度设计者或相关的人员设计的一套规则以对人们

构成某种指导或约束。它包括各种法律、明确政治体系结构和运行方式的政治规则、界定产权的经济规则以及有关特定交易的协议。非正式约束则包括传统的文化或价值观念、伦理规范、风俗习惯以及意识形态等内容。这两部分在对立统一之中相互依存,正式约束是制定者根据最大化共识设计出的制度主体,而非正式约束则作为制度的接受者在长期内由自身当时当地知识所形成的默契。因此,非正式约束是正式约束的补充及具体的延伸,而正式约束实施则要以非正式约束作为重要支撑,不能与其冲突,否则会产生巨大的制度运行成本。可以认为,制度作为一个整体,是市场中所有交易者在其中所发生的所有博弈之中所最终达成的契约的集合。

## 7.2 制度之于经济发展

在经济系统中,制度对于经济中的生产环节、消费环节以及交易环节都有着十分广泛和重要的影响。经济制度对于经济发展的影响方向和程度会由于机制设计的不同而不同。经济制度对于经济发展具有一套双向的作用机制,因此制度最终如何影响经济的发展在很大程度上取决于它如何被设计。

首先,厂商如何决策其生产方式和规模以及产业内的技术变革和生产方式的创新,在很大程度上都取决于经济制度中所包含的激励机制是否符合最大化生产发展的需要。经济制度对于生产者进行的相关生产经营的鼓励和约束会在很大程度上创造正向或负向的激励,使生产者根据制度的内容对其成本进行衡量,进而做出生产决策。这种激励对于生产者的作用会最终演变为对于整个经济体的作用,例如,激励机制可以通过影响企业的生产成本和收益来改变其关于是否采用环境友好型生产方式的决策、影响企业配置资源的方式、改变企业资金使用的方式等。这些影响的会使得生产调整至与经济制度相适应的发展方式。而如果经济制度与未来经济发展方式匹配,则经济制度便会使生产方式的发展服务于经济的发展与升级。此外,经济制度对于产权保护以及自由竞争提供的保障会促进技术和生产方式创新的产生。创新作为经济发展的最根本动力,会加快推动经济体的转型升级。因此,经济制度变迁的方式和方向会在很大程度上对经济的进一步发展产生影响。

其次,经济制度会对居民消费倾向及其结构产生不可忽视的影响。制度的变化会影响定价机制、交易机制以及税收制度等的运行,进而改变居民消费行为。从改革开放以来的经验看,市场化体制改革中的制度变迁通过改变资源配置方式、收入分配方式弱化了消费者的预算约束;市场化扩张效应缓解了消费者的流动性约束,使消费行为变得更加多样化。诚然,居民消费增长以及消费多样化的根本原因在于收入水平和生活质量的提高,而市场化体制改革则是带来这样的提高的根本原因,且同时,市场化的制度变迁使得这种消费的增长得以释放出来。因此,居民消费的发展能否顺利按照经济学规律进行,在很大程度上取决于制度变迁的形式和方向。除此之外,制度变迁的时滞性会增大消费者的不确定性与信息不对称性,强化消费者的风险预期。如果有一套较为良好的沟通机制配合制度变革,正确地传达制度发展的方向和目标以及各级政府政策导向预期,便可以减少制度变迁本身在短期内所制造的信息不对称,使制度变革更加平滑、顺利地开展。

最后,在市场的横向资源配置以及生产和消费的对接环节中,一个良好经济制度的作用还体现在降低交易成本。经济制度降低交易成本的意义在于使私人成本与社会成本达到最大程度的匹配并解决二者之间所没有形成匹配的部分。如果市场中不存在交易成本,那么定价机制的运行将使市场所最终呈现出的状态总是完全竞争中的最优状态,而不受法律以及产权初始界定的限制。然而,如果我们放开这一不切实际的假设,便会发现,市场中是存在着巨大的交易成本的,这造成了交易的稀缺性。交易的稀缺最终会导致市场无法自如地调节到理论上所应该达到的最优状态。科斯认为企业存在的意义便是降低这种交易成本。同样地,包括企业制度在内的制度的作用是降低这种交易成本从而降低交易的稀缺性;同时,制度也应通过维护私有产权制度以及正常的市场交易和定价机制来维护和促进企业对于交易成本的降低作用。

制度大致通过三种方式来改变市场中的交易成本。

第一,制度降低交易成本是通过降低不确定性来实现的。希克斯认为,商业制度的演进在很大程度上是一个寻找如何使得风险最小化的过程。制度通过提供一个更为稳定的环境来降低不确定性。然而实际上,不仅仅是商业制度各种经济制度,各种制度的正确制定和实施都会在一定程度上降低交易成本。例如,美联储所实行的对准备金支付利息这一制度实质上就为联邦基金利率的波动提供了限制范围,利率波动范围的缩小增强了波动本身的可预期性,降低了企业和相关交易者所面临的风险。

第二,制度通过为合作创造有利的条件来降低交易成本。前已述及,不论是具有强制力的法律规定还是行业内共同遵守的准则,都是人们各项博弈的最终妥协总和的表现形态。于是,制度作为一种契约降低了信息不对称、逆向选择以及各种道德问题发生的可能性,约束了交易者进行高风险操作的机会主义行为,为交易者提供了合作的有利环境,这在很大程度上降低了市场中交易成本。

第三,制度作为一种激励机制可以改变主体的偏好与抉择。这种改变可能是对于个人偏好和抉择的进一步扭曲,也可能是对被交易成本扭曲了的交易需求的纠正。后一种可能通过制度变革使原本扭曲的需求尽可能地回归零交易成本下定价机制所运行出来的交易数量和结果;还可能激励主体更愿意为未来的发展进行投资,积累对经济长期可持续发展更为有利的经济要素。制度如何改变交易成本取决于其提供了怎样的激励。一个落后的制度可能会提供一种负面的、使市场趋于无效率的激励,而一个先进的、符合经济发展状态的制度则会提供一种利于市场运行的激励,使得激励相容,交易成本也降至最低,同时让经济主体的活力增强,创新创造能力持续提升,财富创造能力不断增长,让整个社会充满创造力和可持续的发展动力。

结合以上分析,经济制度会在生产、消费及交易的各个环节对经济体产生影响。这种影响具体表现为是对市场最优状态的扭曲还是趋近,这取决于制度变革与经济转型升级是否匹配,亦即制度的变化是否符合经济发展的需要。制度在保障创新、鼓励生产、释放消费、降低交易成本的同时,也会产生一些短期内的信息不对称、道德风险甚至套利机会等问题。这些问题的解决要求经济制度中存在一套政府与市场高效沟通的机制,以使市场可以预测政府的政策导向,政府可以获知市场的真正变化趋势。此外,在一些具体的制度和机制设计之中,制度的变化可能会使得上述三种方式中两种或三种的不同方向变化。这时,便需要制度的设计者进行权衡和妥协,因为制度的行成本身也是一种不断的"交易过程"。市场中交易者和监管者所共同作用、监督形成的制度才是效率最高的。

## 7.3 以史为鉴:中国制度演进史浅析

中国经济目前站在经济转型升级的关键点上,而制度,作为与经济发展相对应的一项重要因素也处在变革的关键时期。如何处理好制度变革与经济发展之间的关系,为经济发展营造良好的制度环境,让制度的变革最终成为经济转型升级的"水到渠成"动力,是值得认真思考的。

总的来说,制度变革和经济发展是在动态变化的过程中相互影响,共同演进的。经济制度的存在决定了技术、发展方式的创新可以得到有效保障,进而决定了经济发展所需的内生增长动力可以持续存在,各产业能够相互配合、高效可持续发展;而制度创新和技术变革的程度又会决定制度进一步发展的动力和速度。经济制度的设计会影响主体的消费约束,决定经济体当前水平下的消费需求能否完全释放出来;消费需求的不断变化以及新兴消费需求的产生又要求制度发生改变,以设定合适的管理、监督和交易机制。制度设计的不同会使市场中交易成本不同,从而使市场中的交易状态偏向或远离零交易成本下的最优状态;而市场中交易成本的高低也是评判市场化制度的一个重要标准。此外,经济制度在对国内经济产生影响的同时,也不可避免地会受到国际经济环境的影响。

实践是检验真理的唯一标准。从中国各时代经济发展以及对于现代化的探索与实践中,处处可以观察到经济制度与经济发展之间相互作用的重要性。

## 7.3.1　封建时代的早熟与早衰

中国古代实行了中央集权的专制主义制度,并且随着时代的进步在不断地强化与发展。秦一统六国之后,在全国范围内实行了多种形式的国家授田制,同时开发水利工程、推广新型耕种技术。针对"贵酒肉之价,重其租,令十倍其朴,然则商贾少"问题,严格管控商业活动。秦后的历朝基本上沿袭了这种"重农轻商"的小农经济制度。这种制度在秦汉时期,对于民族的统一和发展有着十分巨大的影响,使得处于长期战乱中的国家得到了宝贵的休养生息的机会。在土地占有权从所有权分化出来并被商品化之后,可以被买卖。于是小农经济作为一种独立的经济,将生产者的收益同自己的劳动联系了起来。这使得农民具有足够的激励进行耕种和农业技术的创新,统治者也具有了更加强有力的工具来对国家进行治理。这种国家集中调配资源的经济制度,对早期中国经济的发展和壮大起到了关键作用,使中国经济由战乱中迅速回复过来,并成为世界经济强国。据估算,中国在公元 1000 年时 GDP 占世界总量已达 22.7%;到了公元 1500 年,这个比例已经上涨到了 25%。[1]　然而,早

---

[1] [英]安格斯·麦迪森:《中国经济的长期表现:公元 960—2030 年》(第二版),上海人民出版社,2008 年。

熟的代价是早衰。长期处于这种经济制度下的经济体缺乏足够的创新、贸易以及产业调整等方面的激励,且由于刑罚制度中对这些行为的惩罚,那些仅存的自发地进行创新和贸易等的个体不是畏缩,就是被拘捕。这样,经济中便失去了内生的增长动力,在长期内便会落后于其他经济体。而这样一种高度集中的封建经济制度对于权力中心缺乏约束和监督,因此决策者也没有足够的激励来进行变革和创新,且在集中的经济制度中宏观的调控处于严重的信息不对称中,这使得这种经济制度的自我调节能力变得更差。经济下行和制度缺陷又共同造成了对外开放方面的故步自封。尽管土地的逐渐私有化和买卖对于经济的发展起到了积极的促进作用,但是这种具有微弱独立性的封建小农经济仍旧漏洞百出,并在长期内严重阻碍了后期中国的技术创新和经济发展方式创新。虽然到了 1820 年中国 GDP 占世界比重已达 32.9%,但实际上由于人口在以更快的速度增长,鸦片战争前的中国的经济发展其实与 200 多年前基本上不存在本质差别。互不匹配的制度和经济发展相互作用,使得百姓的生活水平止步不前,原有需求得不到满足,也没有新的需求产生,经济体几乎没有向前发展。

反观西欧的封建制度,各个封建领主之间相对独立。尽管等级制度中下一级的领主需要对上一级领主负责,这种从属关系却不存在递进,而且封建国王也难以随意惩治某个不符合其利益的领主。加之政教分开,尽管国王和教皇都具有十分巨大的权力,但由于二者之间的制衡关系的存在,两者的权力都有所削弱。这样一种制度在很大程度上使得封建领主各自为政,因而其各自具有较大的激励来经营好自己领土上的经济。各个领主之间具有竞争关系,且由于各主要国家海洋文明和自由贸易的影响,商业活动的发展很少受到政策或是人们意识形态的制约,西欧封建社会经济得以在和平时代迅速发展,并最终较为顺利地过渡到近代时期。

### 7.3.2 近代中国的跨踌与迷茫

进入近代以来,西方世界迫使中国开放使中国也进入了全球化经济的一部分,经济发展方向和对外开放方式的改变在极大程度上加大了决策者以及市场参与者进行创新和变革的激励。外资企业和民族资本企业的兴办和发展、政府投资规模的扩大为中国近代经济发展带来了投资高潮。这些经济体中的变化也使制度主动地或被动地发生了一些相应的变化。国内首次引入了近代工厂制度,引入了相关的技术、设备等,蒸汽和电力也逐渐取代了传统人力;洋务运动产生的许多企业从 19 世纪 80 年代中期以后也逐渐开始由官办转向官督商办、官商合办至完全商办;政府颁布工商法规,对兴办企业者实行奖励;企业管理上开始采用计件工资、奖罚制度等。然而,虽然中国近代经济以及制度在近代化方面都做出了进步,但长期内依然处于贫穷落后的发展局面。究其原因,是因为政府主导的科技创新和经济模式转变缺乏足够的激励以及成功模式的参考,处在严重的信息不对称和道德风险之中。创新和技术进步过于依赖从国外直接引进;近代化经济在国民经济中所占比重过小。并且,由于不断的战乱,经济制度处于一种极其不稳定的状态,且其变化缺乏足够的连续性和衔接性。因此,中国近代化的步伐依旧十分缓慢。

### 7.3.3 建国初期的成就与曲折

建国初期,党和国家审时度势,根据当时中国百废待兴的经济状况进行了过渡性的制度变迁,实施土地改革、资本主义工商业改革等一系列符合经济发展需求的制度变革,使得中国经济在建国初期有了迅速的发展和恢复。在正确制度的引导下,到了 1952 年,中国工农业生产总值已经超过了当时历史上的最好水平。从 1949 年至 1952 年,中国的 GDP 增长了 45.7%[①]。相比之下,1600 年至 1840 年中国 GDP 仅增长了 55%[②],可见建国初期经济建设之成效。然而,必须认识到的是,建国初期的经济绩效除了源于正确的制度过渡,还在很大程度上源于稳定国家的建立使得战乱时无法被有效利用的劳动力和资本得到了一定程度的利用。如果不能有一个全面且稳定的经济管理和监督制度来保障这种经济的发展,那么经济体就难以实现长期的良好发展。

在随后的年份中,为了避免中国经济陷入斯大林模式之中,中共八届三中全会通过了旨在加强地方政府在经济规划、资源分配、财政和税收政策以及人事管理上的权力的改革议案,约 88% 的原属中央政府各部位的国有企业被地方政府接管。这样的地方分权改革本可以加强地方政府的决策激励以及减少政府决策时的信息不对称,但是由于中央对于地方政府权力有效的监管、问责机制以及信息交流机制的缺失,造成了一些地方政府夸大了实际下降的成本,仅为提升其因业绩上升而获得的激励。这样一种负向的激励导致了"大跃进"向不良方向发展,加之对于钢铁产量的盲目追求导致农业劳动力资源的大量转移,经济开始下滑与衰退。监管制度的缺失以及制度变迁的不连贯最终阻碍了经济前进的步伐。

### 7.3.4 改革开放的希望与曙光

改革开放以来,我国实行的家庭联产承包责任制政策与绝大多数地区的地方需求相契合,农民获得了经济自由,商业和私营企业等也很快重返农村。与此同时,乡镇企业也开始引导农村的工业化革命;个体经济的崛起和私营企业的兴起终结了集体经济在中国城镇的垄断地位。在 1992 年确立了社会主义市场经济体制的改革目标之后,中国经济在

---

① 刘颖:《试析建国初期制度变迁及经济绩效》,《北方经济》2005 年第 11 期。
② 刘逖:《1600—1840 年中国国内生产总值的估算》,《经济研究》2009 年第 10 期。

生产要素分配方面有了更高的效率，经济得到了更加迅速的发展。同时，公司制、股份制和按劳分配为主、多种分配方式共存的分配制度以及对于法律体系的完善以明确和保护私有产权制度，无不使得经济的发展处于一种优良的制度环境中，是作为中国后续经济增长的稳固基石。

以史为鉴，我们从以往的历史事实中可以知晓：一个良好的制度环境，是孕育新技术的必要保障；自主创新则是永葆经济活力的不竭源泉。因此，若想让经济可持续发展，就需要注重制度与现实的相容以及和需求的匹配，同时重视激励机制对自主创新能力的刺激作用。制度改革需要有螺旋式上升的连贯性，这决定了经济发展能否突破瓶颈，升级到新的高度。目前，我国经济正处于转型升级的关键阶段。经济发展在面临结构性调整的同时，也在孕育新的发展模式。因而，在此过程中制度也正逐渐地联动调整。

然而，我们也不应忽视经济和制度实质上是相互影响的，制度影响经济的同时，变化的经济发展水平和模式也在持续地对制度的变革产生作用。首先，经济水平的改变会直接作用于人的意识观念。而制度作为以意识形态为根源的各种博弈的总和的最终表现形式，无疑会受到这种观念改变的影响。

从本质上来说，经济水平的变化通过影响人们的收入水平来改变总需求的结构。这种需求结构的变化会使得人们之间博弈的形式和内容发生变化，于是制度作为其表现形式也发生了变化。不可忽视的是，先前制度的内容和表现形式会影响上一阶段经济发展的状态，进而影响现阶段经济环境的呈现形式。因此，经济对于制度的影响实际上部分源于上一阶段制度及现行制度对于未来制度的要求。我国现阶段产能过剩的问题便是源于上一阶段制度在一段时间内造成的供需不平衡。

此外，除了国内经济环境会存在内生性的对于制度的影响，国际经济环境会对于制度的变化产生外生性的影响。这种影响主要源于对外开放方式、国际经济形势以及国外经济观念对国内观念的改变。

首先,对外开放方式的不同会使得经济制度接受外来经济内容的方式不同。1978年改革开放前后,国际贸易对于我国经济增长的重要性具有显著的差异。对外开放姿态的转变,以及相应进行的对外贸易战略和政策的调整使中国经济更加积极和迅速地接受外资和对外贸易。对外贸易为中国的非国有经济发展提供了巨大的动力,推动了非国有经济及资源配置市场化的相关制度变迁,促进了中国经济的进步。诚然,对外开放方式的改变本身便是一种制度的变化,但无可否认的是,在对外开放方式发生了变化之后,国际经济环境对于国内经济的影响程度及方式都随之发生了变化。

其次,国际经济形势的纷繁变化也会作用于经济制度的变化。这种影响主要源于国际经济形势的改变所引起的人们预期的改变,并使其应对策略发生了改变。国际经济形势是一个相对的概念,它的变化既可能源于一国经济发展进而使得其自身国际地位发生改变,也可能源于他国经济地位变化或者全球贸易伙伴关系的变化。这就意味着,一个开放的经济体在自身经济环境发生变化时,制度变迁可能同时需要适应国内经济变化以及国外相对环境变化所带来的影响。

最后,国际经济环境对制度变迁的最重要且难以磨灭的影响是其对于经济观念的影响。以意识形态为重要组成部分的制度会因为这种变化而发生本质的改变。的确,正如诺斯所说,"文化特征的持续性使得非正式约束的变迁与正式约束的变迁并不同步"①,但是跨文化之间的交流作为一个重要的维度,会对制度变迁的演进路径产生重要影响。

综合以上分析,制度和经济在相互影响之中不断演进。因此,在制度设计和变革时,必须兼顾二者之间的相互作用以及它们自身状态改变的影响。对此最好的办法便是赋予制度可以自由地进行自我调节的属性,建立一套可试错、激励相容的制度。只有这样的经济制度才能保证

---

① [美]诺斯:《制度、制度变迁与经济绩效》,上海三联书店,2008年。

经济的良好发展,防止自身因素成为经济瓶颈。

## 7.4 案例:产能过剩之中窥探制度缺陷

我国产能过剩问题出现于 20 世纪末,并逐步由初期的部分传统产业扩展至全局性的产能过剩。2004 年第一季度中国钢铁产业投资增长超过了 100%。2005 年粗钢产量 3.5 亿吨,这一数字并没有受到随后到来的经济危机以及全球经济疲软而下降,而是一路上升。到了 2012 年,粗钢产量达 10 亿吨,占到全球的一半以上。从 2006 年至今,光伏产业在国内也出现了严重的供需失衡,出口量占总产量比重的 95%。[①] 全球经济不景气以及欧美部分国家实施的"双反"也在更大程度上加剧了中国国内的产能过剩问题。"一带一路"倡议的全面实施将有助于解决我国的产能过剩问题,根据相关研究测定,我国工业部门的产能过剩指数也在下降,生产效率有所提升。但是产能过剩形势依旧不容乐观,若想从根本上解决这个问题,避免其阻碍中国经济的转型升级,则有必要考察现状之下隐藏的深层制度问题。

导致产能过剩的因素有很多,可能是市场势力、供需短期不匹配或是政府投资过度等原因。市场是在动态波动之中实现平衡,因此短期内觅价过程造成短缺或过剩均属正常现象,可以被市场自身消化掉。市场势力也有可能造成产能过剩,且这种过剩无法被市场自行解决,但是部分行业的市场势力无法造成现阶段这种较为全面的过剩。并且,垄断势力等没有足够的激励,在自己的库存已经大到会使生产的固定成本和存货成本大幅上升的情况下继续扩张生产。换言之,上述成因在长期内是不成立的。我们不妨考察近年来政府的投资行为。由于政府的投资行为不是内生于市场,其影响很难在行为主体不改变行为方向的情况下发

---

① 张杰:《基于产业政策视角的中国产能过剩形成与化解研究》,《经济问题探索》2015 年第 2 期。

生改变。

任何生产的发展和扩张都必须依赖于足够的资金支持,因此首先从资金来源入手,进而探究产能过剩的根源是不为过的。正常情况下,市场中资金在产业中的配置是根据供需的对接实现的。例如某个产业具有较为广阔的潜在市场,或是行业内竞争者自主创新以增强核心竞争力,或是科学技术有突破性改革,则资金便会流入该产业。除了上述过程,特定情况下的政府投资项目工程也是必不可少的。但是,不同于市场的运行机制——资金根据供需原理进行的自由配置,政府投资的选择的准确性更弱一些。政府缺乏准确获知每个市场参与者需求内容的能力,因此针对非公共物品等不必要工程的注资,供给数量易存在不准确现象,导致资源配置产生非自然状态下的激励,而这种激励则源于制度缺陷导致的政府投资激励的扭曲。

我国在 20 世纪八九十年代进行了银行业改革。此次改革成立了四大专业银行,且实现独立运营,同时建立了双层银行体系。虽然四家银行在存款募集方面存在竞争,但是在贷款业务上却受国家指派有特定的市场,而且这些市场受到国家保护。因此,四大银行在贷款方向和分配金额上大都听从国家的要求和分配,没有过多认真权衡取舍的激励。

改革开放以来的中国经济体制改革,在很大程度上采取了一种地方分权制的模式,即在不改变政治权力基本结构的情况下实行中央和地方经济上的分权。这样的经济制度的初衷是使在中国经济市场化改革的过程中,将政府掌握的大量经济资源进行更为有效地配置。然而,在这种制度中监管制度的缺失可能会使中央政府与地方政府处于较为严重的信息不对称之中,地方政府可能存在隐瞒或忽视本地居民需求的行为。加之中央政府通过就业、税收、经济增长等经济指标来考察地方政府的绩效,地方政府在经济数字方面展开激烈竞争,并由此形成了激励机制。如果监管制度完善,这种激励会适当地对经济发展产生积极作用。而由于我国监管体系以及中央和地方沟通机制等处于逐步完善之中,地方政府之间的竞争在一定程度上演化为了经济绩效的恶性竞争。

于是,在相当长的一段时间内,在许多地区,地方政府演变为了"生产型政府",重生产,轻分配,采取各种措施和政策招商引资。为了扩大就业和拉动 GDP,中央政府对地方政府分配的总投资金额也导致了地方各部门对于投资份额和银行贷款额度的激烈竞争,同时对国有银行的本地分行进行施压,以获取更多的资金。在这样的监管与分权较为不相容的体系下,国有银行发放贷款和地方政府投资的激励却相容了。地方政府的干预使投资持续增长,产业规模持续扩张,甚至远远超出需求所能容纳的数量。政府的财政收入和支出的增速长期超过经济总量增速。自 1994 年至 2009 年,中央和地方的财政总收入和支出年均增速为 18.6%,而同期 GDP 年均增速为 14.0%。而在此基础上,全国各地政府用于基础设施建设的财政支出增速高于财政支出增速 2%。[①] 这样的问题在长期内积累,便最终导致了长期内持续产能过剩问题的出现。

综合以上分析,不难发现,监管的缺失、中央与地方之间沟通机制的不通畅以及绩效评估的不合理等因素共同扭曲了激励机制,造成了中国产能过剩的问题。因此,若要从根本解决产能过剩,就必须从制度入手。

## 7.5 经验与教训:制度变革方法论

对于历史以及国内目前问题的反思大致可以归结为:中国经济转型升级时期的制度变革需要处理好制度框架内政府与市场关系、各阶段制度之间相互关系以及国内外制度关系这三重关系,做到"点、线、面"结合,全方位、多角度、统筹兼顾,与时俱进。为了达到这样的目的,本文提出如下三点方法论来对制度变革进行讨论。

方法论一:在经济制度体系中,将市场置于引导技术创新和经济发

---

[①] 柳庆刚、姚洋:《地方政府竞争和结构失衡》,《世界经济》2012 年第 12 期。

展的核心地位,聆听市场的声音。以政府作为市场中各项机制有效运行的有力保障,减少市场运行的外部性;完善各项监督管理制度,减少制度体系内扭曲激励的因素。

在一个市场化的开放经济体中,市场中的交易者不断地进行自由博弈,这个过程使市场处于一种动态有序的波动之中。市场通过那只"看不见的手"所进行的自我调节使其自身达到了最有效的状态,进而使经济体得以高效发展。同样,经济制度适应于并服务于经济体的发展。经济制度体现了市场中博弈者以及整个市场的共同利益,因此制度理应以市场良好运行为首要目标。

市场的良好运行是建立在市场的自我调节机制、定价机制以及博弈机制等的有效运行之上的。一项经济制度想要在最大程度上促进市场经济的发展,需要以市场机制为运行主体,在最大程度上让市场自身的各项机制得以良好运行,而不是做过多不必要的干涉。在任何一项制度中,如果其对于市场本可以自我调节给出一个结果的问题设定指标和限制,最终的结果只能是更大程度的政府干预。这样的政府干预便会使市场机制在制度中的主体地位丧失,进而导致经济制度无法达到其目标。当然,在必要的时候,即外部性因素或市场势力导致市场失灵时,制度需要作为一种公约性问题的解决办法来帮助市场解决经济发展所可能遇到的其难以应对的问题。当经济制度本身的运行无法解决这样的问题时,则需要制度赋予政府作为监管者来进行监督和订正的自由裁量权。这种权力必须是有限的,因为不必要的监管者的自由裁量权会使得经济制度中的激励不在相容,进而导致制度的无效率。因此,我国制度变革之根本在于深化市场化体制改革,坚定不移地完善社会主义市场经济体系。对此,本章给出以下两点建议。

第一,减少政府对经济不必要的干预,将更多的权力放归市场。减少税收、政府注资等的幅度以降低这些行为所带来的市场中需求的扭曲和信息的不对称,激发市场活力。为做到这一点,需要建立畅通有效的沟通机制,以此来加强中央政府与地方政府之间的交流。这一方面能使中央政府更好地得知各地方市场中的实际状况,另一方面也能更好地传达地方政府的各项行为和行为目的,以便实现减少双方的信息不对称的目的。同时,要加强对于包括政府和市场在内的各经济主体的监督,完善问责机制和相关问责和审计制度,减少赋予监管者的不必要的自由裁量权,以避免权力滥用及腐败现象的出现阻碍市场运行。坚定不移地推进依法治国,在依法治国的框架下实现激励相容,经济的可持续发展。除此之外,还要建立一套更加有效的经济绩效评估体系,以免使经济绩效的评估成为扭曲激励的因素。合理的经济绩效评估指标需要包括经济增长、物价水平、居民消费、环境保护、技术进步等一系列与经济相关的量度。

第二,让市场中的创新和产学研机制的运行带动经济的发展。要达到这样的目的,则需要做到以下三点。首先,加强对私有产权的保护,完善私有产权制度,进一步强化私有产权制度在市场经济制度中的地位。我国私有产权制度的产生和成长相对于西方而言存在很多的特殊性。西方经济制度是私有产权制度和市场运行机制共同推动的结果,而中国私有产权则更多地作为一种经济制度修正的产物出现。因此,若想使市场经济在中国的发展突破瓶颈,完成转型,就必须进一步深化对于私有产权制度的完善与规范,提高私有产权的地位。完善相关法律法规,明晰产权之间的界限,使法律意义上和经济事实上的产权更加匹配,完成由"情"至"理"再至"法"的过渡,这是私有产权制度发展不可或缺的客观条件。其次,要继续完善金融体系及相关监管制度,建立一个有效的金融市场。发达的金融市场对于资金向最有前景、最有发展前途的地方配置有着不可或缺的作用。金融体系的完善将使那些优秀的技术创新或是管理方式创新得到应有的资金支持,同时淘汰那些不具有竞争力的想法和技术改变。同时,优化企业营商环境,促进企业和其他市场参与者在市场中所发挥的积极作用,使制度变革服务于市场、适应于市场,服务

于中国经济的转型,也是必不可少的。企业环境的优化可以使创新更好地与生产结合,促进产学研机制的流畅运行

方法论二:制度变革需要具有连续性。制度变革必须以已有经验的检验和对未来技术发展趋势的预测为基础,与已有制度衔接,取长补短,平稳转变。做到稳定与效率兼顾,为中国经济的平稳转型奠定基石。

"治世不一道,便国不法古"。制度环境变革是持续展开和进行的,对于转型的不同阶段应该发挥不同的作用。不同时期所对应的经济制度不尽相同,因此制度的演进和变革是没有范式和标准可以参考的。中国古代经济文化的繁荣到没落正是由于缺乏制度的变革,这样的经验和教训在当今时代的制度发展中应该吸取。

然而,没有范式与不能照搬不意味着制度的变革是"一刀切"式的,也不意味着各阶段的制度是完全独立、互不相关的。相反,制度的变革是具有连续性的,制度的演进也必须在渐变中前进。某一阶段的制度的变化既要适应现有经济发展局势和为未来技术发展趋势,又要能够兼顾原有制度所遗留的问题。经济制度的影响具有长期效应,所以理应与长期性影响因素相匹配。所谓的"先进的生产方式与和生产关系的匹配"中的先进生产方式便是技术发展趋势。制度变革必须要考虑到这一点,而不是单纯地就制度而变制度。但同时,整个制度体系的变革也必须是平稳的。每个时期的经济制度都会或多或少地遗留下一些超前或滞后的问题,制度下一阶段的演进必须能够与上一阶段对接,解决这些问题,这样才能是市场参与者具有充足的时间来获知和理解制度变革的方向和方式,进而自如地根据这些信息做出相应的交易策略的调整。要做到这两点,就必须认清各阶段制度的职能和作用。对此,本文提出如下三点建议。

第一,注重对中西部地区经济发展的"制度支援"。对于一个经济体的发展,制度发展初期要注重新经济业态和模式的培育,需要给予新技术创新和新企业发展更多的是财税、金融和各方面的补贴和资助,让其

快速成长成新的增长转型动力。而中西部地区的经济发展较东部而言尚处于较低水平,因而需要国家给予更多的政策优惠以及发展支持。由前一条方法论的逻辑可得,这种优惠和支持与其直接下放地方监管者、赋予其不必要的自由裁量权,不如通过完善制度使国家资源得到更加有效的配置。达到这一目的有两种方法。首先,可以将国家的补贴和资助直接下放地方政府任其根据当地市场和经济发展水平需要进行分配,但同时实行严格的监管制度以防权力滥用、腐败以及官商勾结导致资金流入无效区域等现象的发生;其次,可以通过制度的设计绕开地方政府,使受到支持的技术开发或企业发展项目直接从国家获得资金。两种方法各有利弊,前者优点是运行得当时,资源配置效率较高,但却具有监管成本高的缺点;后者具有监管和制度设计成本低的优点,但在资源配置的成本上可能要高于前者。政策的实际制定可以在这两者之中取舍,但是不论选择哪一种,只要制度设计足够完善,最终绩效差别不会太大。

第二,注重对于东部地区经济发展的监管制度和法律法规的完善。现阶段东部地区的经济发展已经相对较为成熟,部分地区的经济发展已经达到了发达国家水平,因此应将更多的侧重点集中于对经济发展模式的规范和健康程度的监管上来。已有的经济制度和发展方式遗留了一些环境问题,也暴露了一些监管的缺失。因此,制度变革在东部地区应主要集中于对环境监管制度和污染治理方案的改进以及对经济和金融体系更加严格和完备的监管机制上,以防经济中的泡沫阻碍了经济的健康发展。

第三,要统筹兼顾,协同各地区发展,使各地区发展既兼顾各自地区特色和现状,又可以构成一个有机整体。如果各地区之间的制度因地区发展差异而相互独立,那么看似与地区特色相适应的制度体系将会使地区差异进一步扩大,制度的差异也会使制度本身产生套利机会。中国经济作为一个整体,其经济制度也必须是一个完整的、相互联结的整体,各地区必须协同发展,才能共同完成转型升级的任务。要做到这一点,首先必须使法律体系联结为一个整体,这是经济体制联结的基础和前提。各个地区的经济监管制度、金融制度以及产权制度必须一致。同一经济纠纷或案例在不同地区的法律体系框架中必须得到相同的判定结果,否则经济体之中便会不可避免地存在套利机会,进而导致整个体系的混乱。为了解决这一问题,监管机构可以整理富有争议的判罚差异的案例,如地区间产生的贸易纠纷,将案例的判定程序及结果落实成为成文的规章制度或法律条例。另外,可以通过妥善利用金融市场的价格发现功能来优化资源配置。金融市场是资源配置的一条重要途径,若将国内各个独立的金融市场进行连接,在全国范围内形成一个统一的觅价系统,无疑能令资源得到更加有效的配置。

方法论三:坚持兼容并包的态度是应对瞬息万变的国际经济形势和制度环境的最好方法。在面对国内制度与国际制度不一致时,一方面需要去了解国际制度的基本概况和特点,另一方面,需要秉持"以我为主,为我所用"的观点,对其进行有目的性的取舍,并以此来改进、发展我国的经济制度。

经济全球化的影响是普遍的。任何一个国家的市场都不能完全避免它的影响。世界经济由于容纳了各个国家和各个背景的经济内容,比任何一国的国内经济都更加丰富多彩、瞬息万变。于是,作为经济对制度影响的一个重要维度,把握好国内外经济制度的相互关系至关重要。

目前,世界经济进入深度调整期,增速有所放缓。而此时的中国也进入了中等发达国家的行列。中国如何在现阶段抓住全球化带来的机遇,跨过中等收入陷阱,实现经济结构转型升级,是国内外制度对接的关键点。

经济全球化进程和技术创新是我国加快战略发展的重要战略机遇期存在的必要条件,而从这两个角度来看,由于贸易保护主义的盛行、"创新被长期忽视"以及国际金融市场的动荡,国际经济环境对于中国似乎不容乐观。实则不然。"智者作法,愚者制焉",不论国际形势如何,只要国内制度自如地应对,与其实现良好的对接,就可以使国际经济环境服务于国内经济发展。

首先,在对外贸易方面,要取消不必要的国家支持、优惠政策及注资行为,而以一套保护和监督自由贸易的制度取而代之。面对贸易保护主义势力的抬头以及各种国际或区域性的贸易组织的衰弱,如果我国也建立一套贸易保护的贸易制度,于国内外经济贸易发展都是不利的。的确,2012 年以来中国对外贸易处于较大幅度的下滑,然而下滑并不一定意味着消极的后退,有可能意味着贸易制度与贸易需求不匹配,使得均衡状态下最优水平本就低于实际值。因此,为了使国内外经济制度更加匹配,更加适应国际经济环境,贸易制度应该更多以市场的自由贸易为贸易主体,减少国家干预,使市场中那只"看不见得手"告诉我们在当前世界的经济环境下,何种贸易量和贸易形式是利于经济发展的最优状态。

其次,加快推进服务业领域体制改革和完善,使内服务业水平向世界发达国家靠拢。实体经济领域的技术发明专利呈现下降趋势,以及制造业和实体经济创新遭到忽视,并不意味着创新受到了忽视。相反,以服务业为主的第三产业的繁荣与发展正是发达国家得以引导第三次科技革命的重要资本,这也是中国长期以来经济发展的较为严重的缺陷。虽然我国服务业增加值和就业规模在过去的年份里快速增长,服务业创新业持续加快,但产业内仍然存在结构性失衡较为明显,有效供给能力不足的缺点。以物流业为例,我国 2014 年交通运输业增加值占全部物流业增加值的比重仍高达 68.6%,这说明我国服务业结构层次依然较低、服务业创新动力不足。此外,我国服务有效供给也较为不足。在人口红利和低成本比较优势逐渐消失的同时,服务业的发展也还无法完全适应于百姓需求结构的升级。因此,在现阶段,我们应该摒弃轻视服务业发展的思想,认真推进落实服务业领域体制改革,借助全球服务业领域繁荣的趋势,提升本国服务业水平。

最后,加快金融体系监管制度的实施和完善步伐,加大力度降低金融领域的泡沫及不良资产的规模。当前国际金融体系动荡不断,自 2008 年美国金融危机以及随后到来的欧债危机以来,金融市场的波动变得更加剧烈,大批新型结构化投资工具的涌现造成了金融交易趋于复杂和高杠杆化的局面。在这种大的趋势下,中国首先应该完善自身金融体系的各项不足,避免金融体系的恶性波动影响金融市场的有效运行,正确发挥金融市场有效配置资源的作用。同时,应当与各国一道,加强决议机制的国际协调和监管机制的相容性,改善监管环境,提高监管效率。这样不仅可以在最大程度上避免国内金融市场面受国外震荡的影响,还能实现国内金融体系和国际金融体系之间的良好对接。

## 7.6 本章小结

制度变革对于中国经济转型来说,可以让市场机制更好发挥作用,筛选出优秀的企业家和代表先进技术创新能力的企业,引导经济要素资源更好地有效配置,并不断增强我国经济技术创新能力和技术转换能力,从而使得经济转型发展能够内生出新经济增长动能,推动新旧发展动能的转换。在制度环境的变革时,只有通过全方位、多角度、正确处理好政府与市场的关系、各阶段制度的连续性关系以及国内外制度的对接关系,才能使制度环境变革真正成为经济转型升级的"水到渠成"的动力。

# 第三篇
中国经济转型升级动力篇

# 第八章　要素市场化改革创造经济转型升级的条件

低成本要素的支持造就我国经济举世瞩目的成就。不过,就目前国内经济形势和经济状况来看,旧的经济发展模式与现实已不再匹配。党的十九大报告指出,我国经济已由高速增长阶段转向高质量发展阶段,所以经济转型升级是我国经济发展必然使命。经济转型升级的必要条件是运行良好的要素市场,只有存在能够进行合理有效定价的要素市场,经济转型升级过程中的要素配置过程才能够有序进行,符合要素禀赋结构的要素积累才能顺利展开,因此要素市场条件是维持经济可持续性的根本条件。对于中国经济,要素市场的发育远未完备,市场机制运行还存在诸多困境,因此在推进经济转型升级过程中,充分发挥要素市场功能,离不开要素市场化改革。要素市场化改革主要是为了消除要素市场扭曲,需要对金融市场、土地市场和劳动力市场进行改革,利用市场机制来有效配置各要素,实现经济资源的合理分配从而提高要素生产率,同时为要素的有效积累提供可持续的价格激励机制,从而为经济转型升级创造基本市场环境。

## 8.1 要素市场扭曲阻碍经济转型升级

中国目前的经济发展模式和曾经的亚洲四小龙有相似的地方,亚洲四小龙是中国香港、中国台湾、韩国和新加坡,它们的经济模式是以劳动力密集型为主的出口导向型经济,但是后来随着劳动力成本的上涨,这种模式无以为继。过去为了推动经济发展,靠吸引外资为经济发展带来资金和技术支持,为吸引外资和实现经济高速发展,我国依靠的是低成本优势,包括廉价的土地和劳动力。但是经济发展到现在,我国生产成本高速增长,劳动力价格和土地要素价格大幅度上涨,根据表 8-1 数据显示,2000 年,城镇单位就业人员平均工资是 9 333 元,到 2018 年增长为 82 461 元,增长为 8.83 倍;商业营业用房平均销售价格从 2000 年的 3 260.38 元/平方米到 2017 年增长为 10 323 元/平方米,是 2000 年价格的 3.17 倍左右,快速上升的要素投入成本,导致依靠低成本优势来维持经济高速增长已经成为过去式。因此转变经济发展方式,进行经济转型升级是我国经济继续发展的唯一出路。

表 8-1　2000—2018 年劳动力和土地要素成本变化

| 年份 | 城镇单位就业人员平均工资（元） | 商业营业用房平均销售价格（元/平方米） |
| --- | --- | --- |
| 2000 | 9 333 | 3 260.38 |
| 2001 | 10 834 | 3 273.53 |
| 2002 | 12 373 | 3 488.57 |
| 2003 | 13 969 | 3 675.14 |
| 2004 | 15 920 | 3 884 |
| 2005 | 18 200 | 5 021.75 |
| 2006 | 20 856 | 5 246.62 |
| 2007 | 24 721 | 5 773.83 |
| 2008 | 28 898 | 5 886 |

| 年份 | 城镇单位就业人员平均工资<br>（元） | 商业营业用房平均销售价格<br>（元/平方米） |
|------|------|------|
| 2009 | 32 244 | 6 871 |
| 2010 | 36 539 | 7 747 |
| 2011 | 41 799 | 8 488.21 |
| 2012 | 46 769 | 9 020.91 |
| 2013 | 51 483 | 9 020.91 |
| 2014 | 56 360 | 9 817 |
| 2015 | 62 029 | 9 566 |
| 2016 | 67 569 | 9 786 |
| 2017 | 74 318 | 10 323 |
| 2018 | 82 461 | 10 903 |

数据来源：国家统计局

　　经济转型升级离不开各种资源的支持，资源的支持需要要素资源可以进行合理配置，要素资源合理配置的必要条件是要素市场化，然而我国恰恰是要素市场扭曲阻碍了经济转型升级。要素市场的扭曲主要是要素价格的扭曲，目前我国的形势，各要素市场都存在着不同程度的价格管制，这一原因导致近几年我国提出的转型升级目标迟迟未能有效地在要素市场实现。一方面，国有企业的存在占用使得要素资源倾斜，民营企业取得要素资源的价格与便利性和国企无法相提并论。比如金融市场，我国银行资源明显向国企倾斜，并且银行放款比例很大一部分是国企，除此之外，国企还享有低土地成本的优势，然而国有企业的低成本并没有带来高产出，反而民营企业的创新力和活力远超出国企，如 2015 年规模以上工业私营企业新产品项目数是 113 439 项，而规模以上工业国有企业新产品项目数是 6 912 项，民营企业才是经济转型升级的关键推动力和重要执行者；另一方面，拉动经济增长的三驾马车，投资、出口和消费，在过去经济增长的发挥作用的主要是投资和出口。从表 8 - 2

数据可以看出,中国最终消费支出对经济增长的贡献率最高是 2000 年,占到了 65.1%,之后基本低于 60%,与发达国家消费对经济增长的贡献率 80% 相差甚远,而我国投资对经济增长的贡献率一直处于较高水平,资本形成支出对经济增长的贡献率在 2009 年到达顶峰,这是当时投放 4 万亿带来的结果,2009 年之后我国投资对经济增长的贡献率基本高于 45%①。但是在最近几年投资贡献率明显下降,已经跌破了 40%,在 2018 年的贡献率仅仅为 32.4%。这些数据表明投资效率下降很快,过去国家的高投资,高出口的保持,存在着缺乏可持续性。在这个过程中,低成本要素贡献巨大,其实这也是一种分配不均。它主要带来三个后果:后果之一是低成本要素减少了居民的收入,进一步地,消费不足,不利于经济发展;后果之二是经济结构失衡,持续高投资带来产能过剩,持续高出口不利于本国市场的扩展,高投资、高出口占 GDP 比重越来越多,消费占比越来越小,产能过剩,经济结构失调,并最终使其贡献率下降;后果之三是经济发展矛盾出现,当高投资、高出口模式无法继续时,我国面临经济转型升级的迫切性,但是高投资、高出口带来的经济格局不利于经济转型升级。

表 8-2　2000—2018 年我国三大需求对 GDP 增长的贡献率　（单位:%）

| 时间 | 最终消费支出 | 资本形成总额 | 货物和服务净出口 |
| --- | --- | --- | --- |
| 2000 | 65.1 | 22.4 | 12.5 |
| 2001 | 50.2 | 49.9 | —0.1 |
| 2002 | 43.9 | 48.5 | 7.6 |
| 2003 | 35.8 | 63.2 | 1 |
| 2004 | 39.5 | 54.5 | 6 |
| 2005 | 38.7 | 38.5 | 22.8 |

① 数据来源:国家统计局。

| 时间 | 最终消费支出 | 资本形成总额 | 货物和服务净出口 |
|------|------------|------------|----------------|
| 2006 | 40.4 | 43.6 | 16 |
| 2007 | 39.6 | 42.5 | 17.9 |
| 2008 | 44.1 | 46.9 | 9 |
| 2009 | 49.8 | 87.6 | −37.4 |
| 2010 | 43.1 | 52.9 | 4 |
| 2011 | 55.5 | 48.8 | −4.3 |
| 2012 | 55 | 47.1 | −2.1 |
| 2013 | 48.2 | 54.2 | −2.4 |
| 2014 | 49.6 | 46.9 | 4.5 |
| 2015 | 59.9 | 41.7 | −2.6 |
| 2016 | 66.5 | 43.1 | −9.6 |
| 2017 | 57.6 | 33.8 | 8.6 |
| 2018 | 76.2 | 32.4 | −8.6 |

数据来源:宏观数据网

## 8.1.1 金融市场扭曲

金融市场的扭曲也主要是金融市场价格的扭曲,于我国金融业的结构而言,银行业占据我国金融体系的大头,我国大部分融资由银行提供,间接融资是我国主要的融资方式,直接融资和间接融资比例失调;从资金流向来看,银行的间接融资对象多数是国企,而国企效率相对低下,导致金融资源错配,引起了金融市场的要素配置扭曲,究其根本就是银行将资金以相对低于市场均衡水平的价格贷给国企,而相对有效率的民营企业融资难度大,发展资金不足;对于个人贷款而言,由于中国经济的现状和传统观念,银行的贷款资金多进入房地产行业,甚至于消费贷款也被居民用于购置房产时的首付,这笔消费贷款数量还不得而知,在政府加紧调控房地产时,房地产行业带来的融资需求减少,银行体系的贷款需求减少,这时银行的大量资金就进入金融行业,出现了金融行业与实体经济脱节的现象,经济脱实向虚。为经济服务是金融的天职,我国的金融不仅资金配置效率不高,还与实体经济脱节,金融市场扭曲程度可见一斑。这里对金融市场不过多描述,后续章节会继续重点描述金融市场对经济转型的作用。

## 8.1.2  土地市场扭曲

中国的土地市场是高度扭曲的,其形成原因可以从三个主体出发,分别为政府、企业和需求者。从政府角度来看,一直以来,政府低价征地,高价卖地,卖地是地方政府非常重要的财政收入来源,但是为了招商引资,政府又会低价出让土地。从企业角度来看,政府的低价供地这一非市场化行为降低了企业的投资成本,从而导致企业非理性的过度固定资产投资,企业过度投资行为一方面导致产能过剩,经济结构失衡,另一方面资本多积压在房地产领域,影响对其他领域投资。从居民消费者来看,党的十九大强调,房子是用来住的。居民一开始也只是把房子当作生活必需品,而非投资对象。但价格不断攀升的房地产,让居民意识到这个产业拥有高盈利的前景,并将开始对其进行投资或投机,加上政府为财政收入卖地的推动作用,房价进一步上涨,如此不断循环,居民不断买房和房价上涨互相促进,资金积压在空荡荡的水泥钢筋之中。这一方面削减了居民的消费和企业投资,另一方面使得经济运行中的价格泡沫不断形成和增加,增大了风险,对我国经济结构转型产生了负向冲击。

## 8.1.3  劳动力市场扭曲

劳动力市场扭曲的一个重要表现就是收入差距过大。党的十九大提出我国社会主要矛盾体现在城乡差距、区域差距、居民收入差距的不平衡上。据北京大学的研究结果显示,目前我国基尼系数已高达 0.73。中国统计局的数据显示,2015 年全国居民收入基尼系数为 0.462。虽然这是从 2009 年以来的第 7 次下降,但这个数值仍超过了国际公认的 0.4 贫富差距警戒线。从劳动力横向流动来看,由于户籍制度、区域壁垒、公共服务和社会保障阻碍的存在,我国劳动力并不是完全自由流动的。从产业结构来看,随着我国产业结构升级的深入调整,劳动力供需的结构性不平衡问题愈发凸显,改革开放以来,我国一直大力发展劳动力密集型产业,随着经济转型升级的时期来临,原先的人口红利逐渐消失,我国亟需跨越"中等收入陷阱",以劳动力密集型为主导的产业将逐渐被以资本或技术密集型为主导的产业取代,而技术型人才数量较少,不合理的人力资源结构将导致劳动力供需之间的不平衡,阻碍经济转型升级。从内生性的本质来看,劳动力价格的扭曲从以下方面来影响中国经济转型升级:抑制创新、抑制需求、资源错配和贸易恶化。

## 8.2  要素市场化改革的意义和价值

要素市场化改革是梳理经济要素价格相对合理的基础,只有经济要素价格合理,市场才能在合理资源配置中起决定性作用,才能"建设现代化经济体系",经济转型才得以有效进行。我国经济自改革开放以来取得了不少令世界瞩目的成绩。这在很大程度上得益于坚持发展社会主义市场经济,不断进行市场化改革。截至目前,我国产品市场的市场化进程基本完成,随之到来的是经济发展进入新常态时期,经济增速变缓,面临经济下行压力,为保证我国经济继续健康发展,必须寻找新的经济增长点,为经济发展注入新活力。目前改革开放中相对容易改革的已基本完成,余下未完成的则是改革中较难克服的一部分,要素市场化改革是其中的重中之重,要素市场化改革的着力点在于提高要素生产率,消除经济资源投入扭曲,优化要素投入结构,为经济增长提供活力和创造力,释放新经济增长点。

十九大报告中提到,为了加快完善社会主义经济体制,我国经济体制改革的重点必须放在完善产权制度和要素市场化配置上,并在此基础上,实现要素的自由流动、价格反应机制的切实有效运行、产权激励的落实到位、市场竞争的公平有序以及企业的优胜劣汰,从而推动形成全面开放新格局。我国目前正在大力推进供给侧结构性改革,其宏观方面的改革重心在于减税,但是由于经济下行压力较大,减税空间有限,而微观方面的核心重点则是要素市场化改革,并存在较大改革空间,因此要素市场化改革是供给侧改革的重要领域。大力推进要素市场化改革,进一步开放要素市场,降低要素市场准入标准,让市场这只看不见的手在要素价格方面起决定性作用,优化经济要素资源配置,全面提高要素生产率。

当要素投入以扭曲的方式进行时,必然拖累经济发展的步伐,阻碍经济转型升级。要素市场的绝对扭曲和相对扭曲都会影响各自要素市场的合理定价[1],各经济主体无法以合理的价格得到经济资源,其所需经济资源与实际得到的不一致,影响资源的合理配置,要素市场混乱,市场在资源配置中的决定性作用失效,经济结构失衡,经济增长动力不足,无法实现有效的经济转型升级。以劳动力市场为例,当劳动力要素价格过低时,一方面,企业过多依赖廉价劳动力,影响技术创新和资本积累的积极性,企业转型升级困难;另一方面,劳动力收入低下,消费能力有限,需求不足,导致企业产品库存增加,企业的盈利能力不足,企业转型面临压力。

总之,要素市场化改革是完善市场有效运行的必然要求,应以金融

---

[1] 要素市场的绝对扭曲是针对单个生产要素而言,而相对扭曲的前提有两种或两种以上生产要素。

体制改革为核心,进行土地要素、劳动要素、资本要素全面市场化改革,这是市场机制发挥作用的前置条件,是经济转型升级的基础和关键。

## 8.3　要素市场化改革对经济转型升级的作用

经济转型升级是一种经济运行状态转向另一种经济运行状态,就某种程度而言,我国目前的经济转型是改革开放后中国经济转型的延续和发展[1]。在过去改革开放的三十多年中,我国经济发展主要靠"三驾马车"拉动,即投资、出口和消费。这三驾马车创造了中国经济增长奇迹,使中国成为世界第二大经济体。我国在创造自己经济增长奇迹的同时,经济发展也面临许多问题,比如经济粗放式发展、经济旧增长方式无以为继、新经济增长方式尚未形成、经济房地产化、核心技术掌握不足等,就目前世界经济形势和中国经济发展状况而言,靠三驾马车来拉动经济已经成为过去式,中国经济需要转变增长方式,进行转型升级。然而就我国实际情况而言,内需不足,房价过高,存在许多泡沫,一方面增大经济发展风险,另一方面资金过多流向房地产市场,使得发展新兴产业和高端技术产业资金不足,不利于经济转型升级。针对以上问题,要素市场化改革刻不容缓。

一方面,要素市场化改革可以优化要素资源配置,使要素高效率利用,提高要素生产率,为经济提供新的增长点,推动经济转型升级。如金融市场化改革可以优化资本的资源配置,提供更多投资机会,提高资金的使用效率,让资金流向更需要的部门,比如新兴产业和新技术行业;劳动力市场化改革的目的在于充分利用劳动力资源,将劳动力资源放在能发挥其最大作用的位置,提高资源利率效率。一方面可以激发劳动力的

---

[1] 惠佩瑶、王鹏:《关于中国经济转型的几点思考》,《现代商业》2014 年第 14 期。

创造力,为经济发展创造动力,另一方面帮助劳动力实现其价值,同时带来工资增加的效果,进一步拉动消费,增加内需,加快经济复苏和发展;土地市场化的目的在于结合社会效率和生产效率,提高土地资源的利用率,缓解我国用地紧张的问题,以及改善部分地方政府依靠卖地增加财政收入的局面。同时控制土地使用途径,也有助于稳定房价,减少房地产泡沫。

另一方面,要素市场化改革推动要素本身的积累,对经济发展在长期发挥作用,最终对经济结构和经济发展产生重大影响。经济增长模型中的新古典增长模型和内生增长模型得出的共同结论是,影响经济增长的基本因素是资本、劳动力以及技术进步,就长期经济增长而言,唯一影响因素是技术进步。技术和创新对经济发展起举足轻重的作用,通过要素市场化改革,可以推动资源要素不断积累,可以促进企业核心竞争力提升,为经济转型提供微观和中宏观基础。华为从1987年注册成立到现在进入世界百强,得益于其不断创新的精神和完备的人才战略,这离不开对技术的不断积累以及合理分配和利用劳动力才能。华为通过合理分配和利用资源,不断积累经验,逐步占领国内市场,并走出国门,不断拓展国外市场,不仅推动自身竞争力的提升,更成为中国的骄傲。

### 8.3.1 金融市场化改革为经济转型升级提供资金支持

我国经济转型升级的实质是用技术改造制造产业,发展高新科技产业,提高经济发展的技术含量。企业提高产品的科技含量离不开资金的支持,前文中也提到,国有企业的总体创新能力远远落后于民营企业,而民营企业尤其是中小企业一直面临融资难问题。虽然全世界的中小企业基本都面临融资难问题,但在中国金融行业运行机制存在政府干预的情况下,中小企业融资难问题尤其突出,而中小企业是创新的主力军,对经济转型升级发挥重大作用。

实证证明,金融市场化推进与经济增长、结构优化存在长期稳定的关系。通过金融市场化改革,平衡金融结构,增加直接融资比例,使得金融真正为实体经济服务,有利于资金投入高新技术行业,进一步有利于高新技术产业的不断积累,推动高新技术产业不断创新,推动经济转型升级。

### 8.3.2　土地市场化改革为经济转型升级降低成本,提供良好的环境

我国经济要进行转型升级的根本原因是生产成本的上涨,旧经济发展模式不再适合,生产成本上涨的主要原因之一是土地要素成本的上升,而目前我国土地市场现状对经济转型升级起了一定的妨碍作用,比如土地资源紧张房价过高,土地资源错配,房地产市场吸收过多资金,房地产泡沫等。

首先,通过土地市场化改革,盘活土地存量,降低土地要素成本,减少土地资源错配,提高土地的利用效率,通过市场配置把土地要素资源更多分配给真正需要它的企业,为经济转型升级提供足够的土地资源;其次,土地市场化改革引进供给侧竞争,有助于抑制房价,保持房价稳定,减少房地产泡沫,保持经济稳定,为经济转型升级提供良好稳定的经济环境;最后,通过土地市场化改革,囤积在房地产市场的资金池可以被释放出来,这部分资金可以流入到高新技术产业,为经济转型升级注入资金,助力经济转型升级。

### 8.3.3　劳动力市场化改革为经济转型升级提供高质量的人力资本

在我国经济发展的同时,劳动力市场也在发生变化,比如劳动力成本上升、素质提高,劳动力人口比例乃至总量减少,老年化趋势不可阻挡。另外,我国劳动力市场仍存在一些问题,比如户籍制度和劳动壁垒,劳动力素质和市场需求不适配等。劳动力市场存在的这些问题不利于经济的转型升级,所以要推动经济转型升级的关键之一即深入劳动市场

化改革。

首先,进行劳动力市场化改革,使得人力资本要素能够合理定价。在人力资本投资回报率提高的基础上,吸引更多投资,如教育投资,加快人力资本的社会积累速度和规模。同时,培养出社会所需的高质量实用型人才,为产业转型提供有生力量。其次,劳动力市场化改革可以让市场配置人才资源,通过合理竞争,使得各经济部门获得最合适其所需岗位的人才,使得各人才可以分配到发挥其最大作用的岗位上,提高劳动产出率,有利于激发其创新的能力,推动技术革新和进步。另外,因为我国劳动人口减少,劳动力成本不断上升,所以劳动力市场化改革有助于让劳动力价格变得更为合理,合理的劳动力价格一方面使生产成本在适当的范围内,另一方面劳动者收入增加,消费更多,有利于培育经济增长新动力,利于经济结构平衡,推动经济的转型升级。最后,劳动力市场化改革有助于城市化进程的进稳步推进,劳动力市场化使得农村劳动力进一步向城镇劳动力转变,并且为劳动力提供收入保障,城市化带来消费增长,有利于为经济增长提供新的增长点,为经济转型升级提供助力。

## 8.4 要素市场化改革的方向

我国经济发展到现在,经济体制发生重大变革,但是要素市场发展扭曲,有研究表明中国要素市场扭曲的估计值达到 GDP 的 10％左右[①]。要素市场扭曲带来的直接严重后果是要素成本太高和要素资源错配,阻碍经济正常发展。因此必须进行要素市场化改革,促进经济要素配置合理配置,减少供给侧方面要素的成本,进一步降低经济发展的成本,推动经济更好更快发展,进而实现经济结构转型。

---

① 黄益平、陶坤玉:《中国外部失衡的原因与对策:要素市场扭曲的角色》,《新金融》2011 年第 7 期。

## 8.4.1 金融市场定价机制市场化改革

### 8.4.1.1 中国金融市场现状

（1）中国金融市场存在的两大问题

一是资本价格未能实现市场化,资本要素配置效率低下以及各种垄断力量控制信贷机制现象的存在,使得要素市场扭曲影响发生杠杆作用持续放大。在资本价格形成过程中,可以看到行政力量的作用,并且我国资本市场运行存在一些问题,不够透明化,监管机制不够完善,内幕交易、市场操纵、投机圈钱等现象并不少见,需要通过改革来完善我国资本市场运行机制,使得资本价格市场化。

二是资本市场的建设金融发展思路问题,在老龄化条件下,发展缺乏可持续性。从储蓄率方面考虑,老年人口增加,社会负担率上升,储蓄率下降,从长期来看,我国经济资本积累潜力下降。

（2）"金融科技"带来改革机遇

技术创新将我们带进金融科技 3.0 时期,金融科技就是在大数据、云计算、人工智能、区块链等一系列技术创新的基础上,将这些技术创新全面应用于各大金融领域,如互联网金融的支付清算、借贷融资和财富管理功能,它代表了金融业未来的主流趋势。毫无疑问,金融科技让金融市场有机会以新方式进行更高效率的合理配置资源,让市场机制运行更为有效,减少甚至完全消除金融市场扭曲,为我国金融市场化改革带来机遇。为此,可进行如下金融市场改革措施:

① 利率市场化

在利率市场化过程中伴随着利率风险的增加,利率风险的增加又会导致金融风险的增加。如何平稳推进利率市场化进程是我国目前一项重要的金融命题。推进利率市场化进程关键在于培育完善基准利率形成机制和建立公平透明的竞争市场,利率是金融产品各方面定价的基础,利率市场化使得利率大小和结构能准确反映各大市场上资金的需求情况,并因此推动资金的合理配置,提高资本利用率,改变民营企业和高新技术产业资金贫乏的现状。

② 打破垄断与银行改革

我国金融行业存在尤以银行为代表的垄断现象,金融行业垄断会带来许多负面影响。第一,高度垄断代表了金融业可以获得超高利润,使得更多资金会流向金融行业,留给实体经济的资金减少,不利于经济健康发展和经济成功转型升级。第二,金融高度垄断说明了金融机构不健全,金融体系不够完善,金融不能为经济提供高效率和高质量的服务,没有真正做到为经济合理配置资金,没有让资金流向真正需要的行业。第三,金融行业垄断使得资金成本上升,企业生存压力大,没有更多的资金财力投向高新技术,不利于创新的发展,阻碍经济转型升级。

因此,要打破金融垄断,对银行业改革,发展民营股份制银行,发展普惠金融,优化金融生态,降低金融风险,发展多元化的金融机构体系,满足不同企业的融资需求,为经济转型升级中的各个部门个体提供强有力的资金支持。

③ 提高直接融资比重

目前融资方式分布比例严重失衡,企业过分依靠间接融资,使得直接融资发展不足,这不利于扩大企业的融资来源和减少企业的利息负担。因此着力深化资本市场改革,增加直接融资比例是改革的关键,通过混合所有制改革、引进投资者、加大企业之间的资本合作、上市增发等方式开展多渠道的股权融资,优化企业资金来源结构,为转型升级提供坚实的资金基础。

④ 中国金融必须从建设金融和经济发展金融战略转变到财富管理金融战略

中国要发展大国金融,必须具备国际一流水平的财富管理机制,才能吸引全球货币、资源,转变从前融资的被动地位。即要从现在融资为主的金融体系,逐步向融资和财富管理并重转变,到最后以财富管理为主,①从而吸收世界各地的资源,成为全球大型资产配置中心为经济转型升级提供充足的资源支持。

⑤ 金融必须在价格"做对"的基础服务实体经济

地方政府债务的迅猛上升和房地产行业的高杠杆特征使得经济脱实向虚,运行风险不断攀升。实体经济是根,根深蒂固,金融才能枝繁叶茂,金融是实体经济的血脉,为实体经济服务是金融的天职,是金融的宗旨,也是防范金融风险的根本举措。② 消除资产价格泡沫化,"做对"金融价格更切实地为实体经济服务。

⑥ 推动人民币国际化

人民币国际化使得世界更加认可人民币,提高人民币国际地位,这有利于我国对外贸易的发展和贸易风险的降低,为我国经济转型升级提供良好的对外贸易环境。③ 对内提倡直接融资,大力发展资本市场,做人民币国际化的坚实后盾。从国际方面看,一是鼓励境内境外融资,支持优质和资质良好的主体在国际上融资;二是维持人民币对一篮子货币的基本稳定;三是完善人民币的交易市场,加强基础建设;四是,继续完善跨境人民币相关政策框架;五是完善多边和双边的对外合作和金融合作机制为人民币国际化创造一个健康良好的国际环境。

## 8.4.2　土地市场合理定价并且资本化改革

目前,我国土地市场存在以下问题:

(1) 城市土地市场价格机制不合理,造成资源浪费,政府征地侵犯农民利益

一方面,很多二三线城市的地方政府因为利益驱动,过度鼓励企业

---

① 吴晓求:《中国要设计大国金融战略》,央广网,2015 年 11 月 03 日,http://m.cnr.cn/news/20151103/t20151103_520371005.html.
② 摘自习近平主席语录。
③ 陈雨露:《五大措施推动人民币国际化》,《金融科技时代》2016 年第 8 期。

进行房地产开发,造成住房空置,房价虚高,引起资产价格虚高和资源浪费。另一方面,地方政府从农民手中低价征地,转而高价卖地。损害了农民的合法权益。因为我国宪法规定,农村土地归农民集体所有。然而地方政府廉价甚至强行征地并且获得土地的全部出让收入,这侵犯了农民集体的土地所有权,农民权益受损。

(2) 行政管理体制不够健全完善

现阶段,我国土地市场管理过程中存在着一系列的问题,特别是在土地使用权作为可以交易的商品进入市场之后。第一,土地交易实际作为房地产进行交易。第二,土地市场管理部门在制定土地市场体系过程中也存在着诸多问题,土地实际出让形式太过单一,行政力量在转让过程中发挥主要作用,市场在土地资源配置中所起到的作用没有体现,而且土地收费混乱,土地出让金的收取标准并没有根据国家相关规定进行。这样一来就会导致各个企业之间在实际竞争过程中缺乏一定的公平机制,腐败滋生,资源浪费。第三,土地租赁市场也相对混乱,缺乏完善的制度机制进行有效管理,需要进一步进行改善。第四,土地市场的法律法规也相对缺失,部分针对土地市场制定的法律规定还需要进一步健全,缺乏一套有效的约束机制。

针对上述现状,我国可采取以下土地市场改革措施:

(1) 土地资源的市场化配置,提高经济效率

我国房价地价过度上涨,企业的生产成本随之快速增长,不利于经济增长和发展,这是土地市场要素配置扭曲给经济转型升级带来的一个重要不利因素。由于我国土地市场市场化程度不高,行政力量占主导,资源配置不合理且浪费,同时目前房价、地价过度上涨,改善土地市场现状迫在眉睫。

对土地市场进行市场化改革将引进供给侧竞争,抑制房价地价过度上涨,促使过高的房地产价格回归合理水平,土地要素成本降低,企业生产成本减少,企业更多的资源资金可以向技术领域倾斜,推动企业转型

升级。同时,土地市场化改革使得交易趋于公平,让农民可以在公平的市场价格下获得应得的土地收益。此外,还可以给予一些补偿措施,如征地补偿,来弥补土地出让方农民的损失,保护农民的合法利益不受侵害。市场可以合理配置土地资源,使土地分配给能发挥它最大价值的部门,矫正因土地价格扭曲和行政分配资源带来的资源错配和土地资源浪费,提高土地使用效率,从而推动经济发展和结构升级转型。通过对土地资源的配置方式进行市场化改革,可以减少甚至消除要素配置扭曲,降低企业生产成本,保证农民利益,提高土地利用效率,减少资源错配和资源浪费,减少房地产泡沫,降低经济风险,推动房地产市场长久可持续发展,且为经济发展降低成本和减少风险,推动经济转型升级。

(2)将土地资本化,推动中国金融大发展,减少城乡收入差距

土地具有稀缺性的特征,且能带来收益,因此可以被当作资产来进行投资。土地资本化,简而言之就是如果存在土地市场并可以使其参与流转并增值。在我国现行土地制度下,城市土地国有,农村土地集体所有,并且实行家庭联产承包责任制,所以除非土地被政府征用,否则无法在市场流通和转让,此时土地价值低,农民收入也低,金融机构不会接受其作为贷款抵押物,无法进行土地资本化,从而不能撬动金融杠杆。

一方面,当农村土地被政府征用之后,可以在市场上流转,并进入抵押市场,尤其我国金融中介在信用贷款和抵押贷款之间明显更偏好于以资产为保障抵押贷款,土地资本化可以带来庞大的贷款增加量,推动金融扩张,实现金融的进一步发展。进一步,土地资本化为经济发展提供充足的土地资源和强有力的资金支持,为经济转型升级创造良好条件。

另一方面,土地资本化之后,大幅度提高农民资产性收入,缩小城乡收入差距,推动内需长期增长,农民获得一笔进城的原始资金,推动城市化进程,当农民全方位地参与到国民经济活动的方方面面,注入新鲜动

力时,将彻底改变中国经济的产业结构、消费结构、投资结构进而促进经济转型升级。

### 8.4.3　劳动市场要素自由流动改革

目前,我国劳动力市场存在以下两个问题:

(1)劳动力总量减少,成本上升,劳动力与经济结构不匹配

我国经济目前取得的成就,离不开大量廉价劳动力带来的低廉生产成本,然而就目前的人口状况而言,我国人口老龄化加剧,劳动人口比例下降,社会经济负担加重,不利于经济可持续发展。劳动力供给持续下降不仅增强劳动力流动频率扩大流动规模,而且使得劳动成本不断上涨,外资纷纷撤离中国转向劳动力低廉的东南亚市场,进行经济转型升级的必要性显而易见。

我国目前的劳动力结构不适应经济发展的需求,劳动力年龄结构和知识结构与经济发展结构不适配。另外,我国目前的劳动力素质结构变化巨大,2015年的大学毕业生占到新增就业总量的一半,虽然劳动力教育水平提高了,但劳动力的自身素质和技能与产业结构升级要求不相适应,带来结构性失业风险,大学生实际技能与市场需求存在一定差距。同时技能人才空白,不利于经济的转型升级。

(2)劳动市场分割,存在区域壁垒

劳动市场区域壁垒与社会保障、公共服务的提供有很大关联。地方财政的筹资职责使得流动人口被排除在流入地区的社会保障和公共服务体系之外,并且因为我国特有的户籍制度,影响了人口的自由流动,不利于劳动力资源的自由流转,劳动力市场扭曲影响劳动力资源的合理分配,进一步影响了资本和劳动的匹配度。

为此,我国可采取以下两项措施来改变现状。

① 消除抑制劳动力流动的制度性约束,对社会保障制度和公共产品领域进行改革,全面推进城市化进程

　　党的十九大强调要横向和纵向破除妨碍劳动力人才流动的体制、机制障碍,并且提出了"社会性流动"的概念。社会性流动的概念是什么呢? 就是说,农村人口现在还有几千万,到了 2020 年全部脱贫,在某种意义上他们就变成了低收入或中等收入群体。我们之前注重横向流动,允许农民外出打工,不断改善农民工的待遇和就业条件,增加其收入,但是他们只是从农民变成了农民工,而非市民,这是由一些制度障碍和社会服务保障方面的欠缺导致的。因此,十九大提出了一个美好要求,还要注重劳动力的纵向流动,就是政府要搭建一个阶梯,消除影响人们社会性流动的体制机制障碍弊端。

　　推动劳动力无制度约束自由流动,促进劳动资源的合理配置,为经济转型升级提供更多、更匹配的人才。与世界其他国家不同,中国农村劳动力的城市流动和转移受到城乡二元制度的制约。我国高速经济增长过程中,城乡制度壁垒对农业劳动力向城市流动产生了巨大的阻滞效应,使得劳动力生产效率下降,阻碍了经济的可持续发展。以户籍制度为基础的城乡二元住房、就业、教育和保障等制度结构是农村转移劳动力获得城市居民身份和相应福利保障的主要障碍,而从近些年的改革实践结果来看,地方政府不愿进行改革是户籍体系改革无法有效进行的重要原因。原因主要有两个,一是户籍改革会加重地方政府的财政支出负担;二是因为户籍改革进行的民生投资无法在短期内带动政府政绩,所以政府没有足够的动力进行改革。要提高地方政府的户改积极性,关键还是靠政府激励制度、转移支付制度以及财税制度等系统性改革来实现。①

　　完善的社会保障制度和良好的公共产品服务有利于吸引人才,对合理引导人口流动、合理配置劳动人口资源,对优化大中小城市和小城镇布局将发挥十分重要的作用。而改善城乡二元结构,优化经济结构布

---

① 陈长江、高波:《劳动力城乡转移的制度性约束及增长影响研究》,《兰州学刊》2015 年第 8 期。

局,也能推动经济平衡发展,使经济更好地实现转型升级。

② 提高劳动要素有效供给,推动区域经济向大都市集聚的方向发展,提高创新能力和人力资本积累,促进 TFP 的提高

通过劳动市场化改革,实现劳动力自由流动和充分发挥市场在劳动力资源配置中的决定性作用,提高劳动要素的有效供给,提高劳动要素生产效率,推动区域经济向大都市集聚方向的发展。劳动市场化改革将有利于调节劳动力市场的结构性矛盾,健全和完善现代市场体系,提高劳动力资源的配置效率,提供人力资源保障。

## 8.5 本章小结

目前我国经济进入新常态,经济增速换挡回落,经济转型升级成为时代的呼唤,而要素市场化改革正好为经济转型升级创造条件。

我国要素市场处于一种扭曲的状态,主要表现为价格扭曲,这种扭曲会引起资源错配,并且长期而言阻碍了资源的进一步积累,不利于经济转型升级。所以进行要素市场化改革,减少甚至消除要素市场的扭曲,让要素价格由市场机制决定,运用市场机制配置资源,使得资源合理配置,进一步影响资源的积累,长期而言,可以正向影响经济运行和经济结构,推动经济转型升级。

金融市场化改革主要是使金融市场定价机制市场化,进一步提升配置资源效率;土地要素市场化改革主要是促进土地合理定价并且资本化;劳动要素市场化改革主要是促进劳动力要素流动。通过对金融市场、土地市场和劳动市场的改革,为经济转型升级提供资金支持、降低成本和劳动力保障。

要素市场化改革可以起到市场出清的作用,使得优质企业在改革中创新技术,增加核心竞争力,扩大在市场中的份额,增加公司的资本积累,提升市场地位。相反那些技术落后、没有技术创新的企业必将

在这场改革中淘汰出局。以微观企业为主体组成的经济将在各个要素市场改革下,提高内生性增长动力,提升经济的发展速度和效率。这表明,要素市场的改革是经济转型升级的条件,也为经济转型升级提供了土壤。

# 第九章 创新才是中国经济转型升级的原动力

21世纪以来,互联网的普及使得全球各个国家之间的联系越来越紧密。在这个地球村的时代,世界经济即全球化经济。一个国家想要在全球化的经济竞争中脱颖而出,势必需要把握很关键的一点就是创新。虽然创新的概念在1921年才被提出,但创新对经济的推动作用早已存在于整个经济发展历史中。18世纪60年代,随着对蒸汽机的改造,第一次工业革命到来,大量发明和机器的普及极大地提高了劳动生产效率,使得世界GDP有了极大幅度的提高,在这场创新洪流中,英国也乘势成为世界第一帝国。之后第二、第三次工业革命中电力与计算机的广泛应用,更是推动了世界经济的高速发展,使世界各个国家紧密相连,成为统一的整体。

纵观全球经济发展的历程,可以说是经济主体不断进行技术创新与制度创新的历程。对于当今世界来说,创新依然起到十分重要的作用。经济合作与发展组织秘书长安赫尔·古里亚也认为国家的经济增长需要创新和企业家精神来刺激,这是维持人们生活水平持续提高的关键所在。为什么创新对经济发展的作用如此重要?原因在于技术创新为全要素生产率的提高提供了可能。技术创新对生产效率的提高弥补了生产要素边际产量的递减,使得长期的增产成为可能。没有技术创新,长期的经济增长就难以持续。不限于技术创新,宏观层面的制度创新同样为国家和企业的长期持续良好发展创造有利环境,为经济的转型升级提供助力。

现在我们将视角从全球转回中国,回顾改革开放以来中国经济四十年的发展。经过这些年的发展,中国已经成为超越日本的世界第二大经济体,人均 GDP 也超过世界平均水平。由此可见,中国经济近年来得到长足的发展,GDP 增速基本处于中高速的增长水平。而中国能否保持这种经济中高速增长,避免陷入中等收入陷阱,完成经济转型升级,实现长期的可持续增长,无疑是接下来的经济发展重点。在"一体两翼"的开放格局下,要想实现经济的可持续增长,完成经济的转型升级,改变原有的粗放型经济增长模式,实现这些目标最重要的因素之一即创新,这是由我国现实经济发展状况决定的。

## 9.1 中国经济增长的现实困境

从经济增长总体水平来看,30 多年来的改革开放政策使我国经济得到迅猛发展,由 1978 年 3 678.7 亿元的国民生产总值,增长到 2015 年的 689 052.1 亿元,37 年增长为 187 倍,与 2000 年的 100 280.1 亿元相比也增长为近 7 倍,中国现已成为世界第二大经济体。① 但近年来,中国经济增长速度放缓,经济发展动力不足。从图 9 - 1 中可以看出,自 2007 年以来,我国国内生产总值虽仍处于增长状态,但增速逐渐放缓,经济的后续发展势头不够强劲。

---

① 数据来源:国家统计局。

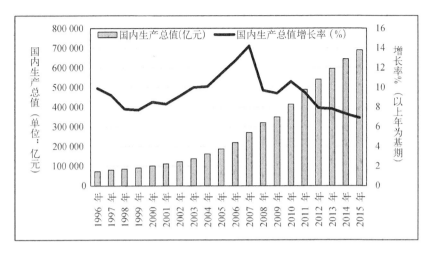

**图 9-1 近 20 年国内生产总值与增长率**

为应对我国现阶段经济发展的新常态,中共十九大提出了建设现代化经济体系,将高速增长阶段转向高质量发展阶段,将提高供给体系质量作为主攻方向,将实体经济作为发展经济的着力点,而创新就为上述发展目标提供了战略支撑,创新将是驱动经济持续增长的第一动力。

### 9.1.1 从资源环境条件看技术创新与转型升级

改革开放以来,中国经济得以迅速发展,而经济发展对资源环境带来的影响也是深远且不可逆转的。我们对经济发展的描述从"多快好省"到"又快又好"到"又好又快",再到现如今的"更有质量、更有效率、更加公平、更可持续发展",这里表现出的是我们对资源环境与经济增长协调发展的认识的不断深入。

资源环境为经济的发展提供了重要的能源和原材料,很多资源型城市更是依托资源优势才使当地经济得以迅速发展,但这种经济增长有其脆弱性存在,是不可持续的。当城市的资源消耗殆尽时,城市的经济增长模式就面临转型升级的困难,需要寻找新的经济增长动力。北京大学国家资源经济研究中心发布的《中国资源型城市转型指数报告》显示2016 年我国有近一半的资源型城市面临严重的转型问题。在经历长时间、大规模的资源开发之后,众多资源型城市逐步进入资源枯竭期。随着胜利油田、延长油田等大型油田逐渐实施减产降薪,依托能源开采的资源型城市发展模式受到严重威胁,城市寻求新的发展动力,这势必需要技术创新的投入,或在原有能源型产业的基础上利用技术创新改革生产方式,将原有资源产业进行产业价值链的延伸,或寻求新的主导型产业,尤其是新兴产业的发展更离不开技术创新,以此来帮助能源型城市和企业转变发展模式,实现经济转型升级。

从资源环境条件看技术创新,不仅是城市转型升级、寻求新的发展动力的需要,更是驱动国家经济发展的战略支撑,因为能源是国家经济发展的重要推动力量,且从量上限制着经济发展的速度和规模。生产经营活动规模的扩大需要不仅更多生产要素的投入,还需要依赖能源为生产活动提供动力。因此,企业尤其是制造业企业的生产规模扩大除了需要劳动力、资本等生产要素外,能源的供应也是必不可少。除了生产活动,人们的日场生活同样离不开能源,尤其是近年来科技的迅速发展,使得人们日场生活中到处都是电器产品的身影,手机、电脑等电子用品的使用更是频繁,而支撑这一切的是充足的能源资源。但我国近年来的能源状况是十分令人担忧的。从图 9 - 2 我国能源生产和消费情况来看,近年来我国能源消费缺口逐年增大,而能源生产总量的增速却越来越低,2015 年能源产量甚至出现负增长①。根据2015 年《BP 世界能源统计年鉴》,我国已成为世界最大的能源消费国、生产国和净进口国。

---

① 数据来源:国家统计局。

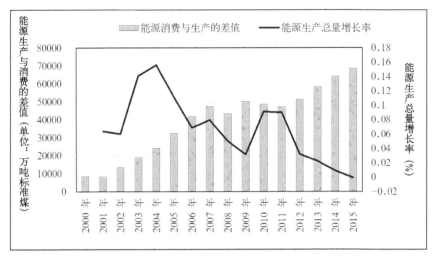

图 9-2　能源消费缺口与能源生产增长率

能源是一国经济发展的战略支撑,是国家发展的命脉。目前,我国能源消费缺口巨大,成了世界最大的能源进口国。这意味着我国对能源生产国有很大的依赖性。这点会对我国经济规模和增长速度造成很严重的牵制。技术创新对产业结构改革至关重要,淘汰高耗能产业向低耗能发展,减少能源消耗。此外,还需要促进新能源产业的蓬勃发展,为企业生产提供更多的利用效率高的可再生能源。总之,几十年来经济迅速发展造成的资源环境的恶化,急需技术创新来推动资源型城市与能源产业的转型升级,为经济的持续稳健发展提供源源不断的能源动力。

### 9.1.2　从产品层面看技术创新与转型升级

国内生产总值作为衡量一国经济发展现状的重要指标之一,计算一国在一定时期内生产的产品和服务的市场价值,一定程度上代表了一国的经济发展状况。一国经济能否实现长期持续增长,关键在于该国生产的产品是否具有核心竞争力,且该竞争力能否在全球竞争中不断提升。为此,需要通过制造业的转型升级来提供保障,这是经济转型升级的重点。

近年来我国制造业发展取得了重大成就,2010 年我国制造业占世界比重达 20％左右,超过美国成为世界上制造业产值最大的国家。但在全球化的经济竞争中,仅追求产出数量的庞大是远远不够的,产品质量的提升、产品品牌的构建是提升产品在国际竞争中的核心竞争力的关键所在,也是中国制造与发达国家相比相对欠缺的地方。目前我国制造业虽然产值规模庞大,但全球整体制造业竞争力排名仅在第 13 位,在世界范围内竞争力相对较弱①。而这种状况的根本原因就在于我国制造业技术创新能力较为薄弱,依赖廉价而充足的低技术劳动力进行组装加工等劳动密集型生产环节,使得产品处于全球价值链低端环节,产品附加值较低,从而获得较低的利润。而发达国家凭借其强大的自主研发和设计能力、品牌建设能力等居于全球价值链高端环节,在国际贸易中获得较多的分工利益。②

因此,要想提升我国在全球竞争中的国际竞争力,在"一体两翼"的开放格局下使我国经济获得持续增长,根本点在于利用技术创新实现企业的转型升级,提高我国制造业产品的质量与技术含量,构建产品的品牌效应,最终实现中国经济的转型升级,提高中国在全球经济竞争中的核心竞争力。

根据李酢、张继宏对国际贸易中产品质量异质性的相关文献研究发现,一般情况下,随着一国收入水平的上升,该国居民会更加偏好高质量产品。③ 林德尔假说认为,在国际贸易中,发展中国家生产低质量产品的企业在发达国家市场很难获得较好的利润前景。相反当价格与质量正相关时,高质量出口产品的国际竞争力相对较高,其平均贸易成本和相

①《报告:中国制造业产量全球第 1　整体竞争力仅第 13》,网易财经,2015 年 4 月 24 日。
② 于明远、范爱军:《全球价值链、生产性服务与中国制造业国际竞争力的提升》,《财经论丛》2016 年第 6 期。
③ 李酢、张继宏:《国际贸易中的产品质量异质性研究进展》,《中南财经政法大学学报》2015 年第 1 期。

对价格反而会降低。

我国自 2010 年进入中等偏上收入国家行列,收入水平的提高使得人们不再满足于产品的数量而更注重质量满足。因此,为了满足人们日益增长的物质需求,利用技术创新提升产品质量,是实现转型升级必不可少的一步。此外,中国要想在全球化竞争中长期处于优势地位,基于现阶段依赖注重加工组装的低技术产品的贸易难以实现。要想使我国经济在国际竞争中处于强势地位,必须转变粗放型经济增长模式,实现经济和产业的转型升级,这样才能使中国制造在国际市场上具有与发达国家产品相竞争的实力,甚至超过发达国家。面对高要求的市场需求,产品质量的提升唯有通过技术创新来不断满足,甚至通过技术创新来引导市场需求的变化,创造出满足消费者潜在需求的产品,这样才能让我国制造业产品抓住市场机遇,在国际竞争中占据优势地位。

目前,仅是从产值规模来说,我国已成为世界第一的制造业大国。但是从整体实力来看,我国制造业整体竞争力与发达国家相比还存在较大差距。我国制造业的发展主要依赖廉价生产要素的低成本投入,并基于此形成了以劳动密集型产业为主的加工组装的"世界工厂",产出产品的质量与科技含量较低。虽然这种低技术含量的产品让我国的贸易规模得以迅速扩大,但这种增长是很难持续的,并且这类产品在国际分工中所得利润极少、极容易被更低成本的产品所替代,例如现如今印度、越南等发展中国家低成本优势的存在。

在现阶段的国际竞争中,面对发达国家的"再工业化"战略以及印度、越南等发展中国家的低成本优势,我国原来具有的低成本竞争优势正在逐渐消失,中国制造要想在国际竞争中立于不败之地,需要利用技术创新来塑造不可替代的品牌效应,通过品牌的构建增加产品附加值,使中国制造在全球产业链中居于高端环节,提高在国际分工中所获得的利润。

无论是产品质量的提高,还是产品品牌的塑造,这些都是中国制造走出国门,在全球贸易中与发达国家产品相竞争的重要考量指标,归根到底是核心竞争力,而核心竞争力的重点就在于差异化,差异化使得中国制造在全球竞争中与别国产品有所区别,是中国制造在全球竞争中取胜的关键。

而现阶段中国产品的差异化主要是基于低成本的低价格,但我们都知道这种差异化已经逐渐被越南等发展中国家更低成本的产品替代。因此,重新塑造我国制造差异化的核心竞争力是非常必要的,而其中的关键就在于技术创新。利用技术创新能使中国制造在全球竞争中脱颖而出,获得不可被取代的核心竞争力。

经济持续增长的关键就在于生产力的持续性提高,而产品是否能够满足市场需求、并在国际竞争中获得足够的市场份额是推动生产力不断提高的动力所在。因此,从微观层面来看,国家经济的转型升级就是企业的转型升级,转变原有的低技术、低成本、以初级生产和组装加工为主的生产模式,利用技术创新来提高产品的质量、构建产品的品牌、提升产品的核心竞争力。从产品层面来说,技术创新是推动经济转型升级的第一驱动力。

## 9.1.3 制度创新为技术创新提供保障

道格拉斯·诺斯于 20 世纪 70 年代在熊彼特创新理论的基础上提出了制度创新理论,涵盖了制度创新的含义、主体与作用等多方面内容。制度创新的作用主要体现在制度创新促进经济发展和制度创新决定技术创新两个方面。诺斯在《西方世界的兴起》中指出,现代的西方工业文明就是来自由产权制度和市场制度的完善所引发的技术创新。

技术创新能够提高产品的国际竞争力和优化资源环境,对实现经济的转型升级有重要作用。而制度创新就是技术创新的保障,所有的创新活动都依赖于制度创新的积淀和持续激励。"一体两翼"开放格局下的中国是更加开放的中国,也会是经济更加繁荣的中国,通过制度创新为技术创新提供良好的激励制度,势必会推动经济的持续增长。

## 9.2 创新成为中国经济转型升级的原动力

中国经过改革开放以来 40 年的迅速发展,现已稳居世界第二大经济体,经济发展目前也持续保持中高速增长,现已步入中等偏上收入国家的行列。为维持经济的可持续发展,改变多年来依靠扩大内需以及大量投入生产要素的粗放型经济增长模式,中国现正面临转型升级的关键时期,而创新是实现中国经济转型升级的源动力,利用技术创新提高全要素生产率和要素规模报酬来实现经济的持续增长,通过制度创新来保障技术创新的发展,改善不均衡的发展状态。

### 9.2.1 技术创新驱动经济转型升级

现阶段中国经济增速放缓,从经济增长理论来看这是因为随着经济的发展,生产活动逐渐达到生产可能性边界,生产要素的每单位投入带来的收益逐渐下降,即出现边际收益递减规律,造成了经济的增速放缓。但这是在不考虑技术进步的情况下,内生经济增长理论将技术进步作为影响经济增长的内生变量,技术进步解释了经济长期持续增长的动因。技术创新对经济增长的推动作用一方面表现在技术创新使得产品边际收益和要素规模报酬非递减,经济呈现增长状态上。技术创新的存在造就了产品市场丰富多样的产品种类,满足了市场对产品的多样化需求,而不断出现的新产品使其边际收益递增总是大于旧产品的边际收益递减,从而实现总产品的边际收益保持递增。从生产要素角度来说,当我们把资本用于生产设备的改造与创新时,技术创新提升了劳动生产率;当我们把资本用于劳动者生产技术的培养等方面时,劳动者通过边干边学或将所学知识传授给另一个劳动者,我们可以称之为知识外溢,新加入的劳动力能够更快速地掌握生产技术,甚至能够在熟练的过程中创新出更有效率的生产方法,这就使得劳动力的规模报酬能够至少保持不变甚至实现规模报酬递增,保持经济的持续增长。另一方面,技术创新对经济增长的推动作用还表现在技术创新能够改变市场的供给量和供给结构,并对市场需求起到引导作用上。技术创新过程中能够产生新的技术、新的产品,满足人们潜在的需求,将其变为现实产品。技术创新通过改变驱动经济增长的需求和创造真实财富的供给两方面,推动经济的转型升级与持续发展。

针对本章提到的资源环境条件和产品在生产和国际贸易中面临的困境,利用技术创新来改善这些经济转型升级过程中急需解决的问题是有其必要性的。

从资源环境条件来看,能源技术创新不仅有利于提高经济发展质量,而且是推进经济转型升级的重要战略。就美国硅谷这一世界著名的高科技产业区来说,硅谷不仅有先进的计算机技术,更是依托当地的大型企业、顶尖的大学和科研机构,引领了一场席卷全球的绿色能源旋风,在可再生能源产业、电动汽车产业、智能电网等领域引领着全球经济模式的转型升级。绿色能源创新产业不仅有利于经济与环境的协调发展,而且更是促进经济发展的有效手段。硅谷 2011 年智能电网部门的就业人数和企业数量,与 1995 年相比数量翻倍。智能电网产业仅 2012 年、2013 年吸引的投资额达 2.548 亿美元。在电动汽车行业,基于绿色能源理念的特斯拉汽车公司于 2010 年在美国纳斯达克成功上市,标志着传统汽车制造业向智能化电动汽车制造业的成功转型升级。[①] 硅谷能源产业的绿色科技创新,不仅为当地经济发展带来了大量发展资金,更重要的是推动当地企业实现转型升级。

不仅城市的发展需要重视能源与技术创新的结合与发展,世界各发

---

① 黄瓃、张博茹、张瀚月:《硅谷绿色能源经济发展及启示》,《科技进步与对策》2017 年 2 月 16 日(网络出版),http://kns.cnki.net/kcms/detail/42.1224.G3.20170216.1354.044.html。

达国家也将能源创新作为重要的发展战略。例如美国发布了《全面能源战略》等战略计划,肯定了"科学与能源"作为第一战略主题的重要性;日本陆续出台了《面向 2030 年能源环境创新战略》等战略计划,将能源保障、环境、经济效益和安全统筹纳入经济发展战略;欧盟制订了《2050 能源技术路线图》等战略计划。这些世界大国或组织的战略计划都将能源与创新作为维护和推动经济发展的重要战略,对我国能源产业的转型升级与经济持续发展具有很好的参考意义。

面对我国现阶段能源消费缺口越来越大的发展现状,利用技术创新大力发展新能源产业,不仅能够扩大能源生产量,还能推动当地经济发展,创造更多的就业需求,同时促进产业的转型升级,最终实现国家经济的持续增长与转型升级。因此,我们于 2016 年提出了能源技术革命创新行动计划,争取到 2020 年我国的能源自主创新能力大幅提升,关键技术能够取得重大突破初步形成能源技术创新体系;到 2030 年能够建成与我国国情相适应的完善的能源技术创新体系,实现能源自主创新能力的全面提升,使得能源技术水平整体能够达到国际先进水平,实现我国能源产业与生态环境协调可持续发展。

从产品层面看,由上文的分析可知,中国制造在国际竞争中面临的主要问题出在可获利润较低上。这是因为基于低成本优势的初级生产和加工组装生产的产品在全球价值链中处于低端环节,产品低质量、低科技含量以及缺乏品牌塑造,使得产品附加值较低,因此在全球化的国际分工中所得收益较低。例如风靡全球的苹果手机基本在中国组装生产,但中国在生产中能够获得的利润仅有 3.6%,而日本、德国、韩国各自能从中获得 34%、17%、13% 的价值,这种鲜明差距的根本原因就在于中国制造业创新能力不强,在苹果手机的生产过程中仅仅负责组装生产的低技术环节,而具有高附加值的设计、品牌等环节都由创新能力较强的发达国家负责。

要想使中国制造在全球竞争中长期处于优势地位,需要技术创新。

中国企业曾经凭借较低的劳动成本而成为"世界工厂",国际贸易规模迅速扩大。但近年来我国人口红利逐渐消失,劳动成本的提高使得低成本优势退去,逐渐被越南等发展中国家的制造企业取代,不少中小企业甚至面临破产,中国产品在全球竞争中的优势不复存在。目前,我国经济正处于转型升级的关键时期。从微观来说,要实现企业的转型升级,转变原有粗放型的发展模式,促进技术创新。技术创新能够提高劳动生产效率,使生产要素的规模报酬递增,弥补劳动力工资上涨带来的成本的增加。另一方面,技术创新提升了产品的科技含量,甚至能够塑造产品在国际竞争中的品牌优势,使得产品附加值大幅提高,在产业链分工中能够获得更多利润。中国高铁产业的成功就是利用技术创新形成了自身在全球竞争中的核心竞争力。目前我国的高铁凭借先进技术、高性价比、运营经验丰富等竞争优势成功出口海外,参与了土耳其、俄罗斯、墨西哥等国家的高铁修建,并凭借先进的技术拥有运营时速最高高铁、单条运营里程最长高铁、世界首条高寒高铁等世界先进的高铁设施。中国高铁产业的发展依靠的就是从依靠自主研发到引进吸收国外先进技术、再到自主创新的技术创新发展之路,这使得中国高铁在全球竞争中树立起自己的品牌,使中国高铁走出国门,在国际竞争中获得优势地位。中国高铁产业的成功告诉我们,要想提高中国制造在全球竞争中的市场地位,就要抛弃现有极易被替代的企业模式,实现企业的转型升级,进而完成产业和国家的经济转型升级。这就需要利用技术创新提升产品的质量,使产品能够构建产品自身的品牌,形成不可被取代的核心竞争力。

## 9.2.2　制度创新为经济转型升级提供保障

在熊彼特提出的创新理论中,既包含新产品、新生产方法的技术创新,也包含新的市场、新的组织形式的制度创新。众多经济学家对创新理论的研究主要分为两派,一派为以弗里曼等为代表的技术创新学派,强调技术创新和技术进步在经济增长中的核心地位；另一派为以诺斯等为代表的制度创新学派，认为制度才是决定技术创新进而推动经济增长的核心因素。[1] 两学派观点各有优劣，都更为侧重一方面的重要性。但在国家经济改革与发展过程中，产业的演进是技术创新与制度创新协同发展的共同结果。技术创新需要制度结构的支撑并受其影响，而新制度的实施也是以新技术在经济体系中是否被接受为条件的[2]。技术创新与制度创新的协调发展推动了经济的持续增长与转型升级，制度创新为实现经济转型升级提供了制度保障。

中国自改革开放以来的三十多年，经济的迅猛发展就是制度创新的结果。从图 9-3 中我们可以看出，建国之后到改革开放之前，中国经济虽然处于中低水平，但呈现出剧烈波动，人们的基本生活需要难以得到满足。从改革开放开始，中国经济开始相对稳定的正向增长。1978 年国内生产总值为 3 678.7 亿元，发展至 2015 年达 689 052.1 亿元，37 年之间中国 GDP 增长了 186 倍。人均国内生产总值由 1978 年的 385 元增长到 2015 年 50 251 元。[3] 我国社会的主要矛盾从"人民对于建立先进的工业国的要求同落后的农业国的现实之间的矛盾"发展到"人民日益增长的物质文化需要同落后的社会生产之间的矛盾"，再到如今"人民日益增长的美好生活需要和不平衡不充分的发展之间的矛盾"。我国社会主要矛盾的更迭展现出我国经济发展的历史轨迹，而支撑我国经济迅猛发展的就在于制度创新。面对我国现阶段不平衡不充分的经济发展状况，创新型制度需与生产力的性质、水平和发展要求相适应才有利于促进经济发展，反之就会起到阻碍或破坏的作用。

---

[1] 欧阳峣：《后发大国的制度创新、改革开放与经济增长》，《财政研究》2011 年第 6 期。
[2] 孙晓华、秦川：《产业演进中技术与制度的协同演化——以中国水电行业为例》，《中国地质大学学报（社会科学版）》2011 年第 11 卷第 5 期。
[3] 数据来源：国家统计局。

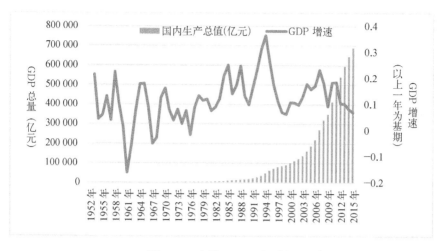

图 9 - 3　中国 GDP 近年增长

## 9.3　通过创新能力提升推动中国经济转型升级

2007—2011 年我国是全球研发人员增长速度最高的国家,稳居世界第一。[①] 根据 2017 年 GII 报告,2017 年中国位列世界最具创新能力经济体第 22 位,2016 年中国首次跻身世界最具创新能力经济体前 25%,[②]标志着中等收入经济体在创新能力方面首次跻身高度发达经济体行列,可见近年来我国创新能力有了长足的发展。从《全球创新指数报告(GII)》中的创新指标可以看出,2017 年中国在知识和技术产出、商业成熟度上已处于世界领先地位,甚至超过世界科技强国如美国、英国、日本等,但在政策制度环境、人力资本和研究、基础设施、市场成熟度、创造性产出上仍与世界科技强国存在较大差距。我国现今的创新发展面临以下问题,即创新能力与我国的国家竞争力、国际地位不相匹配;企业创新

---

① 张守营、徐晨曦:《创新之报告 中国科技创新效率亟待提高——来自《国家创新蓝皮书:中国创新发展报告的数据(2014)》,《中国战略新兴产业》2014 年 10 月 1 日。

② 许海云等:《从全球创新指数(GII)报告看中国创新崛起态势》,《世界科技研究与发展》2017年 9 月。

能力的提升幅度还远远不够但人均产出效率远落后于发达国家,高端创新型人才稀缺。

为解决上述问题,落实创新驱动发展战略,实现我国经济转型升级,我们需要继续提升中国的自主创新能力,下面我们就从我国三个主要的创新主体入手进行分析,即企业、高校及研究院所、政府部门。

### 9.3.1 企业创新

从企业层面来看,企业创新是国家创新的核心,国家自主创新能力的提高在很大程度上表现为企业创新能力的提高。但就目前我国企业创新能力的发展来说,企业创新还有很大的提升空间。根据余东筹和金祥荣对创新主体的创新效率区域研究,可以发现,我国目前企业创新效率普遍偏低,只有浙江和重庆属于企业创新高效区。因此,如何提高企业创新能力和创新效率是我们需要研究的重点。我们可以通过一个成功的企业创新案例来获取一些启示。例如 1987 年华为技术有限公司在深圳正式成立,是一家以生产销售通信设备为主的民营通信科技公司。华为的创新不仅体现在技术创新,还体现在华为理念和组织制度上的创新。

(1) 重视技术创新,尤其是开放式创新

华为在创新研发上的投入非常巨大。2015 年的数据显示华为近十年来在研发方面累计投入超过 2 400 亿元人民币。目前,华为在全球有 16 个研究所,主要分布在欧洲、日本、美国、加拿大、俄罗斯、印度等地区,充分运用不同区域的资源要素优势,例如华为在手机终端业务的快速发展就得益于法国研究所的技术贡献。

对中国其他企业来说,也需要重视技术创新,增加研发投入提高企业创新能力,注重开放式创新,利用其他科技发达地区现今的技术、科技、知识,实现资源的优化组合。中国企业不能再将低成本的生产要素作为企业竞争优势,这与我国现阶段经济升级转型战略不符,也与我国目前人口红利正在逐渐消失的经济状况不符。企业要想谋求进一步的发展,首要任务就是通过创新提高技术生产水平,增强企业核心竞争力。

（2）重视企业核心价值观的理念创新

华为近30年的发展历程形成的核心价值观可以概括为:以客户为中心,以奋斗者为本,长期坚持艰苦奋斗,坚持自我批判。[①]几句看似简单的话却道出了企业价值创造的目的、价值评价与分配准则、工作信念以及对工作的反思总结。"以客户为中心"明确了产品生产要满足市场也就是消费者现在或潜在的需求,使得企业产品能够不与市场脱节,甚至能够前瞻性地预测到市场未来需求提前布局。"以奋斗者为本"明确了对员工工作表现的评价机制以及奖励机制,能够有效提升员工工作的积极性。"长期坚持艰苦奋斗"更是我们中华民族的传统精神,锻炼员工艰苦奋斗的信念,创造更多的社会价值。"坚持自我批判"是对自身工作的反思与总结,从而吸取之前的经验教训,谋求未来更好的发展。华为公司形成的核心价值观可以说是企业从上到下普遍遵守的行为规范,形成了独特的企业文化,从精神、信念上推动了华为近年来的快速发展。

由此可以看出理念创新的重要性,企业通过理念创新形成符合本公司发展战略的企业文化,从精神层面激励员工工作的积极性,提高劳动生产率。良好有效的企业文化能够增强员工的归属感,督促他们为企业更好的发展贡献自己所有的力量。

（3）"工者有其股"的制度创新

在华为创立之初,企业管理者就将知识劳动者的智慧——这些非货币、非实物的无形资产进行定价,让知识作为核心资产入股企业。不仅有这些物质甚至权利上的激励,华为还有金牌奖等非物质性精神激励。这种种的激励模式推动一代代华为人不断奋进,不仅是追求自身的发展,更是将企业推向更快速的发展道路上来。除此之外,制度改革同步

---

① 田涛:《华为的理念创新与制度创新》,《企业管理》2016年第3期。

进行,根据田涛的研究数据,华为年销售收入的 1.5%—2.5%用于管理变革投入,累计投入管理变革成本 400 多亿人民币。在拥有强大的管理体系的同时,改善优化现有管理体系,从保障和激励两方面有针对性地引导员工作业,提高员工的工作效率和积极性。

### 9.3.2　高校及研究院所创新

我国目前创新发展情况显示,高校以及研究院所的创新是我国创新发展的主力。2014 年蓝皮书报告中提到,政府在高校以及研究院 R&D 人员的投入上也明显高于对企业的投入。不过,相对于目前给予高校和研究所的资金和配备的研发人员而言,我国的创新效率仍旧偏低。余东笋、金祥荣对高校和研究院的创新效率模型进行分析后发现,不同高校和研究院受政府资助后,创新效率的提升有显著不同的影响。对于高校来说,60%的研发经费来源于政府资助,且充足的经费有效提升了其创新能力。可见,政府资助的积极作用非常明显。但对于研究院而言,政府资助却是显著的负向影响。然而企业资助则对其创新效率提高产生了较好的正向影响。据此分析结果我们可以看出,要促进企业与研究院的创新合作,促进双边共同发展,优化高等教育的发展环境,将人才培养与市场需求相联系,加强科技创新的市场导向,培养出适应现阶段经济发展的高素质人才,并且要防止高素质人才的流失。

### 9.3.3　政府部门制度创新

通过提升国家创新能力来推动经济的转型升级,不仅需要提高创新主体的创新能力,还需要政府部门对创新活动的支持。这主要表现在两个方面,一方面是对创新活动的鼓励政策,另一方面是通过制度创新来改革市场环境。

一方面,政府应该进一步加大对科技创新的研发投入,要注重不断增加高校研究投入,合理提高对研究院所的研发投入,审慎增加企业研发投入,不要挤出合理的社会研发投资。进一步贯彻落实创新驱动发展战略,坚定经济转型升级之路,转变依托生产要素低成本的粗放型经济增长模式。

另一方面,政府要注重制度创新,营造激励创新的公平竞争环境。例如,实行严格的知识产权保护制度,让创新权利人能够更好地维护自己的合法权利,当违法行为发生时能够有法可依,让侵害知识产权的不良行为得到应有的惩罚。打破制约创新的行业垄断和市场分割,建立统一、有序的市场环境,及时发现和制止垄断行为,为中小企业的创新活动拓展空间。改进新技术新产品新商业模式的准入管理,改革产业准入制度,让各类市场主体能够依法平等进入市场,为国家创新添加活力。形成要素价格激发经济主体创新主观能动性机制,运用市场决定要素价格的机制推动企业从依靠过度依赖低成本要素投入进行竞争,向依靠创新、实施差别化竞争转变,实现企业创新能力和生产效率的提高①。

## 9.4 创新促进中国经济转型升级

中国现在正处于经济转型升级以及平稳过渡中等收入陷阱的关键时期。创新是维持经济持续增长的源动力,它使得生产要素重新配置,并使要素相对价格发生变化,推动优质要素配置在新经济方向,使得新产业得以更快地发展,经济结构整体优化升级,从而促进经济的转型升级,提升经济增长质量,并为可持续发展提供动力。中国现阶段经济转型升级的发展历程也是发达国家曾经经历过的道路,它们的经验教训可以作为我国经济发展的参考与借鉴。日本作为亚洲唯一的发达国家,在二战后经济迅速复苏,一跃成为世界第二大经济体,而在这一过程中创新对日本经济转型与发展有发挥着举足轻重的作用。我国现阶段的经

---

① 《(授权发布)中共中央 国务院关于深化体制机制改革加快实施创新驱动发展战略的若干意见》,新华网,2015 年 3 月 13 日。

济发展状况与日本 20 世纪 70 年代的经济发展有很大的相似性,研究创新对日本产业转型升级的影响,应该也会对我国现阶段"一体两翼"开放格局下的经济转型升级有不少借鉴意义。

### 9.4.1　日本战后产业转型升级历程

我们先来看一下日本战后产业转型升级的发展历程。二战结束之后,身为战败国的日本面对的是国内糟糕的经济状况,生产停滞、失业严重、经济陷入困境,战争使得日本国家总财富的四分之一化为灰烬。为了恢复国内经济,在美国政府的帮助之下,1955 年开始日本重点发展重工业,通过引进发达国家先进的生产技术,将机械工业作为国家主导产业,逐渐形成高度加工贸易型产业结构。20 世纪 60 年代后期开始,日本逐渐进入工业化成熟阶段,而此前经济高速发展带来的环境污染等社会问题逐渐出现。1973 年以后推动日本经济增长的劳动、资本等生产要素对经济增长的贡献率逐渐下降,日本面临经济转型升级的关键时期。将经济发展重点从基础材料型产业向节能型、技术密集型和高附加值型产业转变。日本在经济转型升级过程中不断引进国外先进技术,在产业化中学习和模仿,并在此基础之上形成自主科技创新体系。并且以产业为导向,将研发活动与市场需求紧密结合,形成了市场驱动型的研发活动。创新提高了的劳动生产率,促进了生产要素的有效分配,为日本经济的飞速发展提供了动力。

通过分析我们可以发现,驱动日本战后经济迅速发展与转型升级的技术创新主要有以下几个特征:

(1) 吸收型技术发展战略

战后日本原有的科研体制基本被战争摧毁,且经济低迷。在人们的普通生活需求都难以满足的情况下,进行科研创新更是天方夜谭。因此,当时日本技术创新的主要内容就是引进国外先进的技术,通过技术引进推动本国经济的迅速增长,在此之后努力将其改良创新。日本就是在这种引进国外技术、在产业应用中模仿吸收、再通过改良优化、最终拥有赶超先进国家的技术水平。从日本技术发展状况看,仅 1955 年到 1970 年的时间就让日本掌握了世界近半个世纪几乎所有的技术成果,这种技术引进的良性循环模式也使日本经济进入高速增长时期,国内产业结构得以调整,工业生产大幅提高,年均增长率在 10% 以上,一跃成为仅次于美国的世界第二大经济体。

（2）产业主导型的技术发展

日本技术创新的一大特点就是产业主导型,企业投入在研发投入总额中所占的比重明显大于其他发达国家,政府对 R&D 的投入比重相对较低,这与美国、英国等发达国家的模式完全不同。但日本的这种技术创新模式使得科研创新活动能够较灵活的与市场需求相适应,抢占市场先机,对当时日本经济的发展具有巨大的推动作用。

（3）效率型的技术开发

日本技术创新的另一个的重要特征就是重视对产品制造过程的创新,而非新产品、新技术的创新,日本的技术创新更注重将新产品投入大量生产的转化速度以及如何以最小的消耗生产出最好的产品。而日本这种对于生产过程的创新在很大程度上降低了生产成本,提高了本国产品在国际市场上的国际竞争力。但日本这一创新模式也存在缺点,那就是本国技术创新主要集中在研发过程的下游,忽略了对于基础科学领域的研究,使得这方面的技术需要依赖进口,这对日本长期的技术进步和经济发展是不利的。

## 9.4.2　给中国实施创新驱动发展战略的启示

根据上述对于日本创新驱动发展的分析,我们可以对我国现如今"一体两翼"格局下的经济转型升级提出一些参考。

首先,我们深知创新对于经济增长的驱动作用,技术创新是经济增长的源泉。因此,我们要加快实施创新驱动发展战略,在现今的开放格局下积极引进国外先进的技术,利用经济全球化整合各个国家和地区的资源优势,实现自身技术水平的提高,从而提高全要素生产率,提高生产要素规模报酬,这是实现经济持续增长的根本和源动力。

其次,从日本吸收型技术发展战略中我们应该认识到,在引进国外先进技术的同时,最重要的是对这些技术的学习和改良,将其转化吸收并在此基础上进行进一步的创新,形成技术引进—学习模仿—改良创新的良性循环。

再次,应该在重视新产品研发的同时,注重过程创新,这有利于我们降低产品生产成本,提高产品在国际市场上的核心竞争力。

最后,要建立技术创新市场导向型机制,技术研发活动要与市场需求紧密结合,灵活适应市场需求的变化。只有抓住市场需求,生产出满足消费者当下的消费需求,甚至能够用前瞻性的眼光提前布局未来市场,我们才能抓住市场机遇。

# 第十章　金融市场是经济转型升级的加速器

　　金融市场是一个国家必不可少的部分,在促进经济发展的过程中十分重要。有效的金融市场对稀缺性资源能够合理地进行配置,将资金、劳动、技术等要素进行整合和匹配,从而满足社会需求。近年来,随着经济的迅速发展,金融市场不断壮大,且在实体经济中的作用愈发重要。但我国的经济发展出现了诸如结构性失衡、创新能力不足、经济增长缺乏内生性动力等一系列问题,为了解决这些问题,实现经济的可持续发展,必须进行改革创新,不断优化经济结构。金融市场作为配置资源的重要场所,能够有效地将社会资金从资金盈余方调配到资金短缺方,同时金融市场在经济要素的定价过程中扮演着重要作用。因而,我国应加快完善金融市场,提升金融市场的效率,显著提高金融市场服务实体经济的能力,将金融市场的建设和发展作为实现稳定增长目标的重要过程。

　　首先,金融市场为经济增长提供资金支持。作为国家经济发展的重要推动力,毫无疑问金融已是现代经济的核心。经济实力雄厚的国家,一定有一个发达和健全的金融体系。金融的良性发展对国家经济具有促进作用,同样一个国家经济的快速发展会对金融改革提出更高的要求,促进金融体系的不断完善。

金融市场作为金融体系最重要的部分,其发展和运作状况直接影响了一国经济。一个完善的金融体系,其金融市场运作效率很高,能够较快地进行要素、资本和风险的有效配置,从而满足不同经济主体的不同偏好。较高的金融市场效率主要体现在金融市场价格对信息反应灵敏,金融市场上各种商品价格内在机制稳定,金融产品数量较高以及创新能力较强上。许多人对我国金融市场效率强弱观点不一,虽然我国金融市场发展较晚,但为了解决金融市场效率低下,更好地促进经济增长,我国适时地进行了一系列的金融市场改革。得益于此,我国金融市场发展相当迅速,在广度和深度方面均得以拓展,为经济增长提供资金支持的能力显著提高。如图 10-1 所示,我国社会融资规模近年来不断增大,从 2005 年的 30 008 亿元提高到 2016 年的 178 022 亿元,10 年间扩大为 5.93 倍,年均增速接近 21%,远高于同期 GDP 增速,成为该时期经济增长的重要动力。2016 年社会融资规模 17.8 万亿元中对实体经济发放的人民币贷款为 12.44 万亿元,仍然占据了社会融资量的绝大部分,但近年来直接融资方式发展较为迅速,2016 年全年资本市场首发和再融资合计 1.5 万亿元,与上年同比增长达 45.18%,在 1.5 万亿融资规模中,首次公开发行(IPO)的融资规模达 1 634 亿元,涉及 248 家上市企业,IPO 规模数量创五年来新高。2016 年末我国上市公司突破 3 000 家,沪深股票市场总市值 50.8 万亿元(折合 7.3 万亿美元),仅次于美国,成为全球第二大股票市场。债券市场方面,我国债券市场快速发展,债券发行量 2016 年达 36 万亿元,而 2004 年相应规模不到 3 万亿元,债券托管量 2016 年达 63.6 万亿元,而 2004 年相对应的规模仅有 5.16 万亿元,我国跃升为全球第三大债券市场。债券市场作为直接融资的主渠道之一,其融资规模近年来逐渐增大,2016 年我国债券市场的融资规模已达到 3 万亿元人民币,在社会融资总量中占 16.8%,成为除贷款外的第二大融资渠道。

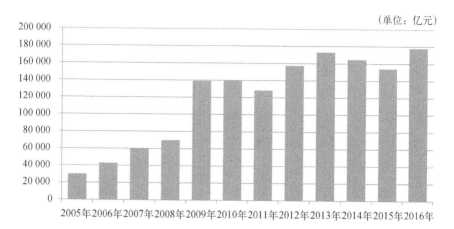

（单位：亿元）

**图 10-1　2005—2016 年社会融资规模**

其次，金融市场可以优化资源配置。资源是稀缺的，因此如何对稀缺资源进行合理配置是经济社会急需解决的一个重要问题。这里的资源在经济学中一般指生产要素市场，一般包括土地、劳动力、资本、技术和信息。金融优化资源配置的机理在于可以合理定价，从而提高配置效率，未来发展的预期可以在金融市场资源配置中发挥作用是金融市场的重要特性，从而可以影响到未来经济发展和产业结构变化。合理配置生产要素资源，使其流入到合适的领域，发挥要素最大作用，促进社会经济总产出，这是从社会总供给方面对生产要素资源进行优化配置。我国"供给侧改革"就是对供给的劳动力、资本、技术与制度四大要素进行改进，优化配置资源，从而实现经济的可持续健康发展。

金融市场作为配置资源的重要场所，主要是对资本进行配置。金融市场能够促进社会资金的有效利用，将资金从资金盈余方调配到资金短缺方。资金短缺方往往是企业、厂商，他们能够利用资金扩大生产规模，促进社会总产出增加，生产规模的扩大亦会增加就业率，资金盈余方让渡闲置资金从而获取收益。金融市场的出现使得社会资金得到合理的运用，并且满足了资金盈余方和资金短缺方的需求。金融市场另一方面对其他要素的定价具有重要的作用,短期来看是配置要素,长期来看是在激励要素积累,即要素中回报高的积累速度会更快,因为其会引导相应资源投入到该要素的积累过程中,从而推动高回报要素行业的快速发展。

最后,金融市场为国家宏观调控创造条件,促进经济转型和产业升级。在经济运行中,往往会出现市场失灵的情况,这时便需要政府"有形的手"来调节市场,使政府"有形的手"和市场"无形的手"相互结合,互相作用,使市场更具效率,从而促进我国经济更好更快发展。凯恩斯学派主张国家干预,扩大政府职能,采取国家宏观调控刺激经济。这里的国家宏观调控主要为货币政策和财政政策,国家宏观调控的有效实施必须要有一个健康和完善的金融市场。现阶段,市场经济发达的国家进行货币政策调节经济往往是使用公开市场操作,是货币当局在金融市场上买卖有价证券,投放或回笼流通中的货币,从而对货币供给和利率进行有效控制,进而对经济主体的行为产生影响,由此实现调节经济的目的。存款准备金率、再贴现率和公开市场操作并称为央行进行金融宏观调控的"三大法宝"。公开市场操作由于其灵活性、主动性和时效性,被当作是最合适进行宏观经济调控的措施,但其前提是金融市场必须足够发达,市场信息能有效传导,这样才能为宏观调控提供有利场所。如果没有一个发达的金融市场,市场价格信息不能传导通畅,就无法影响经济主体的经济行为和预期,央行公开市场操作的开展就无法达到预计效果。金融市场不仅是央行进行公开市场操作的平台,也是其他宏观调控手段的操作平台。再贴现这一操作主要依赖于金融市场中的票据市场,如果没有发达的票据市场,再贴现率的调整也会变得毫无意义。

无论是存款准备金率、再贴现率还是公开市场操作,宏观调控都是先影响到货币市场,包括货币市场的交易规模和价格,从而影响金融市场中商业银行的头寸,进而影响到商业银行可贷资金的数量和价格,将会使企业和厂商调整生产决策,公开市场操作将会影响债券市场的价格和规模,也将影响企业融资决策,宏观调控对货币市场的影响主要是短期资金供应,进而影响企业短期生产经营规模。而货币市场的变化必将引起资本市场的反向变化,资本市场变化影响企业长期资金,长期生产经营状况,从而长期经济状况。根据预期理论,金融市场的变化会改变经济主体对未来经济形势的预期,影响其经济行为。

金融市场为国家宏观调控创造了条件,但其调控作用的大小与金融市场的广度、深度以及金融市场各部分的关联度相关。金融市场越是广度足够大、深度足够深、关联度足够高,宏观调控能力就越强,效率就越高,作用就越显著。否则,政策传导机制就会因为出现问题而不能发挥金融市场的功能,因此要增强金融市场的广度和深度,为宏观调控提供便利场所,从而推进产业结构升级和经济转型。

同时,为了能够把握好宏观调控的力度,货币当局应该更多地运用市场型调控手段,较少使用行政手段。市场型调控手段相比行政型手段更加温和,当出现了不利影响时,操作的可逆性强,而行政型调控手段往往较为猛烈,一点点变化将会使经济发生较大的变化,对金融市场运行的冲击力也较大,其结果往往不可逆。为了避免对经济稳定发展产生较大的影响和冲击,应该不断完善和发展金融市场,使得金融市场在减轻宏观调控震荡方面发挥积极作用。只有不断发展金融市场,不断进行改革,才能促进中国经济的转型升级。

## 10.1　金融市场成为经济转型升级的加速器的理论

### 10.1.1　基本理论

金融市场作为经济要素配置的基本市场,有助于实现经济要素的合理定价、经济要素的合理有效流动,从而为经济增长提供经济要素有效积累的条件和环境,金融发展通过全要素生产率和资本劳动积累直接和间接地促进了产业从第一、二产业向第三产业的转变。金融业的发展在一定程度上对第一、二产业的发展起到了不利的影响,但相对应的促进了第三产业的发展。① 因此金融发展通过影响要素积累推动了产业结构优化升级,让具有发展前景的企业和产业能够得到更为优质的资源要素和发展机会,通过让优质资源得到高效率的利用,从而发挥出经济发展加速器的作用。

## 10.1.2 加速器的三个重点分支

本章节金融市场成为经济转型升级的加速器,将围绕三个点进行阐述。

第一从金融市场融资的角度,通过传统银行信贷体系的缺点折射出间接融资的缺陷和不足,因此一方面要大力支持直接融资,另一方面要推进"去杠杆",即改革银行信贷体系和企业信贷扶持原则。大力发展直接融资,就要完善我国的股票市场、债券市场,通过完善法律法规和监管机制活跃我国的风险投资市场;同时,对于银行信贷体系,商业银行存在"粗放式信贷"的问题,导致在信贷导向以及行业研究方面出现了过于粗放的现象,在银行的改革进程中基本国家支持的行业可以贷款,而国家禁止的行业则很难从商业银行取得贷款,与此同时被禁止贷款的行业中间有一些细分的行业颇具竞争力,但由于被国家戴了帽子,就无法顺利取得贷款或不能上市融资。这种粗放式的信贷投放导致银行某些时候不能真正抓住产业发展的机会,中国人民银行前行长周小川指出,在大力发展直接融资的同时,"去杠杆"也刻不容缓。适度的杠杆有利于发展,但如果杠杆率过高,过快的债务增速,风险将会加剧,从而拖累经济发展。去杠杆要求商业银行在甄别企业贷款时,坚持甄别对待,有扶有控的原则,对于产能过剩的行业中有竞争力、有市场、有效益的优质企业,可以继续给予信贷支持,但对于产能严重过剩的行业中缺乏竞争力、

---

① 张卫东、石大千:《金融发展、要素积累与产业结构》,《金融与经济》2015 年 3 月。

长期亏损、未能有良好效益的企业,则缩减和停止信贷扶持。[①] 但直接融资可通过市场导向,将资源配置到更符合市场主体需求的方向,

第二从金融市场的定价机制角度看,要素定价权对增强我国的全球话语权具有重要影响,企业的竞争优势在于压低成本和提高收入,而收入的影响因素归根到底在于产品的价格,站在国家的战略眼光看,定价权对于国家经济的稳定与发展也至关重要,定价权在增强我国全球话语权,开拓和扩展全新的全球市场方面具有十分重要的战略意义。如今,期货市场在价格形成机制中扮演着重要的角色,期货价格在 20 世纪 90 年代中后期逐步成为国际贸易定价基准,以大宗商品原油为例,该品种已基本形成了"期货价为基准+场外衍生品交易基差定价"的模式[②]。由此可见成熟的期货市场是大宗商品定价权的重要影响因素,我国期货市场体系建立时间较晚,多形成于 20 世纪 90 年代,与发达国家相比较为滞后,因此要进一步发展我国的期货市场,提升我国全球话语权。

第三金融市场中的收购并购行为有利于促进要素的协调效应,增强产业链的延伸等,以国内企业为例,2015 年中天科技以 22.5 亿收购大股东旗下三家公司,这项收购计划完成之后,光纤光缆、电力电缆组件以及通信连接器及铜产品等将成为公司新增的主营业务,企业并购可进一步延伸公司主营产品的产业链,与此同时更深层次地增长了公司的盈利能力和客户协同效应。中资企业海外并购也有利于促进我国企业的创新升级和强化全球战略布局。以华邦颖泰为例,该公司并购国外企业 Albaugh 的行为将把公司目前的产业链延伸至下游全球市场产品开发及登记注册相关方向,也拓宽了销售渠道,进一步开启了公司农化产业链海外布局之路,打开了企业未来的全球成长空间。并购可利用被收购企业的现有资源如市场资源和客户资源等来提高企业经营效率。中国

---

① 郭若雪:《去杠杆:优化信贷结构拓宽直接融资渠道——访市金融办相关负责人》,《绵阳日报》2016 年 6 月 23 日第 002 版。

② 徐斌:《国际铁矿石贸易市场势力测度分析》,《经济问题探索》2016 年第 10 期。

企业"走出去"的海外并购尤其是针对产业链上下游延伸的纵向并购是中国各行业龙头企业面对全球化的必然选择。并购和收购行为可以使企业优势互补,扩大企业的销售渠道。同时金融市场中的并购行为对于我国公司治理及微观经济层面也具有积极作用,从而促进我国经济加速转型升级。

## 10.2 当前金融市场与经济转型升级关系

### 10.2.1 金融支持实体面临的挑战

当前金融市场在推动经济升级转型中存在的问题可以概括为如下几个方面:一是金融市场支持实体经济存在约束;二是经济"脱实入虚"严重;三是中小企业融资难;四是缺乏支持经济平稳运行的定价权;五是并购行业在支撑产业升级中存在缺陷。

金融市场在支持实体经济中存在约束,主要体现在三个重点方面:一是金融垄断严重;二是存在不合理的金融管制,约束了金融创新;三是金融市场发展不完善,直接融资比例有待进一步提升,资本市场不发达。金融市场的存在是为实体经济服务的,主要是为实体经济的发展输送血液,增强动力。我国金融市场相比西方发达国家发展较晚,虽然近年来发展迅速,但发展质量上面仍然与西方发达国家有一定的差距。我国金融行业进入门槛较高,金融垄断现象较为严重,金融市场缺乏充分的竞争,导致金融效率损失,其中一个表现是国有银行和商业银行的效率差异。虽然我国的国有控股银行在资产、信贷规模、机构人员数量等上都占有绝对优势,但是这一优势并没有转变为其应实现的经营绩效。我国银行业进入门槛高,使得民间资本无法完全支持银行业的发展和自我创新,民营银行发展缓慢。[①] 在金融管制中如果存在规模报酬递增效应,那

---

① 仲伟周、斯煌霏:《中国银行业市场竞争结构研究》,《金融论坛》2013年第4期。

么这种管制体制能够将资金集中使用,有利于技术进步,从而使落后国家摆脱"贫困性陷阱"。但是这种管制体制容易形成高投资、低效率的粗放型增长模式,并积累金融风险,使经济发展到一定程度以后提前达到稳态,陷入新的增长陷阱。不利于市场化的金融管制沿袭于我国计划经济时代的操作模式,这一金融管制模式在新时期已不再适用我国的金融市场发展。[①] 我国金融市场的开放程度不高,资本市场发展仍不充分,还未完全发挥出其支持实体经济发展的作用。同时,我国在金融市场方面实行分业经营和监管的模式,银行业、证券业、保险业的经营和监管各自互相独立,一体化程度不高,容易造成资源利用效率低下,重复监管,出现监管真空等弊端。

另外,近些年来,我国金融行业呈现出"脱实入虚"的现象。"脱实入虚"指的是社会经济中的资金脱离实体经济领域,转而进入到虚拟经济领域。支持实体经济发展是金融市场的本源功能,金融市场可以为实体经济开辟投融资渠道,然而大量的资金集中于虚拟经济,尤其是以股市、债市、楼市为代表的金融市场,与实体经济市场相对应。具体表现为金融资本在体系内自我循环、自我膨胀,导致产业空心化,影响了实体经济和金融经济的平衡发展。产生该现象的主要原因是我国近年来金融市场发展较为迅速,货币泛滥,所以造成实体经济增长失速,产能过剩。这也是我国经济结构的失衡的原因。经济结构的失衡主要是实体经济和虚拟经济发展的失衡,即"实体经济不实,虚拟经济过虚"。实体经济在我国的肩负着推动科技创新,新技术运营和推广的巨大责任,"脱实入虚"使得实体经济缺乏推动科技创新和产品升级优化的资金和内生动力。

除此以外,中小企业融资难亦是目前我国金融市场支持经济转型升级的难题之一。总体来看,传统的银行信贷的弊端和风险投资市场不够

---

① 车大为:《金融管制体制产生的内生机制及其影响》,《经济研究》2011 年增 2 期。

发达是导致中小企业融资难的主要症结所在。首先,目前我国的商业银行信贷体系不适应经济转型和产业升级。M2/GDP 表示一国的经济货币化程度,因为发展中国家的金融发展较为落后,且在全部金融资产中非货币性金融资产占比较低,所以一般用经济货币化程度这个指标来分析发展中国家金融深化程度。

相关资料显示,近年来我国经济货币化程度的进程加快。如图所示:

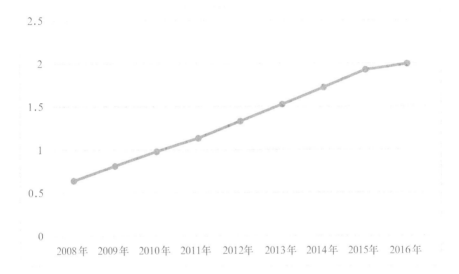

**图 10 - 2　2008—2016 年中国经济货币化程度**

数据来源:中国国家统计局

从国际比较来看,我国的经济货币化程度依然较高,我国 M2 与GDP 的比值高于美国、英国、日本以及韩国。但美国的金融结构是以市场为主导的,企业融资较少依赖于银行,即直接融资占比例较大,间接融资占比较小,大量货币投资于股票、债券、保险等资本市场,美国国内商业银行的货币创造作用相较于中国也较小,因此美国 M2/GDP 的比值较低,所以不能由较高的 M2/GDP 得出我国的金融发达程度高于美国的错误结论。我国在改革开放前实施大规模的计划经济,就是以银行为主导的信贷体系为金融体系的主干,因此虽然中国拥有居于世界前列水平的广义货币存量,但也要明确这是由数量巨大的银行贷款所造成的。这也从侧面说明银行在我国金融结构中处于主导地位,这反映出我国的金融市场不够发达,无法给予投资者良好的投资环境,配置在股票市场、债券市场、保险市场的资金和商业银行相比较少,大规模的资金集中于商业银行导致我国的 M2/GDP 的比值过高,存在发生恶性通货膨胀的潜在威胁,同时会造成巨大的金融风险大量积聚于银行体系内部,一旦与银行相关的不利因素触发,将造成巨大的系统性风险①。

　　尤其是在大多数情况下,能得到商业银行贷款的往往是经营风险性较小的企业,其资产规模大,基础好,因而易于从商业银行取得贷款。但这些贷款期限一般较短,与初创型科技企业的贷款境遇差别较大。初创型科技创新企业"轻资产、重技术"的特点使其难以获得或形成抵押物,同时由于初创型科技创新企业的未来投资回报率不确定,实现收益的期限可能较长,这与银行系统的信贷原则和风险控制原则不符,因此难以从银行取得贷款。因此需要逐步提高金融自由化程度,包括减少信贷干预、提高利率市场化和灵活性、放松业务范围的限制以及增加市场竞争主体的多元化。

　　经过多年的持续发展,我国的风险投资已经初具规模,并且培育和扶持了如联想、方正等一大批高新技术企业。但从规模和行业规范化程度来看,我国的风险投资还处于发展的初期阶段,并没有真正意义上形成一个产业。尤其与西方发达国家如美国等相比,我国的风险投资还未成为高新技术企业、中小型科创企业发展的主要融资渠道。还有很大的空间需要完善,具体如下:

　　我国的风险投资规模仍有进一步扩大的巨大空间。2009 年至 2011 年我国私募股权基金的交易金额从 85 亿美元增长至 160 亿美元,占国

---

① 张立强:《转型时期我国金融结构优化研究》,财政部财政科学研究所博士论文,2012 年 5 月。

民生产总值的 0.2%,而在欧洲和美国等发达国家中,其风险投资交易金额占 GDP 的 0.3% 和 0.5%。从中可以看出我国风投的交易规模低于发达国家水平,具有巨大进步空间。

风险投资的规模化程度进一步提高,中小板、创业板形成巨额的财富规模,2007 年至 2011 年,我国的风险投资行业进入了迅猛发展的阶段。PE 机构的数量和管理规模,都出现了急速扩张的势态。

不过,现阶段,经济全球化趋势不断加强,生产要素实现全球配置,大宗商品定价权问题逐渐成为发展中国家急需面对的新的挑战。

我国是世界上多种大宗商品交易的最大参与者,一份由 BP 世界能源统计的报告指出,2016 年中国消耗着全球约 23% 的能源、22% 的农产品以及 39% 的金属①,其中能源消费总量已超过世界第一大经济体美国,但我国在大宗商品的定价领域却被世界上大多数发达国家如美国等"牵着鼻子走",并不具有与消费量相对应的定价影响力,大多数时间只能被动地接受国际市场的价格。因此,当国际大宗商品价格巨幅波动时,会对我国相关产业和企业造成巨大损失,将会对我国的经济利益造成巨大损害,同时也会对我国经济运行的稳定性和经济的可持续发展造成影响。

在面临产能过剩和失去成本优势的背景下,我国大力推行供给侧结构性改革促进产业结构调整和升级。在我国,煤炭、钢铁等去产能的主要企业大部分具有国有性质,因此推动国有企业的并购和重组成为推动我国产业结构优化升级和推行供给侧结构性改革的重要举措。对我国的国有企业进行并购重组,可以作为资源再配置的一种方式,实现优势互补和协调效应。与此同时,对于我国企业的海外并购来说,实行海外并购可以把"引进来"和"走出去"相结合,引进来国外先进的生产技术、一流的管理模式和人才,走出去可实现我国企业产业的全球化布局,延

---

① 数据来源:2017 年《BP 世界能源统计年鉴》。

伸产业链,拓展更为广阔的海外市场,为企业的国际化奠定基础,更多的中国企业走出国门,也是增强我国经济话语权的重要辅助。

然而我国的并购行业也存在自身的缺陷和不足,对于国有企业而言,企业同时具有政府的行政属性,需承担一定的社会职责,因此往往公司的行为与实现公司效益的增长相违背,国有企业在并购国有企业的过程中的同质化现象使得难以促进产业升级;国有企业并购民营企业需克服组织结构的差异和人员的磨合冲突,因此并购所产生的协调效应具有滞后性;而并购外资企业,国有企业要克服双方企业在运营模式、组织体制、管理风格、企业文化等方面均存在的明显差异,因此并购所产生的协同效应也具有滞后性①。

中国企业海外并购在促进产业升级和技术创新方面也具有一定的缺陷,虽然我国于 2001 年就已经加入了 WTO,但是我国的海外并购起步相对较晚,2007 年海外并购的规模和数量才开始出现较为明显的增长,而且因为我国的海外走出战略的初期以生产要素需求为导向,所以并购企业的行业主要集中在初级生产行业,大多数分布于第一、第二产业,新兴产业和科技创新型产业的兼并收购规模较小②。

## 10.2.2　原因阐述

我国金融体系以商业银行为主,其中国有商业银行在整个商业银行体系中占绝了寡头垄断的地位,使得银行信贷对企业的科技创新无法得到有效的支持。金融市场严重依赖于银行信贷的弊端可总结为:国有大中型企业是银行贷款的主要对象,国有大中型企业一般具有较为完善和规范的财务体系,较为稳定的现金流,违约风险较小,易于被认可和接受的抵押物,融资额大,单位成本较低,且与国有商业银行有较为密切的长

---

① 卫婧婧:《国有企业并购行为对产业升级的推动———基于目标企业所有制类型的考察》,《企业经济》2017 年第 4 期。
② 胡雪涵:《浅析我国企业海外并购现状以及优化策略》,《国际经贸》2016 年第 12 期。

期业务往来。而民营企业、小型科技创新型企业因为具有"轻资产、重技术"的特征,且因为成立时间较短,没有形成科学规范的财务核算体系,内部控制机制也不够健全,同时小型科技创新企业对于资金的需求具有"小、短、急、频"的特征,因此较难通过商业银行的审核经常处于融资难的困境。传统的商业银行信贷体系难以推动小型民营企业、科技创新型企业发展。

从商业银行自身的角度来看,也确有其"难言之隐",商业银行的资金来源主要集中于居民存款,银行"借短贷长"的特点使其必须限制高风险和未来资金流不明确的贷款项。对于民营企业或小型科创企业,一项新的技术在没有进入商业推广或没有完成成熟的应用阶段,其未来的发展不确定性很大,相对于传统产业和国有大中型企业的经营具有较高的风险,因此未来融资还款未来现金流不明确,从而导致商业银行无法给予小型科技创新企业及民营企业及时、充足的资金支持。

目前我国国有企业的改革尚未完全结束,国家对于民间资本的态度使得民间资本面临着巨大的行业准入限制和门槛壁垒,在与大型国有企业的竞争中,小型科技创新企业、民营企业处于劣势,使得大型国企能够稳定的获取超额利润,与小型民营企业势力差距日渐拉大,从而导致市场中的竞争动力不足,缺乏创新意识。计划经济体制下产生的国有银行和国有企业之间具有千丝万缕的密切联系,导致国有银行信贷资源集中于国有企业,而国有企业投入科技研发的费用又相对较少,这也是制约我国当前的商业银行信贷体系支持技术创新、推动经济转型和产业结构升级的限制性因素之一。

"实体经济不实"指的是实体经济中能够创造社会财富的产业部门生产效率低下,主要表现在四个方面:一是实体经济较为浮躁,资本市场的利润率高于实业经济领域,相比专心搞实业,企业更愿意进入泡沫经济领域以谋取更高利润;二是产能过剩现象较为严重,在盲目追求生产总值、投资的驱动型经济体制下,我国绝大多数企业和厂商处于产能过剩的状态;三是实体领域创新不足,大多数企业不懂创新,不愿意创新,导致企业生产能力止步不前,不具竞争力;四是产业生产率低下,生产要素成本较高,从而导致大量实体经济企业利润出现大幅下滑,甚至亏损、倒闭。

"虚拟经济太虚"是指大量的社会资金流向虚拟经济领域,存在较高的泡沫,尤其是楼市,其价格已经严重偏离价值,主要表现在四个方面:一是利率居高不下,企业和厂商尤其是中小企业无法进行融资或不愿意进行融资,此外商业银行由于信息不对称也不敢将资金贷给企业和厂商;二是汇率较高,汇率高会导致出口型企业没有竞争力,甚至大量出口企业破产倒闭;三是资产价格较高,主要体现在房地产市场价格较高,尤其是在一线城市,房地产价格居高不下,不断拉高 M2;四是债务率高,尤其是我国地方政府负债,不仅债务规模和债务水平居高不下,而且债务结构风险性极高,地方政府利用价格虚高的土地资产作为抵押物向商业银行贷款,大量收益率倒挂的公共基础设施建设项目充斥在负债的资产构成中,这种负债结构存在巨大隐患极其可能诱发局部金融危机。

从目前中国脱实入虚的现象来看,"实体经济不实"和"虚拟经济太虚"形成了恶性循环。实体经济低迷,所能够提供的回报率就很低,社会主体实体经济投资没有信心,社会大量的资金就会从实体经济转而进入到股票市场、债券市场、商品市场和房地产市场,而随着资金的进入,这些市场资产泡沫程度越来越高,进而提高了实体经济的运行成本,从而使得实体经济更加低迷,进而导致恶性循环,长期以来将危害我国经济发展。

在我国风险投资市场方面,经过多年的持续发展,我国的风险投资已经初具规模,但从规模和行业规范化程度来看,我国的风险投资还处于发展的初期阶段,并没有真正意义上形成一个具有可持续发展能力的产业。尤其与西方发达国家如美国等相比,我国的风险投资还未成为高新技术企业、中小型科创企业发展的主要融资渠道,还有很大的空间需要完善,具体如下:

我国的风险投资规模仍有进一步扩大的巨大空间。2006年至2016年我国私募股权基金的交易金额从160亿美元增长至1 100亿美元,占国民生产总值的0.2%,而在欧洲和美国,其风险投资交易金额占GDP的0.3%和0.5%。从中可以看出我国风投的交易规模低于发达国家水平,具有巨大进步空间。

风险投资的规模化程度有待进一步提高。2007年至2011年,我国的风险投资行业进入了迅猛发展的阶段。PE机构的数量和管理规模,都出现了急速扩张的势态。风投产业的迅速发展使得投资者蜂拥而入,参差不齐的投资者并不具有统一的高效专业管理团队,无法针对每个行业甚至具体某个企业的发展进行专业化管理,因此PE管理机构自身业务积淀不足,跟不上规模的迅速扩张和发展。从而产生风险投资产业存在大量的不规范行为,使得风投产业对经济转型、高新技术企业推广与创新和产业升级无法发挥支持作用。

风险投资在我国缺乏政府的支持,政府的扶持力度不够,政府对中国风险投资的政策未起到引导性的作用,同时还没有出台对风险投资行业明确的政策法规和发展规划。不规范化的税收优惠政策直接阻碍了中国风险投资行业的发展。在我国,还未等到新创办的高新技术企业盈利,就实施免征税,这种方式并不恰当。因为中国的风险投资行业一般情况下平均需要经过6年的时间才能将风险投资资金完全取出,在这期间,如果政府没有明确的优惠政策或扶持力度较小,将会对中国的风险投资行业造成冲击,阻碍中国风险投资的进一步完善和发展。[①]

在我国大宗商品方面,我国大宗商品定价权缺失的原因可以总结为两个方面,一个方面是期货市场起步晚,相关制度不健全;另一个方面是我国的期货市场缺乏能够控制价格形成的大型国际投机资本。

我国期货市场建设滞后是我国大宗商品定价权缺失的一个极为重

---

① 左京:《中国风险投资行业发展现状、问题及解决对策》,《新经济》2015年3月。

要的原因。我国的期货交易市场起步较晚,我国的三家期货交易所多成形于 20 世纪 90 年代,美国于 1848 年就建立了芝加哥期货交易所,之后于 1874 建立了芝加哥商品交易所,交易所历史远远早于我国,积累了丰富的交易所管理经验。同时,从期货交易品种上比较来看,美国的 6 家交易所上市了包括玉米、大豆、豆油、豆粕、小麦等 27 个农产品期货合约品种和 23 种期权合约,具有广泛的品种范围涉及领域,而我国的期货交易品种较少,且相关商品期权上市品种也十分稀少,交易规模较小,缺乏交易管理经验,交易所相关法律法规不健全。

　　我国的期货市场起步时间较晚,虽然现货市场较健全,但期货市场还未成熟,如缺乏做空机制,多方和空方的力量无法得到充分的反映,从而导致无法形成健全的价格形成机制。市场通过价格的杠杆来配置资源,价格配置资源的作用机制充分发挥的前提条件是价格的形成能够充分反映市场各方面的预期,这个预期包含所有的相关性信息。因此在金融市场,要形成合理的价格形成机制,就需要有做多和做空的制度安排,同时提供相应的投资操作工具,否则将会造成信号失真,影响金融市场的资源配置效率。随着我国股指期货的推出,我国股票市场的做空机制初步形成,同时价格信号的形成精准度有所提升。但债券市场并未形成完善的期货交易机制,无论是证券市场债还是银行市场债,都未形成规模,只能做多,做空机制不完善,收益率曲线不合理。为了多空平衡,债券期货市场需得到进一步的发展。

　　我国经济转型和升级离不开稳定的大宗商品市场支持,大宗商品作为基础的资源,其定价权如果无法合理有效的影响和控制,将成为影响经济发展最根源的风险因素。期货市场有价格发现、风险转移和提高市场流动性等功能,因此在大宗商品的定价机制中具有重要作用,西方发达国家十分看重定价权的主动权。经过了两次石油危机,西方发达国家发现石油输出国组织 OPEC 使国际大宗商品原油的价格不稳定,并严重影响了国家的经济发展,因此成立了原油期货市场,通过石油贸易的金融化,利用多空机制,使石油的定价权由金融市场决定,削弱了石油输出国组织的在石油定价权上的地位。

20世纪70年代末、80年代初,伦敦和纽约分别引进了石油期货合约,从此石油期货市场成立,石油市场的参与者不再仅仅局限于供给和需求双方,任何资金只要其认为此市场有利可图,就可以进入石油期货市场进行交易,而且大多数的买卖双方并非真正需要石油资源进行消费,石油价格也不再仅仅是供需的反应,而是市场各方对于石油价格的预期反应。伦敦国际原油交易所交易的北海Brent原油期货价格也逐渐成为国际上最重要的原油定价基准,全球过半数的原油贸易都参照Brent价格交易,同时尽管每年都有巨大的原油期货合约产生,但是真正实物交割的原油贸易却占到很少的比例,原油期货市场价格形成机制逐渐突显,利用金融市场尤其是期货市场指导大宗商品定价,削弱了供给方的议价能力,有利于生产的稳定和物价的稳定,有利于经济的稳定发展和产业升级的稳步推进。

缺乏能够实际控制价格形成的大型国际投机资本是我国期货市场缺乏全球定价权的另一个重要原因。仅仅具有完备的期货交易市场并不能完全确定我国的全球定价权,同一个大宗商品在全球往往具有多个期货交易场所,但实际的定价中心只有一个。就石油来说,美国纽约、英国伦敦、中东地区、新加坡以及日本东京都有石油期货和期权市场,然而从实际的交易数据和运行规模来看,决定国际石油价格真正的定价中心是美国纽约,其他期货市场只是价格的跟随者,因为事实是具有定价权的大的投机机构和资金只集中于纽约的期货市场,因此单单只有完善的期货市场并不是获取大宗商品定价权、提升我国全球话语权的直接条件。关于定价权的获取,我国期货市场应该思考如何对待具有实际控制定价权的大型投机机构。[1]

---

[1] 赵庆明:《建立期交所就能拥有定价权?》,《中国证券报》2005年04月09日第A11版。

## 10.3 金融市场成为经济转型升级的加速器的具体举措

### 10.3.1 强化金融市场制度改革

金融市场是社会经济体系中资金流动的场所,也是各种金融资产、金融工具、各类交易方式、交易主体和政府金融监管的主要集中场所,金融市场各个部分需要互相协调,共同发挥作用。与此同时,金融市场与实体经济相互协调和适应更为重要,金融市场终究是为实体经济服务,金融对实体经济的作用发挥取决于金融体系与实体经济的适用程度。因此应该强化金融市场化改革,促进金融市场各部门相互协调、金融市场和实体经济相互协调,促进实体经济健康发展,加速经济转型升级。

强化金融市场化改革,应逐渐放宽金融市场的准入条件,提高金融行业间竞争水平。金融市场化的程度主要体现在金融行业的竞争程度、信贷资金分配的效率和市场化程度。我国的融资体系主要是以商业银行为主的间接融资,银行的准入门槛很高,民间资本和外国资本进入较为困难,商业银行在我国金融市场中处于相对垄断的地位,金融市场缺乏竞争导致了金融资源的配置不合理。进行金融市场化改革,应该鼓励民间资本进入银行业和设立民营银行,这样才能打破银行业垄断,优化资本配置,完善银行业体系。另一方面,金融市场化改革不仅要促进银行间的竞争,更要促进银行与资本市场的竞争。相比以银行为主的间接融资,直接融资效率更高,融资成本更低。随着我国资本市场的不断发展和完善,必将对银行业产生冲击,这样会促使银行提高竞争能力,提升服务水平,提高金融产品质量,更好地以客户为中心提供金融服务,从而提高资本配置效率。如果银行配置资本的效率不高,那么企业就会更多依靠资本市场获取资金,长期必将对整个银行业造成较大的冲击。因此,金融市场的竞争不仅包括银行业的竞争,更包括银行业与资本市场的竞争,这些竞争都能够促使资本更多流向效益高的企业,提高资本配置效率。

此外,金融市场化改革促进了信贷资金分配的市场化。近年来,我国逐步推行利率市场化改革,在很大程度上促进了信贷资金分配的市场化。在利率市场化的环境下,利率作为资本的价格,能够灵敏的反映出资金的供求状况,促进资本配置的效率。首先,生产率低的部门因偿债能力较差难以获得资金支持,从而导致资金由生产率低的部门转移到生产率高的部门,优化资本配置。其次,利率市场化后,技术型、创新性企业更容易获得资金支持,有利于技术创新,技术和创新是经济发展的推动力,这将有利于经济更好发展,优化资本配置。再次,利率市场化后,企业为了能够以更低的成本获取资金,会向金融机构提供更多企业相关信息,将减少信息不对称的问题,促使资金更多的转移到资本边际收益更高的生产部门,从而优化资本配置。最后,利率市场化可以优化社会资金在金融体制内外的循环过程,实现金融体系建设由资金筹集型转变为资源优化配置型的目标。利率市场化前,中小企业很难通过正规的金融机构在金融市场获取资金,导致了很多中小企业采取民间高利贷和 P2P 平台等高利贷渠道进行融资。在中国,中小企业数量庞大,这在一定程度上提高了中小企业的融资成本,进一步提高了整个社会的融资成本,使得金融市场更加不稳定。利率市场化后,中小企业的融资会变得相对容易,对民间资本高利贷以及 P2P 高利贷模式的需求会下降,会缩减正规渠道和非正规渠道之间的利率差异,促使社会资金回流到正规的金融市场中,不仅优化了社会资金的投资,而且使得更多的资金通过金融市场流向实体经济,促进实体经济健康发展。

从宏观上看,资本市场拓宽了企业融资渠道,提高了资金使用效率,优化了资源配置,使得资金可以根据市场的指向配置到最需要的地方,在这一过程中提高了市场参与主体的资金使用效率,同时日益健全的资本市场也易于拓宽海外融资渠道，吸收全球资金，提高产业国际化水平，与国际化对接，有利于提高我国的金融市场评价等级，提升我国的经济地位。

资本市场因具有风险共担、利益共享的特点，易于刺激和动员企业经营者进行创新创业活动，资本市场如权益类投资市场具有推动高新技术产业和战略性新兴产业快速发展的优势。以美国为例，在经历了二战之后的繁荣发展之后，20 世纪 70 年代美国开始进入"滞胀"，传统的经济手段对其束手无策，而在其后的 20 世纪 80 年代，美国的资本市场与高新技术产业开始紧密结合，"华尔街＋硅谷"的经营模式使得美国经济迎来了又一轮复苏的，并且培育出了如微软、谷歌等家喻户晓的高新技术企业，这种强劲的"新经济"动力持久，很大程度归功于资本市场特有的融资机制。

反观同样拥有良好工业基础和经济基础的欧洲，由于墨守成规，把精力集中于传统的银行信贷体系，缺乏资本市场的深度发展，新兴产业发展得不到充足的资金支持，使得欧洲的科技创新逐渐落后于美国，且全球竞争力日渐下降，欧债危机的产生和愈演愈烈也与前者有关。

通过对美欧两大经济体转型和产业升级调整的成败对比，可以发现现阶段我国在优化金融市场结构的过程中，需要大力发挥直接融资的作用和加快发展资本市场，尤其是股票和债券市场，使资本与科技创新对接，为小型民营企业和科创企业提供资金支持，推动资本与科技创新产业融合的可持续发展机制，充分发挥金融市场在培育和推动新兴产业成长中的强大作用。

在中小企业直接融资方面，中小企业在中国经济发展中处于重要地位，是经济发展的主力军，其健康发展有助于促进中国经济结构优化和经济转型升级。目前中小企业主要融资方式主要为间接融资，但中小企业自身经营能力较弱、抵御风险能力较差等因素导致间接融资都比较困难,从而导致众多中小企业走上民间高利贷、P2P网贷高利贷等渠道进行融资,增加了企业的风险,提高了社会融资成本。因此,积极发展中小企业直接融资渠道十分重要,从而缓解其融资困难问题,实现中小企业健康发展,对于我国经济转型升级意义深远。

中小企业具有规模小、数量多的特点,其融资需求呈现多样化的现状,不仅要提高直接融资渠道,更应该创新直接融资渠道。对于发展层次不同的中小企业,提供多元化融资渠道,针对资产结构优质的中小企业,可以允许一定程度的股权融资或债权融资。此外,运用新型直接融资工具,如大力发展资产证券化业务,不仅能让中小企业以较低的融资成本获得所需资金,增强其资产流动性,还能减少其现有的风险资产,方便其进行资产和负债的管理。

中小企业融资难问题的解决,可以通过建立多层次的资本市场融资体系,盘活企业的存量资产,满足中小企业项目融资、生产融资等各项需求。在利用资产证券化这一工具时,应使其有真实的经济活动作为支撑,以防次贷风险。另外,中小企业需要提高自身经营实力和抵御风险能力,并妥善利用品牌效应,打响自身知名度,方便从境内外市场直接融资。此外,监管机构应合理地减少约束条件和创新融资工具,让金融市场在最大限度内发挥优化资源配置的作用,如可以逐步放宽境内企业和金融机构赴境外融资的要求、发展股债结合、夹层融资等。同时,政府也应该完善对中小企业的扶持政策和相关法律法规,在建设有保障的中小企业信用担保体系和信用评级机制的基础上,为中小企业提供更多的融资渠道,营造有利于中小企业发展的融资环境。

在加快建设我国风险投资体系时,需要进一步完善我国的私募股权股融资链条。从而满足高新技术企业在成长初期的资金需求。在中国经济转型和产业升级的关键时期,风险投资行业可以利用自我独特的机制,为传统产业积累的财富和中小型新兴高新技术企业架接资金融通桥

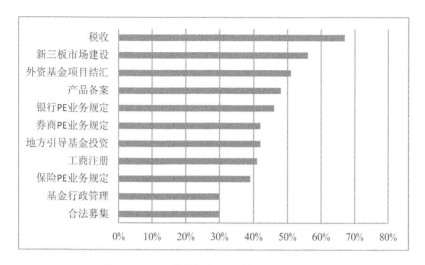

**图 10 - 3  私募股权行业政策改进需求评分**

数据来源:《中国私募股权市场发展报告(2017)》

梁。在新兴产业中,往往市场这只"看不见的手"会比政府这只"看得见的手"更高效,更容易完善新兴市场机制。针对中国风险投资行业促进经济转型发展,提出以下三点建议:

第一,政府要大力扶持风险投资行业发展,加大风险投资或私募股权投资税收优惠力度。同时政府作为中国特色社会主义市场经济的领导者,也需要对风险投资行业给予大力的扶持,如对于风险投资行业以及刚刚获得风险投资的初创型企业给予政策优惠、税收优惠等,弥补初创型企业在初期的资本流动性不足缺陷。

第二,要完善退出机制。私募股权"募、投、管、退"的循环经营模式需要有完善的退出机制和渠道。《中国私募股权市场发展报告(2017)》的统计显示,在 IPO、股权转让、上市后减持、并购、回购等退出渠道选择中,有 28% 的私募股权投资机构选择 IPO 方式退出,选择股权转让的占25%,上市后减持占 18%,并购占 12%,选择以回购方式退出的占比达7%。如图 10 - 4 所示:

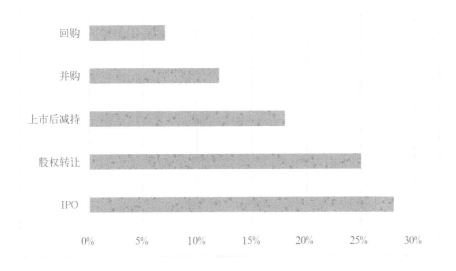

**图 10 - 4　私募股权投资退出渠道偏好**

数据来源:《中国私募股权市场发展报告(2017)》

与此同时,根据一项对外资私募股权投资者对中国私募股权资本市场特点的调研结果,缺少完善、高效的退出机制是目前我国私募股权资本市场的重要短板,具体统计如图 10 - 5 所示。因此应规范健全我国的 IPO 通道,尽快全面落实注册制,不断完善我国风险投资的退出机制。风险投资者的最终目的是利润,作为一种金融股权投资,私募股权投资的盈利模式不是要求被投资企业分红或者从企业收回投资,而是通过被投资公司股票上市以及公司间的兼并收购等方式将股权变现从而获得高额的回报。私募股权投资是一个"投资—增值—退出—投资"的循环过程,因此需要健全和完善我国的 IPO 通道,加快支持私有、中小型科创企业上市,进一步完善我国风险投资的退出机制,从而促进风险投资资金再循环。风险投资资金的使用效率提升,有利于扶持科技创新事业,加快推动我国产业结构升级和经济转型。

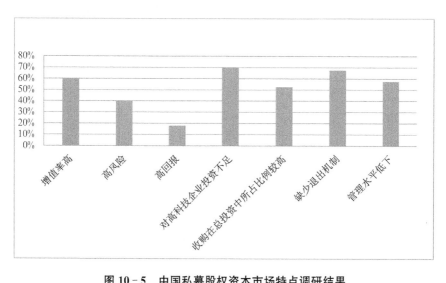

**图 10 - 5　中国私募股权资本市场特点调研结果**

数据来源:左京:《中国风险投资行业发展现状、问题及解决对策》,《新经济》2015 年 3 月

第三,加强私募股权投资团队的专业化管理能力。目前,我国私募股权投资的投后管理主要是从品牌、人力、财务等资源方面为企业带来全方位增值和提升,是与企业共同成长的长期投资,减少双方风险。同时,与被投企业间的关系维护也是投后管理中的重点,这一关系运营有利于提高经营效率和双方的长期合作。

与此同时,完善激励与团队合作机制也十分必要。根据机构问卷调查中的主观评判,完善机构选拔管理团队成员科学化机制,通过多元化指标如项目操作能力、过往业绩和特定从业经历等标准选拔管理团队成员。据统计,对这三项标准高度认同的样本占比都超过了 80%,具有非常高的共识。此外,新成员在项目、客户或公共影响等方面的资源优势也受到重视。因此,也应完善薪酬和激励机制,如合伙制机构提供基础报偿和固定比例作为业绩提成,从而提高 PE 项目管理团队的学习主动性,提高专业化管理水平,促进企业平稳运行和企业经营的可持续性。

同时,需要加快建设我国的衍生品市场。我国目前的金融市场中衍生品市场发展相对滞后,虽然美国的金融衍生品市场无限制的膨胀和缺乏监管约束最终导致了金融危机的发生,但是并不能因此完全否定金融衍生品在资产定价中的重要作用,因为金融衍生在分散市场风险、提高流动性上有其独特优势。因此,我国应合理推进衍生品市场建设,从而维护我国经济平稳运行发展,为经济转型和产业升级奠定基础。

在金融衍生品市场中,尤其要加快商品期货市场的建设,商品期货市场在我国的经济转型升级的过程中起着保障资源定价权的重要作用。由于我国商品期货市场较发达国家而言起步较晚,市场不发达,长期以来我国在大宗商品定价上没有话语权。完善我国的商品期货市场,下列几个方面值得考虑。

首先,抓紧建设完善优势品种期货市场,如根据大连商品交易所的统计和相关数据表明,铁矿石作为一种大宗商品,目前尚无完全明确的全球定价中心,这给予中国建设的全球铁矿石定价中心巨大机遇,同时我国铁矿石交易量位居世界前列,有良好的交易规模和基础,因此我国的期货市场可以从单个商品期货品种作为突破口,期货监管部门加强相关品种交易制度设计水平,使该品种期货形成有效的套期保值工具,进一步提高交易活跃度和影响力。

其次,提高交易所的知名度和全球影响力,加强广泛的国际合作。当今的市场是全球的市场,只有全球投资者广泛认可和具有知名度的交易机构才能进一步树立国际影响力,我国的期货交易监督管理机构以及交易所应坚持"走出去,引进来"的原则,即"走出去",加强广泛的国际合作与交流,吸引更多的市场参与者参与我国的商品期货市场,"引进来"即把国外交易所、交易管理机构先进的管理经验学习和借鉴。我国大连商品交易所与马来西亚交易所的合作交流就是较为典型的例子,这种合作机制需进一步推广和发扬,做到战略全球布局。

最后,我国需要营造有利于金融创新的良好环境。次贷危机之后,有大量的观点认为金融创新是金融危机爆发的根源,而我国金融创新发展步伐慢、水平低,因此很多人庆幸对我国经济波及不大,使得我国金融创新步伐受到进一步的遏制,然而我国并非没有受到次贷危机的影响。金融创新能够提升金融业服务水平和创新能力,能够有效地规避风险,因此应该鼓励金融创新。但在发展金融创新的同时,应该将防范金融风险贯穿金融创新的全过程中,营造一个有利于金融创新的良好环境。我国金融创新能力相比西方金融发达的国家要弱一些,因此需要尽快形成市场共识,积极推动产品创新、机制创新、制度创新,大力发展资产证券化。

在金融创新的过程中应该把握以市场为导向更好的服务实体经济需求,我国金融现在面临着一个重大的创新时期,金融结构化的调整在这个创新时期尤为重要,推动资产证券化,提升证券化的金融资产在整个金融市场中的比重。金融市场更好的服务实体经济,需要满足不同融资者对融资多元化选择的需求,即基于不同主体不同风险、不同资本结构的考虑,因此金融市场必须要有一套有效的满足不同主体需求的市场化融资工具,中国目前还未做到这一点,因此需要进行创新,即工具创新。另一方面,整个金融市场应该能够为投资者提供有效的资产组合,为不同风险偏好的投资者提供多样化的有效资产选择,目前中国金融市场也没有这样一个功能。目前中国金融市场资产种类较少,创新产品不足,有效资产组合缺乏,所以可以看到房地产的价格不断地上涨,这种房地产市场的繁荣表明中国的金融市场未能给投资者提供足够多的匹配投资者个人风险的多样化的金融资产,所以应推动金融工具的创新。

除此以外,加强我国并购行业建设至关重要。兼并收购行业在促进我国经济转型和产业结构升级方面发挥着独特的作用。无论是国有企业的并购,还是非国有企业的并购行为,都活跃了我国的企业的组织形式,刺激了企业工作效率,在拯救僵尸企业的同时起到了科技创新的作用,同时也延伸了企业产业链,对于部分企业来说兼并收购是企业走向国际化,进行全球布局的重要步骤。因此,我国有关兼并收购的制度需

要与时俱进的进行修改和完善,具体实施方向可分为以下几点:

首先,简化兼并收购的审批手续。企业并购往往涉及许多财务法规,所以在审核上需要花费较多时间。而部分地区间法规缺乏一致性,又给审核增添了不少麻烦。因此,监管机构应该统一并购条款,完善地区间的协调机制,简化审批流程,提高审批效率,既全面又要抓中心、抓关键,为企业并购提供高效的审批机制。

其次,引导企业股权投资或并购高新技术产业。政府可采用优惠政策,如实施税收优惠,减少企业并购成本,让企业资金朝并购科技创新型企业倾斜。实现优势互补,技术革新,从而促进产业结构优化升级。

同时,并购规划可与结合国家战略布局进行制定。在依托"一带一路"建设的基础上,积极与沿线国家开展务实合作。

最后,为海外并购提供完善的审批和国际合作机制,根据《2017 中国企业海外并购及并购后整合现状调查报告》的数据,我国企业海外并购交易未完成的主要原因中,除了谈判失败占比 24%,尽调过程中发现重大高风险占 22%,未通过标的所在国家、地区相关监管部门审批占了 18%,这表明我国企业在兼并收购海外资产时的并购审批机制并未达到

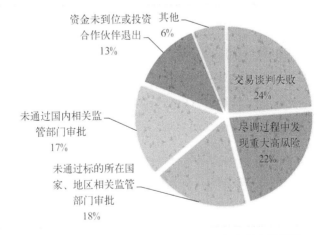

**图 10 - 6　海外并购交易未完成主要原因**

数据来源:《2017 中国企业海外并购及并购后整合现状调查报告》

国际接轨水平,同时在海外资产筛选上,有 17％的未完成事件由国内审批不通过造成,因此国内应快速形成与国际接轨的并购审批模式,加强相关人才队伍建设,培养懂得国际法规的金融法务人才,促进海外并购顺利运行。①

同时,企业在实行并购时也要完善自身的并购系统建设,在并购前、中、后制定详细的并购策略和规划方案,建立意外事件应对机制,控制企业并购中的风险,减少企业损失。同时,企业并购也应符合国家经济结构转型的发展战略,选择技术先进,可从横向和纵向延伸产业链的行业,在提高企业自身竞争力的同时,并购的溢出效应也可带动产业结构的优化升级。

### 10.3.2　提高金融市场开放程度

首先,优化自贸区开放政策,吸引更多的外资金融机构。2013 年我国自贸区首次在上海挂牌,众多国外金融机构均希望到我国自贸区设立投资机构,享受东道国的各种优惠政策,然而在自贸区设立后出现的“负面清单”在一定程度上阻止了海外金融机构进入自贸区的步伐。我国通过对自贸区“负面清单”的整理改制,减少了准入限制,吸引了更多外商投资机构的入驻。因此,政府机关应从各方面最大程度减少金融市场准入限制,降低外资金融机构的投资入驻门槛。这样才能吸引更多的外资金融机构进入中国市场,推动我国市场的国际影响力和活跃度,提升我国的服务贸易竞争力。

其次,要合理引进优质外资企业。在大力引进外资企业的同时,既要注重数量,也要注重质量,我们要引进实力雄厚和信誉良好的外资企业,同时要优先引进国际知名的高科技创新型企业,给予其更多的优惠政策,这样我们才能学习到更多优秀的经营理念和卓越的管理技术,从

---

① 数据来源:德勤:《中国企业海外并购及并购后整合现状调查》,2017 年 8 月。

而为我国的金融服务贸易行业带来更多的技术效应溢出,有利于提升我国的国际金融服务贸易竞争力。

同时,坚持"走出去"战略,推动我国金融机构走向国际,增强其国际市场份额和国际影响力。随着国际金融服务贸易进一步自由化和持续发展,我国的国际金融市场也在逐渐走向全球布局,伴随着"一带一路"倡议和人民币国际化进程的不断深入,我国应抢抓这一良好的历史机遇,颁布相关鼓励政策,大力推动我国金融服务贸易走出去,参与海外并购,国际合作交流,牵头相关国际性、地区性的金融跨国组织,并形成相关实质性成果,加速推进我国金融体系的全球化布局。

最后,减少外汇管制,推进人民币国际化进程。人民币国际化不仅利于对外经贸活动的开展并促进有利于资本项目自由兑换的进程。另外,在保证国内金融安全的前提下,加强境内外金融机构的经验交流和互联互通,逐步放宽境外金融机构进入国内市场的限制,在立足国情的基础上,促进国内金融市场规制与国际标准进一步接轨和提高。

### 10.3.3 加强金融市场风险控制

合理有效利用货币政策和财政政策,深化利率和汇率市场化,方便与国际接轨,健全货币政策和宏观审慎政策双支柱调控框架和金融监管体系,将防止系统性金融风险发生作为底线。这是我国在新时代对金融领域的根本要求,也是金融发展一般规律与我国金融改革实践探索相结合的科学部署,更是做好新时代金融工作的根本遵循[1]。

合理、科学的监管模式对于发展金融市场、提高金融对经济增长的推动作用必不可少。一方面,监管模式可以为金融市场的发展营造一个友好的环境;另一方面,监管模式也可以为金融有效运行,提供一个合理稳健的框架,防止系统性风险的聚集和冲击。我国可参照其他发达国家

---

[1] 周小川:《守住不发生系统性风险的底线》,中国人民银行网站,2017 年 11 月 4 日。

实践和经验,并结合我国国情建立适应金融市场发展的监管模式。这种监管模式应该具备以下几个要点:首先,中央银行的监管职责不应缺位。货币政策是维护金融稳定的重要措施之一,而为保障货币政策实行的有效性,则需要中央银行监管职责的辅助、配合。强化中央银行的金融监管职责有助于提高货币政策的实行效果。其次,重视功能监管的作用。在实际运用中,需与机构监管相互配合。功能监管在次贷危机后成了发达经济体在监管方面的一般导向,但对于我国而言,机构监管在国内经济市场中一直保持着较好的效果。因此,我国仍应坚持机构监管的作用,但可在这一基础上增强功能监管的作用,进而形成一个中央银行主导下的伞形监管架构体系。最后,监管需适度,不能影响金融市场的竞争活力。虽然自1992年的市场化体制改革以来,我国金融市场进展巨大,但不可否认的是其仍处在发展初期,因此仍需适度的监管,才能使市场这一"看不见的手"发挥最有效的作用。此外,适当的监管有利于防止垄断,促进竞争,激发市场的发展潜力,而出于部门利益考虑推崇的监管统一则会让市场缺乏活力,以至于诱发权力寻租。

为了加强金融市场的有效监管,我国政府可以从以下几个方面入手。一是提高对金融监管的重视程度。金融监管是防范金融市场风险的重要措施之一。密切关注金融机构的运营情况,可以及时发现其存在的风险和潜在的问题,然后运用监测方法和行政手段防患于未然,把损失控制到最小。二是完善现存的金融体系,规范金融市场的运作秩序。根据相关法律法规,对金融市场进行规范处理。如加强对民间资本的监管,打击非法金融活动、反洗钱等。杜绝不法分子将金融市场变成法外之地的可能。同时,对标国际,结合现状,创新现有金融体系制度,促进金融市场的健康发展。三是调解监管过程中出现的问题和矛盾。通过提供机会和渠道,积极推动相关部门间交流和合作,实行备案制度共享。从而提升金融监管效率及质量,减少金融机构运营压力。

### 10.3.4　新技术冲击背景下对金融市场的建议

金融科技的演进发展催生了大量新生金融业态,跨界业务和交叉性金融产品不断涌现,人工智能、区块链、云计算、大数据、生物科技等最新科技在金融行业得到广泛应用。科技进步不但对金融创新提出了新的需求,也对金融监管提出了新的挑战,有效防范金融风险具有迫切性和深远意义。

目前新技术在数据处理、数据分析,快速创建标准化数据报告、数据共享方面具有方便快捷的优势,可以拓宽金融机构获取数据的渠道,借助加密技术推动数据共享更加安全,并能确保数据的隐私性和完整性。大数据技术、云计算和人工智能可服务于金融机构压力测试领域,通过场景模拟、快速响应,可快速处理大规模的数据,对更多的变量进行分析,降低情景失真,更好地进行情景测试;实现压力测试的动态化,帮助金融机构及时发现风险并采取处理措施,防止风险积累。通过云计算能够降低压力测试的成本,帮助金融机构实现"自合规"。金融科技亦可以通过生物识别技术、逻辑校验、情景行为检验等工具服务于身份识别、获客渠道管理,从而解决互联网带来的身份识别难题,提高客户身份识别的效率,客户能够更快地享受金融服务。①

除此之外,如区块链技术在维护客户信息安全,人工智能在智能投顾等方面的应用也是新技术在金融市场和金融监管方面的应用。

毫无疑问,在新技术快速推广到金融行业的进程中,出现了一系列问题,例如:如何协调金融科技公司、被监管对象和监管部门三者目标的问题,如何应对监管科技运用中的未知风险问题,如何保证监管政策的透明度和公平性问题。

据此,本文提出以下建议:首先,要完善相关法律法规,加强监管科

---

① 杨宇焰:《金融监管科技的实践探索、未来展望与政策建议》,《西南金融》2017 年 9 月。

技统筹规划,规范业务的发展。加强对信息安全和数据采集使用相关的立法,明确金融数据采集和使用的底线,明确金融科技监管部门职责分工和责任边界,在我国目前的法律体系基础上,加速出台适应最新金融科技的法律法规,如《银行业金融机构信息技术外包管理条例》《中小银行信息系统托管维护服务规范》等。

其次,要加快开发针对新技术的监管工具。增强金融监管的多维数据处理能力,如基于大数据的全面风险管理数据中心,为金融机构提供基础数据管理平台。同时可利用区块链技术多点存储、难以篡改的特性,防范跨区域、跨行业、跨市场的交叉金融风险。

最后,应加强在监管科技方面的能力建设和国际合作。能力建设依托于强大的人才队伍建设,要形成一支会科技、熟操作、懂法律、通金融的复合型人才队伍,并提升自主研发能力。与此同时,同时在一些非核心性、非系统性的业务领域加强与世界先进国家的交流与技术合作,在风险可控的情况下敢于采用成熟的第三方产品,提升金融机构风险管理能力。国际金融稳定理事会(FSB)在 2016 年 3 月正式将金融科技纳入议程,巴塞尔银行监管委员会以及国际证监会组织(IOSCO)等都在高度关注金融科技的发展。因此我国应加强同国际组织的合作交流,形成与国际接轨的金融科技监管体系,为我国经济转型升级提供坚实后盾。

## 10.4 本章小结

本章通过分析我国金融市场的现状,首先阐述了我国金融市场是产业升级和经济转型加速器的理论逻辑,通过对金融市场要素积累和导向的分析得出我国目前金融市场发展的缺陷和不足,尤其是在我国经济转型和产业升级的大目标下,对完善金融市场提出了迫切的需求。金融市场作为资源配置的工具,在促进我国经济转型和产业结构升级的过程中发挥着至关重要的作用。本文主要从商业银行信贷体系的缺陷和不足、衍生品市场的定价机制建立以及企业收购、并购三个角度分析了金融市场在我国产业升级、经济转型中的作用,通过与国外同行业的分析比较,阐明了这些部门或行业目前与我国经济转型关键时期不相匹配之处,同时指出了目前我国经济"脱实入虚"的现象,从而提出改进完善的相关建议。通过分析,得出以下结论:第一,要加快金融市场改革,建立竞争机制,不断推进和落实利率市场化。针对我国商业银行信贷机制的短板,应大力发展直接融资和我国以股票市场、债券市场、保险市场为主的资本市场,加速完善 IPO 渠道,大力发展公司债企业债,疏通中小型科技创新型企业融资渠道;同时要在法规完善的前提下合理发展衍生品市场,利用期货期权等衍生品市场的多空机制确定定价权,从而为经济转型和产业升级提供基础大宗商品资源的价格控制力基础,提升我国的国际定价权地位,提升我国的国际话语权;应持续优化和完善我国企业的兼并收购行为,从而促进企业生产效率提高,延伸企业产业链,优化公司治理结构,实现企业全球布局,提升中资企业全球经济影响力。第二,要不断推进金融市场开放,加强国际合作,主动和国际接轨。第三,在新的国家方针政策下,加强金融市场风险控制,实施宏观审慎监管,为经济转型提供监管保证。最后,本文还分析了在新科技背景下我国金融市场的问题,并对相关缺陷提出了建议,如加强人才队伍建设提升防范金融科技风险能力等,从新技术的角度提出金融市场的建设策略。

# 第四篇
## 中国经济转型升级路径篇

# 第十一章　老百姓需求结构优化才是升级的根本点

　　自改革开放以来,我国经济在较长一段时间内都处于高速增长的状态,令世界瞩目。老百姓的收入不断地增长,生活水平也逐步提高:2019年我国人均 GDP 突破 1 万美元(约 1.033 万美元),接近高收入国家标准(1.33 万美元)中国经济步入新的发展阶段,原有的发展模式已经不再适合于我国经济未来的可持续增发展,出现了明显的经济结构失衡问题,且这也影响到了我国经济潜在增长动力。解决经济结构失衡问题,是中国经济实现优化升级的关键。如何实现结构失衡的再平衡,从经济学逻辑上来看,这似乎是一个伪命题。因为经济系统本身一直处于持续的动态平衡中,所以经济结构的失衡本身是经济常态,但是如何优化经济结构则是中国经济必须面对一个的问题。以什么样的方式来实现经济结构的优化,对中国未来的经济发展具有重大的战略意义。

　　中国经济目前基本完成工业化,制造业水平和体系的完备程度居于世界前列。经济的再发展所面临的矛盾,已经从供需矛盾转到以需求矛盾为主的阶段,因而结构优化升级之根本点,就在于根据家庭需求结构的优化来调整优化国家经济结构。作为经济主体之一的家庭,是具有高度自主性的决策主体,其需求的实现是以市场规律为基础的,所以家庭的需求结构的优化在于通过市场化为导向的方式来实现。随着收入的提高以及消费观念的提升，中国老百姓的需求结构在不断地发生着变化，新的需求也在不断地产生。市场化导向能够使这种需求的变化真正地表现出来，并反馈到市场之中去，引领供给方的产业结构的调整与升级。基于上述经济逻辑，可以认为中国经济转型升级的根本点在于百姓的需求结构优化。

## 11.1 需求结构优化是经济转型升级的根本点

中共十八届三中全会已经明确提出市场机制是资源配置的决定性力量，市场机制已经成为中国经济要素最基础的配置方式。众所周知，在任何一个市场化的经济体中都有供给和需求两方相互作用和影响，它们在不断的调整中寻找相互的均衡状态，在这个状态下的产出即为经济体大致的产出水平。这种相互之间的作用和影响具体表现在国民经济中便是经济体中的企业根据市场信息所反映出的各个家庭对于商品和服务的需求相应地进行生产，同时产生对于劳动力和资本的需求；而家庭根据企业所反馈出的需求相应地为它们提供劳动力与资本。尽管对于经济体进行了很大程度的简化，但该模型的确反映了供给和需求相互作用使经济体达到一定的产出水平的过程。

诚然，供给或需求任意一方的变化势必导致另外一方进行相应地调整。在长期中，技术进步、人口结构变化等因素会推动经济发展与转型。技术的进步、人口结构的变化等因素首先体现在百姓理想的需求水平的提升上，使得原有的理想需求得到了满足，进而产生了新的需求，促使供给方的企业和厂商雇佣更多劳动力、投入更多资本开辟新的市场，使产出水平得到提升，经济发展进入更高的阶段。换言之，技术进步等因素打破了制约人们追求更高的需求的屏障，使得需求得以带动供给方进而带动整个经济体的转型升级和发展。但是，短期内的经济发展却更多依赖市场需求的引导：短期内需求的增加会拉动供给的增长，进而使得经济进入新的发展阶段;而短期内供给的增加则往往会由于需求的制约而使得供给回到原先的水平而告终。这是因为,当公众出现新的需求时,实力较为突出的、具有较高企业家才能的生产者会率先察觉到这些新的需求,作为供给方开辟新的市场或者扩张原有市场,进而使得产出增加,就业更加充分。反之,如果在需求不变的情况下,供给方由于某种原因增加其供给,则会造成产出过剩,亦即当今我国所面临的问题之一,这样一来,则会导致价格下跌,那些盲目扩大生产的、具有较低企业家才能的供给者被淘汰出局,市场上的供给水平回归原先水平。

我国经济在经历了一段时间的飞速发展之后,也进入了经济增长速度放缓的阶段,不再适用依靠开发自然资源、出口原材料以及廉价劳动力的发展模式。在改革开放以及经济发展初期,由于中国人均收入低、储蓄率高且大量利用不足的劳动力主要存在于生产效率较低的农业部门中,即便在资本、劳动力以及产业结构等方面存在一定问题,只要将大量的劳动力从生产效率低下的劳动部门中转移至其他生产部门,依然能够实现经济的高速增长。然而随着我国经济的逐步发展,可被转移的劳动力数量也逐渐在减少,产业结构的不合理以及产能过剩的问题逐渐凸显。资源配置不合理、利用效率低下以及部分产业过分依赖于政府支持等问题的长期积累最终导致了我国现阶段的产能过剩;而只有在需求的引导下供给厂商才能知道市场究竟需要什么、如何调整产业结构以使自己的生产最符合经济的需求。需求结构的优化将最终引导产业结构进行调整与升级。因此,在当前中国经济进入到产能过剩,总供给多于总需求的状态下,需求处于主导地位,百姓需求结构的优化是经济转型升级的根本点。

## 11.2 需求结构优化在于以市场化为导向

以优化百姓的需求结构带动经济的转型升级面临两个基本事实:第一,百姓需求结构能否通过市场信息的传递真正地表现出来;第二,供给方能否根据市场反映出的需求信息较为自如地调整生产。这两个问题的答案决定了需求结构能否优化以及优化了的需求结构能否真正带动经济的转型升级。

首先,市场必须能够真实有效的反映百姓需求,这是建立在市场参与者之间自由进行交易而不是政府进行引导和控制的基础上的。市场中存在两种知识,一种是科学知识,可以通过学习获得,且它们在人类社会中已经达成共识;另一种是当时当地知识,是指因不同的人的生活环境、所处背景以及阅历的不同而导致的其对于自己和社会的认知以及需求的不同认识。每个人都具有自己独特的当时当地知识,因此,只有市场参与者本身才知道自己真正的需求和优势。于是,市场参与者根据市场过程形成的价格所反映出的交易信息做出相应的符合自己需求的交易决策,同时,他们也通过这些自由的交易将交易信息反映于市场的价格之中。市场中的参与者在交易中不断地寻找和纠正价格,但是永远不会真正将价格稳定在一个所谓的"均衡价格"。即市场是一个动态的觅价过程而非静态的均衡定价状态。因此,不可能存在一个能够进行精准调控的中央计划调控者使得市场达到最优状态。正因为如此,所以中央调控者既不可能获知那个在实际的市场运行中根本不存在的"均衡价格",也不可能全面地了解市场参与者的真正需求,而只有交易者自己才清楚自己的真正需求是什么。

事实胜于雄辩。苏联作为曾经的超级大国,在其发展初期,与中国一样由于大规模的利用效率低下的劳动力以及国民的高储蓄率得到了释放而取得了经济的高效和快速发展。而当这种潜在的能量逐步被释放殆尽,经济增速放缓之时,苏联仍坚持高度集中的发展模式,由中央政府规划分配物资和收入,而不是依靠市场需求来实现。这种分配模式压制了百姓需求,最终导致了苏联经济发展的持续低效率,严重制约了其发展。

反观改革开放以来的中国,经济之所以能够取得令世界瞩目的成就,就是因为经济体系的市场化,使得百姓的需求得以被市场反馈出来,资源得以被分配到真正有用的地方上去。中国已有的经验已经证明,市场化的需求会为经济发展带来真正的动力。如今,中国正站在改革、发展以及经济转型升级的关键点上,曾经的廉价资源和劳动力优势已经消失,经济发展开始放缓,中国未来真正实现经济的转型升级的关键在于继续坚持和深化具有中国特色的社会主义市场经济道路,让百姓的需求可以真正地从市场所传递的信息中反映出来。

另外,如果老百姓的需求为市场所反映,而企业和厂商却无法适时调整生产的结构和规模,那么纵使改变需求结构也无法实现真正的优化。企业和厂商无法自如调整生产可能出于两个因素:第一,该企业自身存在缺陷,竞争力不足。这种情况下该企业便应该被市场淘汰掉,留下可以正确做出调整的企业以及新进入的合格企业进行供给。第二,政府对于特定行业的支持影响,使供给方无法自由地调整到适当结构。许多观点错误地认为,政府对于特定行业的大幅支持和调控有利于经济发展。然而事实上,在非特殊情形下,如前所述,由于政府不能准确获知市场的真正需求是什么,无法进行精准的调控,因而其所造成的产业结构也很有可能不是最合理的。并且政府的调控和注资等行为的效果存在着时滞性和不确定性,也会使得其行为结果大打折扣。第二个因素的发生还有可能使得第一个因素在市场中触发的优胜劣汰的过程无法正常进行。

所以,政府应合理有度地注资和调控,减少不必要的对于特定产业的支持行为,令市场参与者自由博弈和竞争,才能使得供给方真正得以根据市场需求调整产业结构,进而达到产业结构的升级,解决当前产能过剩的问题。只有这样,需求结构才可以真正得到优化,进而带动经济的发展。

以上两个方面共同说明,需求结构要优化,则必要以市场化为导向。以市场化为导向的需求,能够更有效地利用市场机制引导资源的配置,提升资源的利用效率,并对各类资源(原材料、资本要素、劳动要素等)进行市场化的合理定价。简言之,经济转型升级之根本在于需求结构优化,而需求结构优化之根本在于以市场化为导向。

## 11.3 市场化的需求结构的影响因素

百姓的需求结构是随着经济的发展而不断地变化的,不同的阶段有不同的状态。我国人均收入水平随着经济的增长不断提高,人们支付能力的提升会使原有的需求渐渐地得到满足。在已有需求得到满足的基础上,人们自然会开始追求更高的生活质量,市场也会因此产生更多新的需求。清楚了解影响市场化导向的需求结构的重要因素及变化趋势有助于更好地理解市场化为导向的需求结构发展的内在逻辑和发展机制。

在需求层次理论(Maslow,1943)中,人类的需求被大致分为五个层次,依次递增,在满足了较低的一个层次的需求之后,会上升到更高的一个层次。

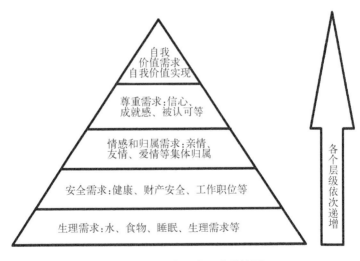

**图 11 - 1　需求层次理论结构图**

如图 11 - 1 所示,各个需求层次自下而上的递增是随着个体的自身经济状况的增加而实现的。个人的经济状况取决于个体的收入水平或其他影响收入的因素。例如,虽然古有"不食嗟来之食"等例外情况,但一般来讲一个连温饱问题都无法解决的人是不太会去考虑自尊的问题的。就总体来说,需求依然是随着收入状况的上升而不断改变的。虽然这样的简化模型不能将每一个个体的情况涵盖进去,也没有将现实中所有种类的需求都罗列在内,但是它的确可以提供一种较为清晰的分析思路并说明需求随经济状况的递进趋势。此外,当把百姓的需求结构作为总体来看待时,人口结构①等因素也会影响需求结构的形式和组成。因此,百姓的需求结构优化升级在于收入水平的提高,而人口结构等因素的变化也会影响需求结构的具体呈现形态。总的来说,需求结构随着收入水平的改变而改变,在特定的收入水平下会有特定的需求结构,而在某一固定收入水平下也难以产生逾越该水平的需求。

纵观历史,各个国家的发展历程也能说明收入水平、人口结构等因素影响并决定了市场化的需求结构。英国在 18 世纪末至 19 世纪初经历了工业革命之后一跃成为强大的"日不落帝国"。除了科技进步与发展为英国的经济腾飞提供动力,国民收入水平和人口结构的提升所推动的需求结构的优化无疑为其发展奠定了良好的基础。

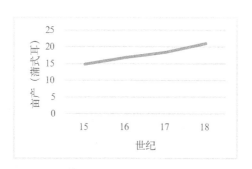

**图 11 - 2　英国工业革命前各世纪亩产情况**

---

① 这里所说的"人口结构"是指广义上的人口结构,包括人口的年龄结构、数量结构以及人口的综合素质的组成结构等,下同。

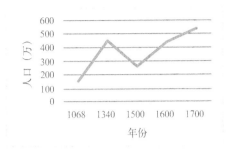

**图 11 - 3　英国工业革命前代表年份人口数量**

在英国工业革命前的几个世纪,该国人口和亩产都发生了较快速的增长①,说明劳动力数量和技术先进程度发生了较为显著的增加。而根据索洛模型,这两个因素是在资本存量不变的情况下对于经济增长最为重要的因素。经济的增长带来了人们收入水平的增加,17世纪后期,大多数农民的收入已经可以达到60—80磅,为消费需求的扩张提供支持。根据相关数据和资料分析,上述变化使得英国居民消费需求发生重大变化,产生了对于其他原本需求较少商品的大量需求。经济的增长提高了老百姓的收入水平,新的需求得以产生进而调整需求结构,为科技发展拉动产出增长铺平了道路。

再如美国,战后经济飞速发展,电视机、计算机、手机等信息科技蓬勃发展,究其原因,就包括其人口结构的变化。二战后,归来的老兵从世界各大洲的战场回到祖国,经历了腥风血雨的战争之后,存活下来的士兵在为自己庆幸的同时也开始追求安逸的生活和高质量的娱乐与享受。美国国内普通居民虽然没有直接受到战争的伤害,但是他们在经历了20世纪30年代大萧条的绝望和苦难以及二战期间的战时经济的紧张和恐惧之后,也希冀美好、安逸的生活,而且更加强调生活质量以及享受生活

---

① 在图 11 - 3 中观察到的人口的下降是由于当时在英国爆发了"黑死病"。然而,这并没有影响长期内人口增长的大趋势,并且由于16世纪初英国的经济水平还难以供给"黑死病"爆发前的人口数量,该疾病的爆发反倒促进了英国经济的发展。

的人生态度。这样的生活态度使得经济内总的需求结构发生了变化,第三次科技革命的兴起与这样的需求结构结合起来,使得电子信息技术等相关的使生活更加美好和便利的产业应运而生。可以说,美国战后经济的繁荣,除了国际视角下的各种有利条件外,其根本可归结为人口结构的变化导致了需求结构的变化。

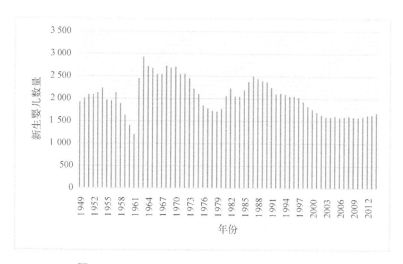

**图 11‑4　1940—2009 年各年份全国新生婴儿数量**

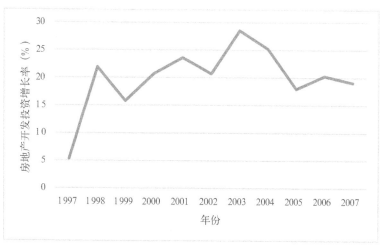

**图 11‑5　1997—2007 年各年份房地产开发投资增长率折线图**

如果将视角转向国内,那么最能够说明上述引导需求结构变化因素的便是中国的房地产市场发展历程了。抛却收入水平的提高以及改革开放对于住房市场的市场化改革进程的影响因素,中国房地产市场的每一次繁荣都和人口结构的变化是分不开的。观察中国每一次婴儿潮的时间分布,我们不难发现,人口结构变化所致的需求结构变化才是房地产市场繁荣的根本动力。

中国的婴儿潮大致可归结为三个时期,即 1950—1958 年、1963—1975 年以及 1985—1990 年。由于第三次婴儿潮可以归结为前两次婴儿潮以及客观经济环境的产物,我们先将视角聚焦在前两次婴儿潮上。按照前两次婴儿潮期间人口年龄的结构,可以归纳出表 11 - 1 所示的在各年份的人口年龄结构。采用类似方法,我们也不难估算出 1950—1960 年出生的那一代人在 2000 年左右年龄大概在 40—50 岁,尽管考虑到这一代人由于工作、收入、家庭以及住房各方面已经基本稳定,其购房需求不会占据太大比例,但是需要认识到的是,他们的确是 2000 年左右购房需求中很重要的一部分。且这一代人对其子代的资金支持在很大程度上使得这一时期的住房需求得以迅速扩张,也就是我们在表格中所看到的后三列人群。这也可以部分地解释我们在上表中看到的 1998—2004 年房地产投资高增长的原因。

表 11 - 1　前两次婴儿潮期间具有代表性的年份出生人口的年龄变化

| 年份 | 1962 年生(岁) | 1969 年生(岁) | 1974 年生(岁) | 1979 年生(岁) |
|------|------|------|------|------|
| 1966 | 4 | — | — | — |
| 1976 | 14 | 7 | 2 | — |
| 1979 | 17 | 10 | 5 | — |
| 1984 | 22 | 15 | 10 | 5 |
| 1992 | 30 | 23 | 18 | 13 |
| 1997 | 35 | 28 | 23 | 18 |
| 2001 | 39 | 32 | 27 | 22 |

| 年份 | 1962 年生(岁) | 1969 年生(岁) | 1974 年生(岁) | 1979 年生(岁) |
|------|---------------|---------------|---------------|---------------|
| 2003 | 41 | 34 | 29 | 24 |
| 2005 | 43 | 36 | 31 | 26 |
| 2010 | 48 | 41 | 36 | 31 |

资料来源:《中国的婴儿潮,1962—1980 年出生的那一代》,奇鹤,2006.

1985—1990 年期间,由于之前两次的婴儿潮使得我国人口基数变得十分庞大,加之改革开放之后经济飞速发展,人民生活和健康质量不断提高,又出现了一次婴儿潮。这次婴儿潮中的新生儿到了 2005—2010 年正处于产生购房的刚性需求阶段,因此 2005—2010 年我国的房价继续保持较高增长。而在 2010 年后失去了强大的需求支持,我国房地产的发展则陷入了泡沫与产能过剩阶段。因此,影响和支配我国楼市的发展走势的重要因素,是由人口结构决定的需求结构。

基于以上分析,对于市场化的需求结构最重要的影响因素即为收入因素和人口结构因素,且前者在较大程度上受到经济发展水平制约。深入理解了市场化需求的作用因素,我们便能够更好地通过其内在逻辑,优化以市场为导向的需求结构,有效推进中国经济转型升级。

## 11.4　中国现阶段之需求结构:回顾与展望

正如前面所说的,收入水平和人口结构等因素决定了需求结构。那么中国的需求结构发展到了何种阶段? 将来又会产生哪些变化? 中国的需求结构将如何优化来带动整个经济的转型升级?

其实,在过去的年份中,随着居民收入水平的不断提高,中国的各项消费支出的确在不断增长,说明各项基本消费需求在不断扩张。将 1978 年至 2011 年的城镇居民与农村居民的可支配收入、消费支出的数据分别做回归分析,便可以证明这一点。在所取的年份中,城镇居民消费支出与城镇居民可支配收入之间的线性回归方程为：$y = 0.6923x + 336.42$，相关系数 $r = 0.9979$；农村居民消费支出与农村居民可支配收入之间的回归方程为：$y = 0.7494x + 41.657$，相关系数 $r = 0.9990$。两个变量之间的强正相关性证明了我国百姓的需求结构与收入的关系符合前面所述的经济逻辑。而数据所体现出的农村居民的边际消费倾向大于城镇居民这一现象也将在后面用到。

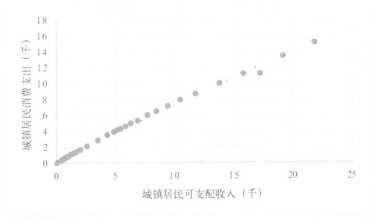

**图 11‐6　1978—2011 年各年份城镇居民消费支出与其可支配收入数据分析**

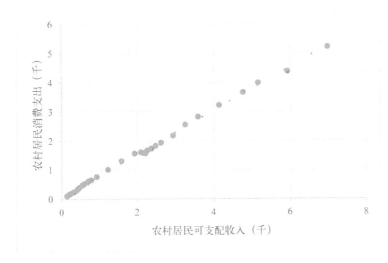

**图 11‐7　1978—2011 年各年份农村居民消费支出与其可支配收入数据分析**

居民消费支出随着经济的发展以及收入的增长而增加,肯定了自改革开放以来,我国百姓的生活水平的提高,说明百姓的需求结构确实在不断地优化和演进。但是,百姓消费需求的增加并不能完全证明我国的需求结构是在合理、适度和健康的状态下进行演化的。

鉴于各个国家的地理条件、文化背景以及资源禀赋不尽相同,想要通过归纳各国发展的历史数据,得到一套需求结构变化的详尽的一般模式,这几乎没有可能。国家之间的差异会使得需求结构变化可能存在的一般变化规律变得模糊,无法通过发达国家的历史数据或目前和中国同处中等发达国家发展阶段的国家的经济数据来准确推知和预测中国的需求结构及其变化趋势。国内学者在研究关于需求结构变化的问题时,多采用以中国的数据和“钱纳里标准模式”相对比的方法,以确定中国的需求结构是否合理。然而,由于各国实际情况的差异,对使用这种方法的争议较大,研究结果也受到了质疑。已有研究对于中国需求结构的较为普遍的结论是经济中存在着净出口率、投资率较高,而消费率较低,但对于合理的消费率区间,并没有一致的看法。

尽管由于研究方法和衡量标准的不同,人们无法对于具体的量化指标达成共识,但是毋庸置疑的是,中国的消费率的确存在着偏低的现象。如图 11-8 所示,图中所显示的是世界银行所绘制的中国居民最终消费占 GDP 的比重。可以看出,随着中国经济的发展和百姓收入水平的提升,中国居民最终消费占 GDP 的比重在下降。

结合图 11-9 和图 11-10,可以发现,中国家庭最终消费占 GDP 比重在下降,而政府最终消费占 GDP 之比却处于上升趋势之中。

采取横向对比,选取 2015 年的东亚地区、高等收入国家以及中国的家庭最终消费支出占 GDP 比重做出条形统计图,如图 11-11 所示。如果说中国的该比重小于东亚地区水平是由于中国经济发展水平高于东亚地区平均水平,因而百姓可以拿出更多的资金进行除生活必须消费之外的其他活动,那么该比重值高于高等收入水平国家便无法解释得清楚。

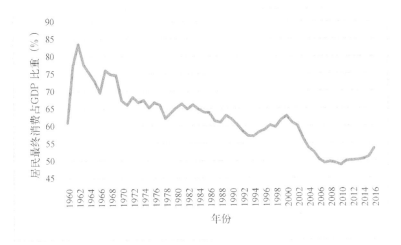

**图 11‑8    1960—2015 年中国居民最终消费占 GDP 比重的变化**

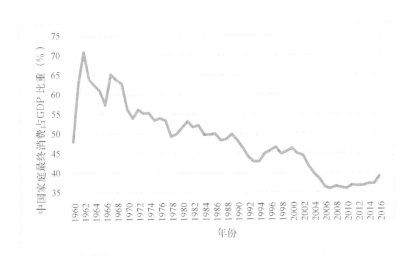

**图 11‑9    1960—2015 年中国家庭最终消费占 GDP 比重的变化**

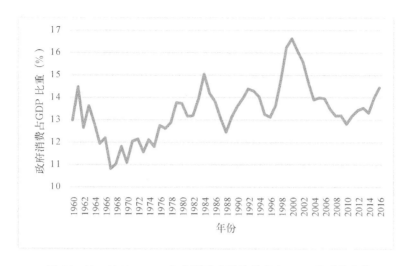

图 11‑10　1960—2015 年中国政府最终消费占 GDP 比重的变化

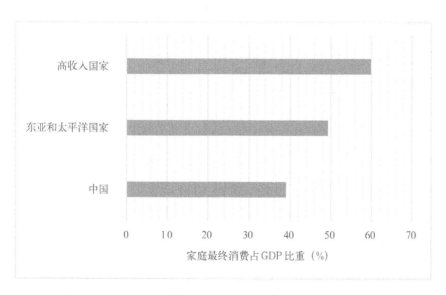

图 11‑11　2016 年不同国家和地区家庭最终消费占 GDP 的比重

实际上,图 11‑11 所反映出的比值低于高等收入水平国家的现象说明了百姓的消费需求受到了抑制,没有表现出其在该收入水平下所应该呈现出的状态。而主要发达国家在人均 GDP 为 3 000 美元和 10 000 美元时的最终消费率如表 11‑2 所示。图表结合,不难发现问题,即中国居民收入分配严重向政府倾斜,导致了国内消费不足,主要依靠投资和出口拉动经济增长。

**表 11-2　主要发达国家在人均 GDP 为 3 000 美元和 10 000 美元时最终消费率**

| 国家 | 人均 GDP 达到 3 000 美元 | | 人均 GDP 达到 10 000 美元 | |
|------|------|------|------|------|
| | 年份 | 消费率(单位:%) | 年份 | 消费率(单位:%) |
| 美国 | 1962 | 78.6 | 1978 | 78.7 |
| 德国 | 1971 | 74.8 | 1979 | 80.2 |
| 法国 | 1971 | 73.7 | 1979 | 76.5 |
| 英国 | 1973 | 79.8 | 1986 | 82.7 |
| 日本 | 1973 | 61.9 | 1984 | 69.1 |

　　根据已有研究成果,需求结构的合理化与高级化会对于经济增速产生一定的抑制,并且在一定程度上会加剧经济的波动。[①] 这样的结论也符合横向对比各国现阶段情况所发现的现象:美国、日本等高消费率国家经济增速相对于消费率较低的中等发达国家较低。我国改革开放初期,经济与发达国家差距很大,各方面较为落后,各项工作应以经济建设为中心,以实现在赶超期的快速发展,避免在飞速前进的时代落后于其他国家。这样的发展策略在经济发展初期是合理的,它也可以部分地解释中国消费率过低的原因,即要实现稳定高速增长,便不能拥有过高的消费率。

　　当前,中国的经济发展已经取得了骄人成绩,部分地区的经济发展水平也已经较高。如果现在依然采取先前的发展模式,会抑制老百姓的需求,阻碍需求结构及时合理地优化,无法达到目前收入水平下所对应的需求结构水平,进而使得产业升级乃至整个经济的转型升级受到抑制。诚然,亚洲尤其是东亚的传统文化使得百姓偏向于低消费和高储蓄,但无法否认的是,过去的年份中中国的经济发展模式的确在一定程

---

① 纪明、刘志彪:《中国需求结构演进对经济增长及经济波动的影响》,《经济科学》2014 年第 1 期。

度上抑制了消费需求的表现,并且这种抑制具有时滞的效应。正如早期的计划经济模式使老百姓在改革开放初期依然不敢尝试私有化经营一样,中国改革开放初期的将经济高速增长放在第一位的发展理念和模式也会对于现在的百姓需求结构产生影响。这种具有时滞性的影响,源于文化理念相对经济发展的落后。因此,在未来的经济体制改革以及经济转型升级的道路上,要尽可能地减少政府干预,以减少发展模式对于百姓需求结构的影响,以免百姓真正的需求结构无法通过市场正确地传达给供给方,进而造成供给方无法进行相应地产业调整,从而影响中国经济的转型升级。归根结底,这是一种在经济增速和发展模式上的权衡取舍。

在已有需求得以在市场中不断呈现之时,新的消费需求也正在并将不断产生。我国目前进入了中等发达国家行列,不论从收入水平还是人民生活水平的角度来说,温饱以及基本的住行问题都已经基本被解决。

在改革开放和发展的初期,我国居民收入水平尚处于较低阶段,因此人们意识不到,也无暇顾及关于收入、地区差异以及环境问题的存在。然而,现阶段我国人均收入水平已经进入中等水平,我国也即将步入发达国家行列。人民曾经对于温饱和基本住行的需求基本得到满足,于是开始将注意力转移到了生活质量、社会公平、教育质量等更高的层面,需求结构也随之调整优化。

在现阶段,我国居民的基本物质需求已经得到了满足。百姓的需求在更大的程度上转移到了对于生活质量的关注,因此会有更多的劳动力要求更高的员工福利及各种社会和安全保障。这在一定程度上会减少我国廉价劳动力输出而带来的经济增长。于是,这便会要求基础产业内的厂商为了生存而寻求廉价劳动力的替代品以及产业转型和升级。这种替代品的寻求和产业的升级的一个结果便是增大了对于人工智能的需求。同时,人们由于对生活质量的关注,对生活中各种设施及用品的自动化的要求也会日益增长,这种增长在很大程度上也会使得对人工智能的需求在人们的需求中占有更大的份额,从而为与人工智能和 IT 有关的行业的发展带来更多的机遇。

人工智能以及 IT 领域内发展现状也证实了这一点。我国人工智能虽然起步较晚,但是发展迅速。到 2015 年,除传统 IT 巨头外,人工智能领域已有近百家创业公司,其中约 65 家获得了总计约 29.1 亿元的投资。政府对于人工智能领域的关注也在不断加强,2016 年 5 月,发布了《"互联网＋"人工智能三年行动实施方案》;2017 年 7 月 20 日,国务院正式印发《新一代人工智能战略规划》,提出了 2020 年与世界先进水平同步,2030 年成为世界主要人工智能创新中心的发展目标。人工智能因其自身强大的学习技能而使得其得以取代那些以经验积累形成职业技能的行业中的工作人员,如医疗、服务业中一些部门的员工以及工业企业中一些非技术型劳动力,从而使操作更加精确、服务质量更加优良且劳动力成本更加低廉。这种技术的进步符合了老百姓更加注重生活质量,对生活品质的要求更高的期望。同时,由于受雇佣劳动力对于员工福利和保障等的注重而提高了的劳动成本,这也使得企业更加愿意寻求成本更加低廉且操作更加精准的人工智能。

此外,人们对于生活质量的提高也包括对高质量教育需求的增长。老一辈人经历了建设国家经济以及构建自己美好的生活的艰辛之后,产生了迫切地希望自己的后代免于这种艰辛的需求。而教育是对于个人未来发展的各种能力的最好储蓄。因此,这种需求的增长将会在很大程度上表现为人们对于高质量教育的需求的增长。

收入和生活水平的不断提高也会使得人们逐渐注意到不断恶化的环境问题,从而对于生态保护型产品更加青睐,使得高科技环保领域迎来发展的新机遇。旅游业、各种娱乐设施以及相关的服务业在人们日益增长的高质量生活需求的带动下也会迎来增长的机会,并且这些产业,尤其是旅游业对于自然环境的依托也使得人们对于环境友好型产品和服务的需求得到了更多的增长。

需求结构的变化除了与收入水平的提高有关外,与人口结构的变化也有很显著的关系。前已述及,当讨论个体的需求时,人口结构对于需求分析几乎是没有意义的,但是人口结构对于百姓需求的影响体现在其对于需求结构总体表现形式的效应,即当不同年龄结构、教育素养、文化背景的个体在同一时间和空间组合起来时所呈现的形态。人口结构不是像收入水平的变化那样在实质意义上通过影响每个个体的需求进而使得需求结构发生改变,而是决定了个体需求的组合方式,进而决定了需求结构最终的表现形式。

中国目前正处于人口快速老龄化的阶段。前两次婴儿潮的新生儿如今开始或已经步入老年,实行计划生育的基本国策以后,除了第三次婴儿潮期间之外,我国人口出生率相较之前普遍较低,加之医疗条件随着时代的进步不断发展,使人们寿命也得到了延长,导致现阶段老年人比例在不断升高。这样的人口结构的变化会使得与老年人相关的服务的需求增大,例如家政服务、养老院服务、医疗保健服务、老年人娱乐活动等场所的服务。老年人比例的增加,还会使对养老金的需求增加。改革开放以前我国没有养老保险制度,而改革开放后我国养老保险制度也是处于不断完善的过程中的,且经济体中存在通货膨胀率,所以这种需求结构的变化对于政府能否合理调整养老保险基金的分配是一种考验。

综上所述,虽然我们无法准确预知未来形势下需求结构的调整模式,但是的确有足够合理的理由推知,未来中国居民对于高新科技产品尤其是人工智能与环境友好型产品方面、教育业、旅游业、文化业、服务业以及对于相关社会制度的完善和社会公平的需求将会不断扩大,这会为新兴行业带来新的发展机遇,也会对已有的基础产业带来转型升级的挑战,同时要求政府制定更加明细化、公平、合理、有效的规章制度和法律法规以缩小个体与地区差异,规范各个行业生产。

## 11.5　通往经济结构优化之路

扁鹊曰:"人之所病病疾多,医之所病病道少。"推及经济可知,经济体中不怕存在问题,怕的就是解决问题时不得其法。医病讲究对症下药,解决经济体制中存在的问题,使中国经济走上结构优化之路,达到转型升级、可持续发展的目的,重在针对问题正确地进行相关体制改革。老子曰:"以正治国,以奇用兵,以无事取天下。"需求结构的变迁,在一个自由的市场经济体中,会相应地带动供给结构的调整,最终带动经济结构的优化。在这个过程中,企业唯有根据市场反馈的需求调整其生产规模和结构,方可在市场立于不败之地。而当行业的发展匹配了市场所引导的需求时,才能更好地实现了行业的社会价值,同时也会提升了其自身可持续发展的能力。这样,在宏观层面上,经济可持续发展的动力便得到了保障。因此,应该通过相应的经济体制改革以及对于社会主义市场经济体系的优化来实现以市场化为导向的需求结构优化。针对百姓的需求结构优化,本文提出三种方法论,包括七项建议,以供参考。其中,三种方法论相互独立而又相辅相成。

## 11.5.1　减少优化需求结构的限制

如前所述,实现需求结构优化带动经济转型升级,必须以两个基本事实为基础。一是百姓的需求结构可以正确地被传达出来;二是厂商能够根据市场反馈的需求信息,自如地调整其生产结构和规模。要做到这两点,首先要去除经济体制中存在的一些抑制结构优化的不利因素。在对图11-8的分析中,我们已经看出,中国的需求结构严重向政府倾斜,造成了百姓的需求信息不能正确传达,一定程度上阻碍了需求结构的优化并造成了产业结构的不合理。以下,就如何减少阻碍需求结构优化的因素,本文提出两点建议,仅供参考。

（1）减免间接税

中国自古以来便有"士农工商"这样重农轻商的思想,商人承担赋税较重,社会地位提升的限制也较多。进入现代以来,我国依然存在间接税比重过高的问题,在很大程度上制约了需求结构在市场中的呈现。已有数据结果显示,中国在 2007 年至 2011 年这五个年份中间接税所占比重平均值为 61.54,而美国的值为 23.74,英国为 37.06(童锦治、黄克珑,2014)。间接税的可转嫁性,使得前述的两个基本事实均受到了影响。家庭间接税的实际负担率同时受到实际税率的改变以及消费结构的改变。因此,当间接税税率过高时,家庭会自发地调整其消费结构,这就会使百姓真正的需求结构无法有效地反映出来。① 适当减免相关的间接税,有助于提升百姓的支付能力,同时可以降低产业升级的成本。根据所计算的数据结果,英、美、韩、法、德五个发达国家在 2007 年至 2011 年五年内的间接税占比平均水平为 37.52%,而南非、泰国、波兰、巴西、巴基斯坦五个发展中国家的平均水平为 54.1%。所以,我国的间接税应该得到适当程度的削减,主要削减税种应为消费税、营业税以及关税,而削减目标不妨设为使我国间接税占总税收比重在 38%—54% 之间,即发达国家与发展中国家的平均水平之间,以促进需求的市场化。

(2) 减少政府对于特定行业的支持

众所周知,大自然是一个在不断进行着动态循环和反馈调节的有机

---

① 这个结论可以通过一个简单的模型进行证明。设居民间接税负担率为 $\xi$,

$$\xi = \sum_{i=1}^{n} \tau_i \cdot C_i$$

其中,$\tau_i$ 表示对第 i 种消费支出征收的间接税率,$C_i$ 表示第 i 种消费支出占总的消费支出的比例。定义:

$$\Delta \xi = \xi_t - \xi_{t-1}$$
$$\Delta \tau_i = \tau_{i_t} - \tau_{i_{t-1}}$$
$$\Delta C_i = C_{i_t} - C_{i_{t-1}}$$

分别表示三种变量第 $t-1$ 期到第 $t$ 期的变化,则易得

$$\Delta \xi = \sum_{i=1}^{n} \Delta \tau_{i_t} \cdot \frac{C_{i_t} + C_{i_{t-1}}}{2} + \sum_{i=1}^{n} \Delta C_{i_t} \cdot \frac{\tau_{i_t} + \tau_{i_{t-1}}}{2}$$

从所得到的公式不难看出,老百姓的间接税负担率同时受到实际税率的改变以及消费结构的改变,若要在税率增大时保持所负担率不变,则必要改变消费结构。因此,老百姓的需求结构受到了扭曲。

使用相似的分析方法,不难得出,高间接税率在扭曲了需求结构的同时也会扭曲企业的产业结构。

整体,参与其中的各个体之间的相互作用使其达到一种动态平衡。如果出现了自然界所无法自行调节的外部因素的干扰,例如污水的排放等,便会出现生态失衡的现象。河流的富营养化便是其中的一个例子:河流生态系统中的氮和磷两种元素超出了该系统所需要的量,造成了水质恶化。同样道理,市场也是在不断的自我调节过程中达到一种动态平衡的,而由于政府无法实现绝对精准和正确地获知市场的需求,政府对于特定行业的支持可能会使得其调控结果与初衷相反。如前所述,即便经过了十分科学和准确的分析和计算得出了理论上应该符合需求结构的所谓的"最优产业结构",调控者也会因为他们对于百姓当时当地知识的缺失而出现偏差,进而使得调控结果与理想结果偏离。"一个最重大的错误,便是以动机而不是结果来判断政策的得失。"①政府对于特定行业的支持会使得产业结构与需求结构产生偏离,且厂商不能或没有足够的激励做出相应的调整,进而产生无效率。因此,不妨尽量减少对于特定行业的国家支持,以去除对于需求结构优化不必要的限制,也可以使得财政支出结构更为高效。

## 11.5.2 优化需求结构的环境

除了解除对需求结构优化的不必要限制外,也要采取适当措施促进其优化。促进并不意味着由政府引导需求结构。相反,促进意味着监管者和政策制定者为需求结构的优化创造一个有利的环境,使得市场可以更加高效自如地引导需求结构的优化。对此,本文提出一点建议,即支持高新技术产业发展。

在凯恩斯学派的理论体系中,有著名的关于政府调控效果的理论便是"凯恩斯乘数"。凯恩斯乘数真正地较为完全地在经济中实现便是在

---

① Milton Friedman, *The Methodology of Positive Economics* (Chicago: Univ. of Chicago Press,1996).

政府注资于诸如高新技术领域等由于技术或其他因素的制约几乎没有生产者涉足过的领域。前面提到,对于人工智能的需求的增加将是我国未来需求结构的一大变化方向,因而政府在此时支持高新技术产业的发展是属于顺势而为的。在国内所获得投资的人工智能企业中,三成为以机器视觉领域为主的技术类企业;七成为以软件服务领域为主的应用类企业。这说明国内对于人工智能应用软件服务方面较为重视,但对于核心技术和基础资源开发不够。核心技术和基础资源的开发程度在很大程度上制约了一种科技发展的上限,因此,在这种关键点上,政府的支持便显得尤为必要。

然而,政府支持并不意味着政府直接扶植一些国有企业或者由政府直接进行控制的企业,而是指政府将资金注入高校、研究所等研究机构开发新技术,通过"产学研"机制,为人工智能等高新技术产业的迅速发展提供基础。此外,政府还应积极对于偿债能力符合条件的新进企业家提供低息贷款甚至无息贷款等资金支持,以促使产业结构与需求结构调整的相互匹配。但是,获得这样的资金支持的准入机制必须是严格的,应构建必要的企业间的资金获取竞争机制以降低逆向选择和道德风险发生的可能性,保证资金被以最有效的方式配置。

### 11.5.3　积极健全完善体制

需求结构优化需要完善、健全相关的制度和体制来提供较为有力的保障。面对未来需求结构的以及产业结构所需要做出的相关调整,我国的相关体制还有不足。对此,本文提出四条建议以供参考。

（1）减少地区差异

从图11-6和图11-7的回归分析中可知,虽然直接使用直线斜率来估测比较边际消费倾向失之偏颇,但是斜率的差异还是可以反映出一定问题的:农村居民的边际消费倾向要高于城镇居民。这并不说明农村居民的消费需求体现得更为全面,相反,这只是农民普遍处于低收入人群使然。诚然,减免税收及政策优惠降低了农民消费结构的扭曲,但是,经济环境所决定的收入水平的制约以及人口结构的地理分布两种因素共同决定了农村居民的各项需求是否在市场中得到了较为完整的体现。

据统计,到 2015 年末,我国农村居民共有 60 346 万人,占总人口的 43.9%,而其中陕、甘、冀、豫、鄂、湘、赣、桂、云、贵、川地区的农村人口居民数量相加总为 31 507 万人,占总农村居民数的 52%。前述地区农村居民人口数加上蒙、宁、青、疆、藏以及东三省数据总和为 38 806 万人,占全国农村居民人口比为 64%。由数据可以看出,我国农村居民人口主要分布在中西部地区,其中由于中部地区密集度更高而以中部地区占比最大,东部地区占比较小。中国早期改革"让一部分人、一部分地区先富起来"的策略造成了中西部地区输出资源、劳动力等支持东部地区的发展的格局。这种格局导致了地区经济发展水平、结构和模式都出现了巨大差异:东部部分发达地区的各项经济指标已经达到发达国家水平,而中西部许多地区经济水平相对较为落后,而农村居民又多分布于中西部地区。受到收入水平限制,农村居民的需求结构也会受到抑制,这也解释了前面数据中所体现出的农村居民边际消费倾向相对较大的原因。从农村居民的人口分布及其需求结构情况的简要分析,我们可以对地区差异有较为直观的感受。实际上,不仅仅是农村居民,百姓需求结构会由于地区发展差异而处于不同水平。

因此,尽管中国的整体数据表现为其进入了中等发达国家行列,但其实各地区的发展还存在着较大的不同。根据第四节所提到的需求结构的高级化以及合理化会对于经济增速和经济稳定产生一定的抑制因素,所以中西部未来发展看似应该采取对消费具有一定抑制作用的优先考虑经济增速的发展模式。实则不然。中国经济虽存在着地区差异,但是其作为一个有机整体,各个部分之间具有十分紧密的联系,不可独立分开考虑,也不可能切割成完全独立的整体进行差别对待。所以,中国经济结构和需求结构要转型升级,便要作为一个整体看待,在经济上给予老百姓更多的选择自由。根据第一点方法论中的方案减少对于需求结构的抑制,使得其需求真正可以以市场化为导向。市场中那只"看不见的手"会在引导需求结构变化的同时逐渐缩减地区差异。

（2）提高教育质量

我国百姓需求未来将会更加侧重于高质量教育。因此,向着高质量教育模式发展是势在必行。然而,百姓需求结构中,对于教育的需求之重点在于质量而不是数量,所以在积极发展教育业,提高高校教育质量的同时,也应该剔除可能会对需求产生错误引导的政策性以及结构性的不合理处。本文认为不合理处有两方面,在此相应地提出两点建议,用以提高教育质量:

第一,应该减少高等教育盲目的政策性扩张。高等教育的扩张是需要建立在足够的教师资源、资金资源以及教育需求量上的。师资及资金资源未能与高校规模匹配而大幅扩张高校,只能带来教育质量的下滑及高校之间教育质量差距的拉大。这种错误的引导会导致进入高校学习的门槛变低,当它作为价格信息传递给需求者时,很多本不需要接受高等教育或者接受高等教育不是其最优选择的人选择接受高等教育,其结果便是学历的大幅贬值。学历的贬值会使得各人才需求单位提升对于人才的学历标准要求,进而使得这种标准的提升再一次作为价格信息反馈给潜在的教育需求者,使更多人决定选择本不是他们最优选择,而是倚借畸形市场盲目扩张的所谓更高等的教育,最终导致恶性循环。因此,避免这种盲目扩张是必要的。

第二,减少各行业准入协会的数量。各个行业内的准入机构,执照、证书等的颁发协会以及审核委员会大幅扭曲了对于教育的需求。尽管这些委员会建立的初衷是为了让市场更加规范有效,但是它们存在的结果却恰恰削弱了市场的有效性。由于没有人更加了解该行业内的专业知识,专业委员会的成员只可能是本行业内已有参与者组成的。于是,若想使其建立结果符合初衷,就必须邀请这些行业内人士来组建该委员会。然而,行业内从业者于新进从业者之间又是竞争者的关系,所以既得利益者有足够的激励来通过增加一些完全不必要的准入需求,以筛选出最符合自己要求和利益的准备进入该行业的竞争者来扩大自己既有势力,维护垄断。其中最重要的一条便是对于学历的高要求,因为它往往会筛选掉大部分的雄心勃勃的创业者,而留下那些接受了更多的符合自己利益的说教的人。① 这无疑会在极大的程度上扭曲对于高等教育的需求,使得更多本就已经具有了足够的企业家才能的人选择放弃他们在接受教育年份中本可以获得的巨额利润,转而继续接受更高层次的教育。

因此,对于上述问题,政府应该避免盲目的教育扩张,减少行业准入委员会以及相似的机构,大力支持和鼓励私人评级机构的发展,鼓励有能力的人进行创业。

(3) 养老保险和医疗体制改革

未来由于人口结构的变化,中国百姓对于养老金的需求以及对于医疗服务的需求可能会有较大幅度的增长。改革开放以来,我国的养老保险体制在不断地完善之中逐渐发展。理论上说,养老保险制度的本质是在时间维度上纵向调整个人资金的分配以达到"老有所依,老有所养"的目的。然而,由于发展初期我国养老保险体制与当前水平仍存在差异,而老年人群体却是每个时期都存在的,所以体制建立初期我国退休职工薪金会出现部分来源于在职职工所缴纳的养老保险金的情况,也就是说,出现了资金在不同个体之间横向分配的情况。加之经济发展存在着通货膨胀、养老保险体制的完善是一个需要时间的过程等因素,这在一定程度上便造成了之后阶段养老金可能出现供应不足的现象。在人口

---

① 这里所说的并不是在否认高等教育的内容,而是说这个世界是一个不断在创新之中前进的世界,行业内的既得利益者使用已有的专业技能和知识进行操作,而新进入者则更可能寻找新的方法来使自己更加具有竞争力以达到更快取代原有竞争者的目的。这样的创新很有可能不符合其接受教育时所获得的已有知识,也很有可能因此改变行业内的规则,这是已有竞争者所不愿意看到的。

老龄化加速情形下,养老金短缺尤为突出。由于缺少竞争与逐利动机,政府机构调配下的养老保险缺乏产生较大的资金收益的激励。于是,应对不断扩大的养老保险需求就变得困难。因此,如果可以设计一套合理的法律制度框架,并允许私人在该框架下进行养老保险基金的经营,便可以缓解政府所可能面临的养老保险金调配压力,使激励相容,解决养老保险金不足的问题。且私人经营具有除在时间维度上纵向调整之外,在横向维度上进行相互的资金拆借调节的比较优势,可以更加自如地解决该问题。当然,这是一个庞杂的系统工程,上述建议必须建立在一个完备的法律体系之下。

在同样的逻辑框架下,对于我国的医疗制度,也必须在鼓励私人医疗机构发展的情况下完善监管制度及相关法律法规,并且要加大执法力度,真正做到"有法可依、有法必依、执法必严、违法必究"。只有这样才能使医疗服务行业健康高质量地发展,以应对需求的增加。

(4)重视环境问题

中国经济转型升级要最终达到可持续发展的目的,则必须重视和解决已经日益凸显出来的环境问题。同时,百姓生活水平的提高也使得他们对于高质量的生活和居住环境的需求迅速增加。因此,环境问题是需求结构优化乃至经济结构优化中不可回避的。

环境问题不同于其他问题,其中包括了牵扯到交易者成本和收益的问题,因此解决起来可能比较复杂。环境问题的发生归根结底是由于从企业及企业家的生命周期这样的时间维度的角度来看,采取污染环境的生产方式,成本更加低廉,可以使利润最大化。也就是说,保护环境属于企业成本的一部分。诚然,企业敢于采取这样一种有违国家、民族长远利益以及可持续发展战略的生产方式很大程度上源于立法的缺失或执法的力度不足,但是,即便是严格的法律法规以及强有力的执法制度可能也无法完全解决这个问题——只要企业的这种生产方式的收益大于其成本,企业便有足够的激励来开展生产。法律法规和相关的制裁提升了污染环境的非法企业的成本,而企业却可能存在两种应对这种成本上升的方式:第一,降低成本。企业通过权衡利弊,发现购置一套环境友好型的生产流水线的成本低于触犯法律所付出的代价转换成金钱成本的值,那么企业便会积极响应国家关于保护环境的号召。第二,提高收益。如果企业经过权衡发现,它们通过采取对排放物处理更少、单次生产规模更大的生产方式所在短期内得到的收益大于他们所接受长期处罚所转化成的成本的现值,它们便会坚持采用对环境更加有害的生产方式。当一项新规实施时,环境指标不达标的企业会根据自身情况,选择上述两种应对方案的其中一种来应对。可以看出,如果不想出一套合理的方案尽可能地扩大企业保护环境的激励,那么加大监管和处罚力度的效果可能会不尽理想。于是,有如下三种方法进行应对:

首先,增加相关法律法规的与时俱进的更新力度和频率,加强监管者与企业的沟通和信息传递机制。理论上说,在随机选择过程中,每一项新规的出台会促使约一半的企业选择环境友好型发展模式。那么,相应的健全相关法律法规并根据时代的步伐不断进行更新和强调会促使更多的企业走上可持续发展的道路[①]。当然,这种方法的使用是有限度的,如果一味地增加不必要的法律法规,最终阻碍了企业的生产发展,会造成无效率。

其次,政策导向应该鼓励支持环境友好型设施和生产模式的技术开发,以降低其成本。环保的设备和模式的成本下降了,选择它们的企业数量便会增加。

---

① 假设出台新规、更新规定或强调相关法律法规 n 次,那么选择环境友好型发展模式的企业的比重将会为:

$$1-\left(\frac{1}{2}\right)^{n}$$

如果 n 的值增大,那么

$$\lim_{n\to+\infty}\left[1-\left(\frac{1}{2}\right)^{n}\right]=1$$

由此可见,加大新规出台力度和频率,加大和企业的政策沟通是有助于环境保护的。

最后,通过技术人员将环保指标量化但不细化,允许厂商之间自由地交易它们的相关污染物排放量,以期通过市场需求来达到最优的状态。例如,监管者通过技术人员的计算,得出某一地区如果想要保证较为优良的大气和水质条件,就必须将某种污染物排放量限制在某一数量以内。之后,监管者便可以将可排放总量等量分配给该地区各个可能排放该污染物的企业,并允许它们在合法框架下交易各自的排放指标。大企业排放污染多,所需要的指标多,因此便可能会购买排放指标,而小企业反是。这样的购买便会使污染环境的成本增加,于是成本增加的企业便更倾向于去寻求环保措施来降低成本。而所出台的排放总量的规模又小于该地区内排放污染物企业所需要排放的总量,需求大于供给,于是价格便会比均衡情况下升高。大企业往往是污染物的主要排放者,因此也是指标的潜在购买者,于是这种方案便在很大程度上加大了主要污染排放者缩减其污染规模的激励。此外,由于大企业往往已经形成了规模经济,它们购置环境友好型设备的成本也要小于规模较小的企业。这样,本方案便成功地缩减了污染物的排放量。

## 11.6 本章小结

如前文所述,中国经济转型升级之根本,在于百姓需求结构的优化;而百姓需求结构优化之重点,在于以市场化为导向。市场才是较好的资源配置方式。中国正在迈入高收入发达国家的行列,生活水平和人口结构等因素的改变在不断地促使需求结构发生改变。我国若想走上经济转型升级之路,则必须坚持可持续发展战略,坚持以市场为导向,解除对于需求结构发展的抑制,营造需求结构发展的良好环境,并健全相关体制和法律法规。需求结构的优化会最终带动中国经济突破目前发展的屏障,完成经济结构的转型升级。

# 第十二章　产业结构优化才是升级的着力点

随着中国经济步入中等发达国家,中国经济的要素禀赋比较优势开始发生重大变化,同时国际经贸环境也在发生巨变,全球化进入新阶段,已经很难按照以前的路径继续持续下去。同时现有的产业结构也越来越不具有可持续性,导致中国经济潜在增长率下降,增长动力日益不足,同时,中国经济的人口红利正在由于老龄化发展而发生改变,产业结构优化迫在眉睫,产业结构的优化需要以产业政策为着力点,通过政府来推动经济增长动力引擎的转换,把过去工业、重工业、重资产的制造业和房地产业为支撑的经济推动力转换为技术密集、知识密集的新兴产业来推动;对当下的低劳动效率的行业、低国际竞争力的产业转变为高国际竞争力和高劳动效率的产业。所以,基于上述经济学逻辑可知,中国经济转型升级的着力点体现在中国经济的产业结构优化上。

## 12.1　我国产业结构调整的现状及政策

### 12.1.1　我国产业结构的现状

根据发达国家的发展经验,一些经济学家得出了经济的发展与产业结构的演变情况之间有着稳定而又密切的直接关系。对于现阶段为发展中国家的中国而言,如何协调产业结构与经济发展之间的平衡关系是首要问题。

　　从经济发展的全局来看,我国已经完成工业数量的扩张,开始步入工业化的中期。从经济发展的水平出发,2016 年人均 GDP 为 55 412 元,约为 8 866 美元,全球排名 69 位,已经处于中等发达国家水平,另外,根据我国 2016 年的《国家统计年鉴》可以发现,2014 年我国人均 GDP 已经达到 47 203 元,2015 年为 49 992 元,整体上有提升;2015 年第一产业产值为 60 870.5 亿元,第二产业产值为 280 560.3 亿元,第三产业产值为 344 075 亿元;相比较于 2014 年,第一产业的 GDP 占比从 9.20% 下降到 2015 年的 8.88%,第二产业从 42.70% 下降到 40.92%,而第三产业则从 48.10% 上升至 50.20%。[①] 自 2012 年起,我国第三产业逐步成为我国的主导产业,同时国家对于第三产业的重视程度和发展力度也进入了全面阶段。

表 12-1　2014 年几个主要国家三次产业 GDP 占比　　　　　　（%）

|  | 第一产业占 GDP 比重 | 第二产业占 GDP 比重 | 第三产业占 GDP 比重 |
|---|---|---|---|
| 中国 | 9.2 | 42.7 | 48.1 |
| 美国 | 1.33 | 20.69 | 77.98 |
| 日本 | 1.17 | 26.86 | 71.97 |
| 德国 | 0.6 | 30.4 | 69.0 |
| 澳大利亚 | 2.4 | 27.1 | 70.5 |
| 南非 | 2.4 | 28.7 | 68.9 |

数据来源:国家统计局,其中德国、澳大利亚以及南非的相关数据为 2015 年数据

　　让我们将视野转向国际,除中国之外,笔者分别挑选了五大洲(美洲、亚洲、欧洲、大洋洲以及非洲)经济发展较好的五个其余国家进行对

---

[①] 数据来源:《中国统计年鉴 2016》,第 1—2 节。

比,可以发现,虽然中国近年来开始着重发展第三产业,但是从国际的整体角度来看,中国的第一产业占比相对来说远大于其余五个国家的占比,此外,美国、日本和澳大利亚第三产业的 GDP 占比是最高的,都超过了 70%,笔者认为这不仅与国家的历史原因有关,也与其经济发展政策和结构有关,历史因素使得中国的第一产业处于重要位置,因此,我们应该遵循发展的规律,根据我国实际情况循序渐进地推进第三产业的发展,而不要急于求成。

从另一方面来看,国家总就业人数的产业分布情况,2016 年第三产业就业人数占比则从 2011 年的 35.7% 大幅度提升到 43.50%,说明了在过去五年,我国三大产业就业率增大,第一和第二产业的就业人员大量的流向第三产业,第三产业已经成为吸纳就业的主力,从侧面反映出我国三大产业结构从低级转向高级的基本演变情况,这也符合国际产业结构演变的一般规律。

表 12-2　中国产业结构演变历史

| 时期 | 技术 | 产业 |
| --- | --- | --- |
| 18 世纪 80 年代至 19 世纪 40 年代 | 棉纺、铁、蒸汽动力 | 农业主导、制造业比重上升、服务部门少 |
| 19 世纪 40 年代至 90 年代末 | 铁路、运输、冶金技术 | 农业比重下降,制造业比重上升,服务业部门增加 |
| 19 世纪 90 年代至 20 世纪 30 年代末 | 电力、汽车、化学 | 农业比重下降,制造业占主导地位,服务业比重增加 |
| 20 世纪 30 年代至 90 年代初 | 电子计算机发明及应用 | 制造业下降,服务业为主体,新技术比重上升 |
| 20 世纪 90 年代至今 | 知识经济 | 高新产业、服务业 |

数据来源:沈清基.《经济与城市发展》,《规划师》1999 年 03 期。

自改革开放以来,我国的第二和第三产业已经成为推动经济进步的"双轮驱动",虽然通过上文的数据,我们可以发现第二产业增长疲软,而第三产业发展的势头迅猛,正处于上升期。但是在我国进行产业结构调

整的过程中,也存在如下问题:

第一产业的现代化水平较低,内部结构不合理。近年来"科教兴国"战略的实施,在很大程度上鼓励了科技的发展,就第一产业而言,科学技术的进步也促进第一产业现代化水平的提升。但是,第一产业就业人员的数量与其在 GDP 中的比重不对称,大量的就业人员集中在科技水平低、生产率低的部门,造成了人力资源的浪费的同时制约了产业生产效率的提高。在第一产业内部,农、林、牧、渔等部门结构不合理,农业所占比例过大,牧业和渔业因占比低而无法发挥自身优势,对第一产业的贡献值不大。

第二产业生产结构不合理,创新驱动不足。中国的制造业在低端制造方面表现出产能过剩的情况,而在高端制造方面则表现出产能不足。产业结构调整使得第一产业的劳动力不断释放,但技术革新和创新驱动的缺乏使其流向了劳动密集型的低端制造业,而高端制造业的创新正处于初步阶段。

第三产业发展滞后于经济发展。虽然近年来第三产业已赶超第二产业成为我国目前的主导产业,但是从世界范围来看,发达国家第三产业增加值占 GDP 比重早已超过 70%,相比我国的 50%,不可否认的是目前我国第三产业竞争力是落后和不足的。另外,我国第三产业主要集中在传统领域内,比如旅游业和餐饮业等,而在一些新兴的资本密集型领域还存在很大的提升空间。

## 12.1.2　我国产业结构调整的政策

首先,我国对产业结构调整的重视程度体现在《产业结构调整指导目录》的颁布上,其设置的鼓励类、限制类和淘汰类产业,首要目的是设定产业结构调整的方向,同时也根据国家每个时期的不同情况和需要进行修订和完善,使产业结构发展适应现状,淘汰掉那些耗能过大以及落后的产业,更好地实现产业的转型升级,但是淘汰类产业将会面临着大规模的失业困境,所拥有的技术或者知识体系对于顺利应对工作性质的转变有困难,同时,劳动力转向其他工作领域的培养工作也需要耗费大量成本,如何降低这些劳动力的失业率以及降低培养的成本也是政府需要考虑的一个问题。

其次,自"十二五"[1]以来,我国产业重大结构性问题得到改善,新的增长动能逐步形成,新旧动力实现了有序转换。如图 12-1 所展示,2011—2015 年的五年间,第一产业与第二产业的占比保持稳定的水平但有所下降,而第三产业在 2012 年首次超过第二产业,逐渐占据领导地位,这说明农业综合生产能力持续提高,工业转型升级加快,服务业也在平稳发展。与此同时,一些新兴的产业也开始迈入发展的轨道,例如新能源、新材料等新兴产业的规模逐渐扩大,这类产业占工业主营业务收入的占比达到 14.8%[2],这预示着这类新兴产业将成为我国第二产业的主导力量,同时也证明我国对这类产业重视程度的提高。

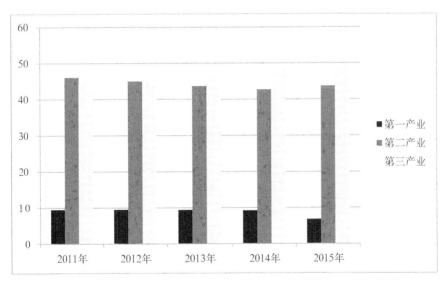

图 12-1　"十二五"期间三大产业结构

①"十二五"指中国第十二个五年规划(2011—2015 年)。
② 数据来源:我国"十二五"经济总结。

我国当前经济增长动力不足的很大一部分原因是经济结构失衡导致经济发展效率低下,潜在经济增长率下降。笔者认为,中国正处于第一和第二产业为主导力量的阶段,虽然第二产业的占有率有所下降,但是第三产业的发展正处于蓬勃阶段,两种力量正处于更迭的关键时期。同时,我国对于一些新兴产业、新兴技术的重视以及推广将会成为新一轮科技革命的强大推动力量,落后产业的淘汰,取而代之的则是科技含量和创新水平高的新兴产业。除此之外,中国的经济和文化已与世界接轨,因此中国的产业结构调整不能仅仅局限于自己国家本身的角度和利益,应该同时站在全球化和统一化的角度,着眼于世界,将本国的产业结构与世界其他国家结合在一起,因此通过产业结构调整能够避免经济增长动力不足带来的影响,为经济平稳快速的发展提供有力的保障。

## 12.2 产业结构优化才是升级的着力点

### 12.2.1 产业结构与经济增长密切相关

库兹涅茨和钱纳里对 57 个国家的原始数据和相关信息进行研究,指出:"把发展中国家的增长进程理解为经济结构全面转变的一个组成部分最恰如其分。"[1]经济增长不仅需要关注数量更要注重质量。

粗放型的经济增长战略实质就是以数量的增长和速度为中心,但资源禀赋的综合利用为改革开放以来我国经济快速增长,综合国力快速提升做出了重要贡献。自 2008 年国际金融危机以来,全球化进程不断加快,使得我国经济对外发展模式以及资源禀赋比较优势发生了重大改变,导致之前的粗放型的发展模式不再适合我国的经济现状,产业结构无法达到最优化,因而影响了我国的经济质量,按照上文的经济学逻辑,经济质量的变化将进一步影响了我国经济的增长。

---

① [美]钱纳里等:《工业化和经济增长的比较研究》,上海三联书店,1989 年。

　　根据我国 2014—2016 年的政府工作报告以及中央经济会议总结的整理,可以发现我国现面临以下几大问题:

　　一是产能过剩。由于我国的工业水平发展较为迅速,钢铁、煤炭、玻璃、冶金等行业生产产品的数量较大,目前国内煤炭的生产能力超过 50 亿吨,但是国内的消费能力只有 40 余亿吨,存在大量的产能过剩。从传统意义上来看,如果某个行业的产能利用率低于 75%,则称之为产能过剩,而实际上上文所提到的产能过剩问题突出的行业,其产能的实际利用率只有大约 70%①。同时,近年来房地产的蓬勃发展也造成了严重的产能过剩、库存远大于预期,形成了高昂的房价和资产价格泡沫。这些都需要通过去产能与去库存的方法解决。

　　如图 12-2,以钢铁行业为例,可以发现两条曲线的波动程度和走势相似,说明两者的相关性较高。

**图 12-2　粗钢产量与工业增加值同比**

数据来源:方正证券

---

① 2014 年我国钢铁产能利用率为 70.7%,2015 年底炼油产能利用率不足 70%,浮法玻璃的利用率为 70.4%。

　　二是自然环境与资源问题加剧。随着各大产业以及经济的发展，资源利用的不合理性，导致资源短缺，重要资源的对外依存度也日益增高。2014 年石油对外依存度上升到 60.39%。除此之外，环境所承受的压力也不断增大，环境污染问题日益严重，雾霾、水污染等问题相继出现，都在一定程度上影响了我国经济的发展。据中国环境规划院相关研究，我国每年环境污染和生态破坏造成的经济损失占当年 GDP 的 6% 左右。

　　三是我国产业技术水平较低。根据技术进步经济效益的相关理论，可知技术水平的高低会影响经济的增长，产业技术水平的高低直接影响了生产效率的高低，如图 12-3，在资源总投入一定的情况下 $PPF_1$（技术进步前）与 $PPF_2$（技术进步后）生产可能性曲线，由此可知，技术水平的高低对于生产率或者产出的影响是正相关的，而生产率或者产出的高低则是衡量一个国家或者地区经济水平高低的指标之一。据统计，2012 年中国制造业的劳动生产率仅为美国的 1/10，高新技术产业为 1/11，从而造成了我国制造业和高新技术产业虚高化，生产力水平较低，从而使劳动者收入增长缓慢，经济增长速度放缓。另一方面，产业技术水平的高低也会间接影响资源利用的合理性。

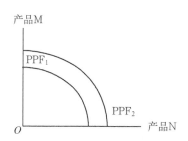

**图 12-3　技术进步与生产率的关系**

　　四是区域结构不合理。改革开放之初，我国对一些中大型以及沿海城市的经济发展状况的重视程度要远大于西部地区，从一方面导致了我国地区性贫富差距开始拉大，在一定程度上对我国西部地区的经济增长产生了阻力。但是,从 20 世纪末开始,我国对西部地区的重视程度变高,陆续实施了一些政策扶持西部地区的发展,但是由于地理位置以及历史问题,西部地区的发展过度依赖于资源的开发和利用,缺乏资金和技术,使得区域结构不合理问题明显。

表 12‐3  2011—2015 年六个典型地区生产总值对比

(单位:亿元人民币)

|  | 2015 年 | 2014 年 | 2013 年 | 2012 年 | 2011 年 |
|---|---|---|---|---|---|
| 北京 | 23 014.59 | 21 330.83 | 19 800.81 | 17 879.40 | 16 251.93 |
| 上海 | 25 123.45 | 23 567.70 | 21 818.15 | 20 181.72 | 19 195.69 |
| 广东 | 72 812.55 | 67 809.85 | 62 474.79 | 57 067.92 | 53 210.28 |
| 甘肃 | 6 790.32 | 6 836.82 | 6 330.69 | 5 650.20 | 5 020.37 |
| 青海 | 2 417.05 | 2 303.32 | 2 122.06 | 1 893.54 | 1 670.44 |
| 新疆 | 9 324.80 | 9 273.46 | 8 443.84 | 7 505.31 | 6 610.05 |

数据来源:国家统计年鉴

### 12.2.2  新旧动能合理转换是产业结构优化关键

我国经济发展在过去主要依赖一定的动力,而随着一些动力的消失,新的经济动能必须实现与旧动能的完美转换,使得产业结构更加合理,才能实现经济的可持续发展。李克强总理在 2015 年 10 月召开的政府会议中对我国经济进行了初步判断——"中国正处于新旧动能转换的艰难进程中",这是"新旧动能"首次出现在国民的视野中。"旧动能"指的是那些传统产业和传统的经济模式,既包括"两高一剩"(高污染、高能耗以及产能过剩)产业,也包括对经济增长支撑作用下降的对外贸易。"新动能"则可以从需求端和供给端出发,需求端在于消费水平的提升,供给端在于第三产业的快速发展以及一些新兴的产业形态,例如分享经济、平台经济、高新技术产业等。

表 12-4　1992—2012 年中国与部分国家和地区的人口与 GDP 之间的关系

（%）

| 国家或地区 | GDP 年增长率 | 人均 GDP 年增长率 | 总人口年增长率 | 劳动年龄人口增长率 | 劳动年龄人均 GDP 增长率 | 直接人口红利 |
|---|---|---|---|---|---|---|
| 中国 | 10.15 | 9.07 | 0.98 | 1.59 | 8.56 | 0.50 |
| 中东和北非 | 3.67 | 1.30 | 2.32 | 3.05 | 0.61 | 0.68 |
| 拉美和加勒比地区 | 2.71 | 1.09 | 1.59 | 2.09 | 0.62 | 0.47 |
| 欧洲和中亚发展中国家 | 2.26 | 1.78 | 0.59 | 0.91 | 1.35 | 0.44 |
| 南亚 | 5.92 | 3.97 | 1.86 | 2.32 | 3.61 | 0.37 |
| 撒哈拉以南非洲 | 3.04 | 0.28 | 2.75 | 2.88 | 0.16 | 0.12 |
| 欧盟 | 2.02 | 1.75 | 0.26 | 0.32 | 1.69 | 0.05 |
| 美国 | 2.78 | 1.75 | 1.02 | 1.03 | 1.75 | 0.00 |

数据来源：世界银行以及国家统计局

　　其实，人口红利的逐渐减弱已经成为全球化问题，我国只是比一些发达国家较晚地进入了老龄化社会。在我国，上海的人口年龄结构早在1979 年就已经进入老年型，而位于西北部的青海省则在 2012 年才首次进入老年型，两地区之间相差 33 年。不过，我国人口红利的消失的最大影响主要体现在劳动力数量的减少上。不过对于劳动力质量来说，红利仍然存在。我国劳动力结构从过去主要以初中及以下文化程度为主过渡到如今以大学毕业生或者更高学历毕业生为主，现阶段劳动力的构成更多的是为我国提供人力资本红利。

　　另外，在当前的经济形势下，国家通过扶持一些新兴的产业以及推进"双创"（创业和创新）的发展模式来寻找新的动能。国家统计局发布的 2016 年经济半年报中的相关内容就很好地说明了这一点：2016 年上半年,战略性新兴产业同比增长 11%,高于全部规模以上工业 5 个百分点;网络消费增速为 26.6%,比整体消费增速快两倍,占整体消费比重的 11.6%。此外,2016 年上半年全国新设市场主体日均超过 4 万户,其中日均新登记的企业则高达 1.4 万户,高于前两年。

诚然,从国家动能转换的相关措施以及取得的成绩来看,"双创"的兴起使得新经济和新动能的不断成长,同时传统动能也在这样的背景下实现调整和升级,新旧动能的合理转换是产业结构优化的关键,同时,产业结构的持续优化对于经济的稳定增长也提供了强有力的推动作用。

### 12.2.3　产业结构的优化是最优选择

产业结构优化是一个相对的概念,它不是指产业结构绝对值水平的高低,而是指在国民效益最优的目标下,适应国家宏观现状实现协调发展。合理化和高度化的产业结构优化程度的体现,合理化是高度化的基础,而高度化在一定程度上又推动合理化的发展。

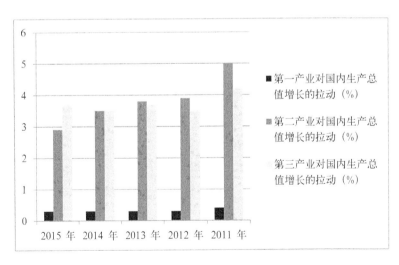

**图 12 - 4　2011—2015 年三次产业对国内生产总值的拉动**

根据国家统计局的相关数据绘制出上图,通过图 12 - 4 可以看出,三项产业在我国经济增长的过程中发挥了很重要的作用,另外,第三产业的拉动力在 2012 年下降后,也保持稳定且逐年上升的状态,表现了近五年来第三产业的核心地位。因此,调整和优化三次产业结构对于我国国内生产总值的增长和经济的增长起着至关重要的作用。

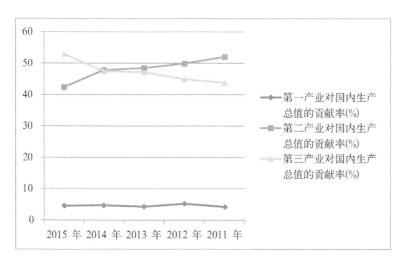

**图 12 - 5 2011—2015 年三次产业对国内生产总值的贡献率**

根据国家统计局的相关数据可以绘制出上图,通过图 12 - 5 可以看出,在我国,第二与第三产业对于 GDP 的贡献率高达 40% 以上,而自 2014 年开始,第二、第三产业开始持平,随后第三产业的贡献率超过第二产业,在 GDP 的贡献中发挥了重要的作用。

通过以上两组数据我们可以发现,一个国家产业结构的状态及优化升级能力,是经济发展的重要动力,体现在如下方面:第一,优化产业结构有利于解决上文中所提到的我国产业结构失衡的问题,调整和优化我国第一、第二和第三产业之间的比例,找到最适合我国经济的产业结构模式,实现产业结构的合理化和高度化;第二,有利于生产要素的最优化,实现资源的合理利用和最优配置,提高宏观经济效益,顺利实现各项经济目标和社会发展目标;第三,有利于解决国民经济各产业部门的相互衔接,使供给和需求结构协调,国民经济得以健康发展;第四,有利于提高我国对高新技术产业的重视程度,以及提高高新技术在产业间的比重,从而提高我国经济的现代化发展和生产效率的提高,以及高新技术水平的提升;第五,有利于我国从产业结构中寻求新的发展动能,实现我国经济的可持续发展;第六,强化三次产业在我国经济发展中发挥的领先地位。因此在当今世界经济不断发展,技术创新力量日益壮大以及我国比较优势转换的背景下,产业结构的优化是最优的选择。

## 12.3　我国的产业政策及影响

"产业政策"这一词与概念最早出现是在 1970 年日本在 OECD 大会上所做的题为《日本的产业政策》的演讲,产业政策是政府为了实现一定的经济和社会目标而对产业的形成和发展进行干预的各种政策的总和。一方面,正确有效的产业政策能够准确地反映市场经济的客观要求,其指导性作用与市场配置资源的决定性作用结合,才能更好地发挥其积极作用;另一方面,产业政策也是我国产业结构优化过程中政府实施其干预职能的重要方式,它与产业结构的调整和优化是息息相关的。

我国的产业政策随着经济发展的不同时期,发生了相应的变化。从计划经济过渡到市场经济,不断确立市场在资源配置中的基础作用,计划从微观过渡到宏观领域与市场进行了有机结合。为了实现产业结构的转型升级,中华人民共和国国家发展和改革委员会颁布了《产业结构调整指导目录》,以指导目录的产业政策手段引导和调控产业的发展,实现产业结构的优化和抑制产能过剩。2013 年国家在《产业结构调整指导目录(2011 年本)》修订的基础上,根据实际情况以及新出现的问题颁布了修正本,这也是指导目录的最新版本。而我国的指导目录不仅仅是"指导"那么简单,它与我国的其他措施相关联,比如说税收优惠与土地优惠政策有关,一些淘汰类以及限制类目录也具有强制性作用,突出了政府干预的色彩。

近年来,我国的经济矛盾发生了很大的变化,供给和需求不匹配,过剩的产能已经成为制约我国经济发展以及转型升级的一大绊脚石。服务业是我国经济社会的双重稳定器,我国服务业鼎盛时期的到来,在维持经济稳定增长和提供就业岗位方面都做出了巨大的贡献。主要强调通过社会供给来促进经济增长,产业政策犹如"看得见的手",在市场失灵时弥补市场的不足,而我国现阶段采取的其他产业政策,例如积极发展高技术产业,利用先进合适的技术和高新技术改造提升了传统产业。而运用法律、经济和必要的行政手段,可以做好存量的调控,淘汰落后生产力。另外,制定支持第三产业发展的有关政策,可以从各个方面调整了产业结构和解决市场资源分配不合理等问题。

## 12.4　本章小结

产业结构的转型升级不是一个弃旧从新的过程,而是根据国家的实际情况找到最适合的产业结构模式。产业结构的优化可以为可持续发展提供新的发展动力,与此同时,其本身也具有重要的现实意义:第一,产业结构优化为我国经济的稳定和可持续发展提供了基础条件,从根本上解决我国产业结构不平衡的问题,为我国的经济发展提供了坚实有力的基础;第二,产业结构优化是提高经济效益和实现经济增长方式转变的重要途径。从上文可以知道,我国在建国初期,经济发展经验不足,一些低水平、低效率的产业过度占用资源,造成资源分配的不合理,导致产业结构的不合理,从而使得产业发展不平衡,因此产业结构的优化能够根据经济发展所需淘汰掉一些低水平的产业,把精力集中在高水平、高效率和一些新兴产业;第三,产业结构优化是扩大就业的重要渠道,根据我国现阶段优先发展第三产业,第一、第二产业稳健发展的产业发展情况,第三产业的迅速发展对于扩大就业有很大的意义;第四,产业结构优化是降低能耗物耗,减少环境污染的重要方式,对于去产能有重要的意义。过去我国工业发展过快,特别是一些高能耗、物耗的工业发展过快,过度消耗能源并严重污染环境,产业结构的优化能够淘汰此类行业或者减少此类行业的数量;第五,产业结构的优化是提高国际竞争力的重要推动力,将我国的发展从传统转向现代化和国际化,更大程度上连接与国际市场的关系,不仅能扩大出口,同时还能提高国际竞争力。

经济发展是经济增长和产业结构优化二者的和谐统一,经济增长带动产业结构优化,反之,产业结构优化又促进经济增长,因此产业结构优化升级是我国经济转型升级的着力点。

# 第十三章  区域结构协调优化是升级的空间潜力

　　自改革开放以来,东部沿海地区的经济增长显得尤为突出,一方面是生产要素和国家政策向东部倾斜,另一方面得益于对外开放的政策,让东部地区优先承接了来自港澳台和国外的产业转移,主要包括来料加工型和出口导向型的产业,资金、人才、技术的快速吸纳奠定了经济快速发展的基础。然而,我国的中西部基础设施落后,经济要素利用不充分,经济发展不发达,经济结构不合理的状态尚未有根本性的突破,中西部的自然资源和劳动力资源也尚未得到充分利用。当然,区域之间存在发展的差异是正常的经济现象,同时我们应该认识到,因为要素禀赋差异而带来的区域经济发展不平衡为产业转型升级找到了新的增长点,为经济的继续发展提供了机遇。在此背景下,我国在东部和中西部地区间的产业转型和转移的浪潮已经掀起。一方面,由于东部禀赋优势有了新的变化,技术和资本优势日益明显,但原有的产业发展模式和结构的创新收益在逐渐递减,在进一步的发展中,东部地区要继续发挥其资源禀赋优势,加速探索本地区的产业结构转型升级,促进原有产业合理的转移,以保持地区区域竞争优势,并保持原有产业积累的资本价值和优势;另一方面,中西部的工业化进程也进入新的阶段,产业发展层与东部地区仍有差距,对于东部转移的产业具有较强的需求,但对于中西部地区而言,随着绿色 GDP 考核体系的建立以及人民对环境的要求日益提高,如何协调好经济发展与生态环境的承载力问题将会是重要的课题。通过东部地区与中西部地区的产业的转移,能够以区域结构协调优化的方式促进东部地区的产业进一步升级,也能促进中西部地区的工业化水平,提升中西部地区的产业能力,最终为中国经济产业的整体升级提供足够强大的空间潜力,所以优化区域发展结构可成为我国经济结构合理性和经济可持续性增长的驱动因素。

## 13.1 我国区域发展现状

总体上来看,目前我国区域结构发展呈现东快西慢的状态,且地域差异明显。这是因为从改革开放以来,为了谋求经济的长远发展,生产要素和国家政策战略性向东部倾斜,加上东部地区的地域和资源要素禀赋与中西部地区相比有着先天优势,导致现在区域结构发展东快西慢的现状,且区域发展差距日益扩大。以下从经济规模差异、要素结构差异、产业结构差异、资源禀赋差异四个方面阐述我国区域发展的差异,其中资源禀赋差异为西部产业升级提供了坚实的基础,区域之间发展的差异化为产业转型升级、我国经济的进一步发展和中国向全球价值链中高端迈进提供了空间动力。

### 13.1.1 经济规模差异

首先是区域之间经济规模差异巨大。根据中国统计年鉴中的数据整理得到,2015 年国内生产总值最高的是广东省为 72 812.55 亿元,最低的是西藏自治区为 1 026.39 亿元,两者差距达到 71 倍,我国地区间的经济总规模相差巨大,两极分化严重。再看人均 GDP 指标,最大的天津市为 107 960 元,最小的是甘肃省为 26 165 元,两者相差 4.1

倍,而经济规模最大的广东省的人均 GDP 为 67 503 元,仅处于全国的中上游,因此总量和人均水平并不是一一对应的,即使区域拥有一个大的经济总量,区域内部的结构也需要优化,从而均衡总量和人均水平的关系。总体而言,东部和东北地区的人均 GDP 明显高于中部和西部,东部的 GDP 和人均 GDP 优势显著,分别相当于中部和西部的 2.5 倍和 1.8 倍左右;虽然东北地区的经济总规模小于中西部地区,但人均 GDP 大约是中西部的 1.3 倍左右,中西部的增长潜力有待挖掘,可以通过转移东部的制造业等第二产业到中西部,提高中西部整体的经济水平。中部和西部两者的国民生产总值和人均 GDP 相差不大,基本持平,中西部各自适应不同的产业发展,未来需要准确的区域定位来高效地实现财富的积累。

2016 年关于国际货币基金组织发布的《世界经济展望》中的数据表明,2015 年世界 GDP 总量已经达到 77.3 万亿美元,世界总人口达到 73.16 亿,人均 GDP 达到 10 138 美元。根据 IMF 发布的数据,以人均 GDP10 138 万美元为界限,达到世界平均水平的主要是东部地区的城市以及一个资源大省内蒙古,超过该界限的城市有 10 个省市,按人均 GDP 大小排序分别为天津、北京、上海、江苏、浙江、内蒙古、福建、广东、辽宁和山东,接近世界平均水平,人均 GDP 接近世界平均水平的城市为个位数,表明未来我国的大部分地区产业结构欠佳,需要多创造有附加值的生产性服务,使得我国在全球具有更强的竞争力。尤其东北地区和中西部[①]的人均 GDP 距离世界平均水平还有一定差距,这些地区尚且处于工业化的进程中,是将来区域优化结构调整的重点区域。

---

[①] 其中,东部地区是指北京、天津、河北、上海、江苏、浙江、福建、山东、广东和海南 10 省(市);中部地区是指山西、安徽、江西、河南、湖北和湖南 6 省;西部地区是指内蒙古、广西、重庆、四川、贵州、云南、西藏、陕西、甘肃、青海、宁夏和新疆 12 省(区、市);东北地区是指辽宁、吉林和黑龙江 3 省。

表 13-1　2015 年全国和各地区市人口及 GDP 情况

| 地区 | 年末人口(万人) | GDP(亿元) | 人均(元/人) |
|---|---|---|---|
| 全国 | 137 462 | 685 505.8 | 49 869 |
| 东部地区 | 52 519 | 372 982.77 | 71 018 |
| 中部地区 | 36 489 | 146 950.46 | 40 272 |
| 西部地区 | 37 133 | 145 018.92 | 39 054 |
| 东北地区 | 10 947 | 57 815.82 | 52 814 |

原始数据来源:《中国统计年鉴》

通过表格的数据直观地感受数值上的差异,我国经济的梯队基本按照东部、东北、中部、西部的顺序依次递减。以下对份额进行分析,图中显示东部的国民生产总值已经占到全国 53% 的份额,而人均 GDP 只有 35% 的份额;中部的国民生产总值和人均 GDP 份额比较平衡,均为 20%;西部的国民生产总值和人均 GDP 份额也相差不大,分别为 20% 和 19%,其中东北地区的国民生产总值仅占全国的 8%,但人均 GDP 份额能够达到 26%。由此可见,东部虽然总额最高,但其内部的结构也有待优化,我国东、中、西部的产业结构均需要调整。具体来看,东部旨在创新创造以提升产品附加值,并将第二产业转移到中西部,而中西部的重点在于避免承接的第二产业出现水土不服的现象。东北地区的国民生产总值份额不占优势,但是个人创造财富的能力不容小觑;而中部和西部中各省级行政区的 GDP 总额和人均 GDP 在全国所占比重相差不大,简单表明中西部的发展水平相差并不明显,未来要在注重区域发展平衡的基础上,保持地区间的相对稳健地增长。

## 13.1.2　要素结构差异

其次是生产要素结构差异。生产要素主要包括资本、技术、土地、劳动力这四个方面,在资本方面,因为过去政策的偏向性和东部地区得天独厚的地理位置优势,东部地区积累的资本远远超过西部地区,最近几年随着不断地开发和发展,接近于饱和状态,谋求资本的增值将会是东部地区在继续转型升级中的重要课题。而中西部的固定资产投资和外商投资表现在最近几年有上升的趋势:根据中国统计年鉴中的数据,在2015 这一年按地区固定资产投资数据,山东省获得固定资产和外商投资均为最高,合计 48 312.4 亿元,其次是江苏省,共计 30 343 亿元,位于东部的上海和北京获得固定资产投资和外商投资表现并不突出,相反位于中部的河南以及中部的四川获得的资本处于中上水平,分别获得 35 660.3 亿元和 25 525.9 亿元,是北京和上海的 5 倍左右,说明中西部地区和东北地区相比过去固定资产和外商投资集体明显向东部倾斜的现象,整体越来越受到外商和国家的投资青睐。相反东部的资本积累受到了资源和环境承载力的限制,更重要的是虽然利用以前积累的资本达到了增值的效果,但是也使得目前东部地区产生产业溢出现象。不过,由于目前中西部地区工业化的匮乏和资本的吸收,东部地区这一现象为中西部地区承接产业创造了机遇。当然,与此同时,我国还需加快寻找提高东部地区国际竞争力的产业,保持东部地区经济的可持续增长。

在技术方面,江苏和广东的科研能力最强,R&D 人员和申请专利数量最突出,西部的学生向东部求学并谋求在东部发展的态势依旧显著,中西部如何留住人才是未来突破技术这一生产要素的重点,而东部需要将丰富的人才资源发挥出作为核心生产要素的重要价值,承担培养人才创新能力的责任,经济发展的动力从投资驱动、要素驱动转向创新驱动。

在土地方面,中西部地域辽阔,仅西部地区就占地 680 万平方公里,占中国大陆的 71%,开发时空巨大,相比东部土地占比虽小却拥有国内领先的 GDP 总额,这表明未来中西部和东北地区需要关注土地的利用程度,土地资源的闲置是经济发展的损失,虽然总量巨大,但量变达到质变的过程,也就是产业拓展的过程尤为漫长和重要。

在劳动力方面,中西部和东北地区人口众多,占全国总人口的61.5%,提供了丰富且具有竞争力的劳动力资源,不仅数量多且劳动力成本相对东部低,使得产业升级具有劳动力方面的发展优势。东部转移到中部的可以是加工类和技术含量较低的劳动密集型产业,为中部和东北地区提供众多的就业机会,以带动区域的经济发展。

### 13.1.3　产业结构差异

再者是区域之间产业结构差异大。由表 13 - 2 中数据可见,东部地区的第三产业最为发达占比 52.9%,表明东部地区已经基本完成了工业化,即将进入后工业化阶段,其中东部地区的北京和上海这两个城市的第三产业在全国最为突出,占比已经超过或接近 70%,国际上通行的后工业化阶段的标准是第三产业占比超过 70%,可见北京和上海已经进入后工业化阶段。未来集中财力物力和物力发展第三产业,主要聚集发展生产性的服务产业和高端性的科研中心,壮大资本密集型和技术密集型产业将会是东部地区转型升级的重要途径。中部地区的第二产业占比突出为 46.27%。

东北地区和西部地区的第一产业和第二产业占比超过半数,其中第一产业占比最高中西部和东北地区的第一产业和第二产业均超过全国平均水平,且根据中西部和东北地区的产业占比分布,第一产业和第二产业之和超过第三产业,这样的产业结构表明中西部和东北地区仍处于工业化的进程中。其中,黑龙江、广西、云南、新疆等地的第一产业(农业、林业、牧业和渔业)占比均超过 15%,原始农耕产业的比重很大,表明产业技术还停留在原始的农耕水平,工业化程度相对较低,未来需要借助于承接来的产业充分发挥自然的资源禀赋,和利用资源人力的成本优势诱导产业主动转移,促进工业化水平的提升。

各地区产业结构的不同,主要是由居民的收入和消费需求不同导致的。在东部,人均收入高,基础服务得到保障,居民更注重服务和资金的增值,这就拉动了第三产业的规模。东北地区的人均收入远超中部,但第一产业和第二产业占比和中西部没有明显的优势,表明东北地区的投入产出比率更高,中西部要充分利用自身的资源禀赋比较优势,因地制宜,形成和发展具有特色的价值供应链作为自己的支柱产业。

表 13－2　2015 年全国和部分省区市产业结构

| 地区 | 第一产业占比(%) | 第二产业占比(%) | 第三产业占比(%) |
|------|------|------|------|
| 全国 | 9.92 | 43.05 | 47.05 |
| 东部地区 | 6.76 | 40.37 | 52.91 |
| 中部地区 | 9.51 | 46.27 | 44.20 |
| 西部地区 | 11.73 | 43.71 | 44.58 |
| 东北地区 | 12.40 | 42.37 | 45.23 |

原始数据来源:《中国统计年鉴》

### 13.1.4　资源禀赋差异

最后是自然资源差异。中西部虽然与东部在经济和基础设施上存在着巨大的差距,但中西部依旧有自然禀赋上先天的优势。中国中西部幅员辽阔,地处中西亚边缘,资源丰饶。中西部的天然优势表现在以下方面:

一是土地资源。西部地区土地资源数量丰富,人均占有量高。西部地区幅员广阔,西部 12 省的土地总面积占全国土地总面积 71.09%,其未利用的土地资源占全国的比例超过 80%,具有很高的利用潜力。二是主要能源、黑色金属矿产基础储量丰富,主要能源中的石油储量,位于东北地区和西部地区的黑龙江、新疆、甘肃、陕西这四地相加的石油储量已经超过全国半数;关于天然气储量,四川、陕西、新疆拥有非常丰饶的天然气资源,全国的天然气资源基本集聚在这几个城市。同样的黑色金属矿产(锰、铬、钒)储量以及稀有的有色金属、非金属矿产(磷矿、铅矿)资源在中西部的总量明显超越了东部,中西部承接资源性产业具有更好的开发基础和潜力。在中西部资源禀赋优势中,不管是资源优势还是土地优势,都表明中西部地区在推进第二产业的进程中是具有相对优势的,因此在这些地区发展与制造业相关的工业有天然的成本优势。因此,提高主要能源的利用效率,并依靠丰富的人力资源,充分发挥资源的利用效力,将助力中西部的工业化发展。

丰厚的土地和资源优势虽然赋予了中西部地区继续发展的无限潜力,但是同时也导致中西部地区在进行对外交换时的交通成本优势不足,制约了中西部地区发展,导致其与东部发展拉开差距。随着"一体两翼"和"一带一路"的实施,依附于物流领域的发展使得空间发展更快,尤其在丝路沿线的主要节点城市的物流产业一定会得到国家的扶持。因此,针对外部的交通成本有望下降,中西部地区的相对优势趋于显著,其工业化将会进一步发展,使得整个产业的水平自然提升。这些自然赋予的中西部资源优势以及国家赋予的政策优势,为中西部步入工业化进程提供了潜力和机遇。

经济规模差异,生产要素差异、产业结构差异和资源禀赋差异这四类差异为东部、中西部地区的转型升级分别提供了发展机遇。综合来看,两个区域在产业升级方面的诉求是不同的,比如对于东部地区来说,可以降低产业升级的成本,并强化市场优势。因为产业的中西部转移,可以为产业发展提供新的资金和市场来源。因此,东部地区可以为产业转型升级提供资本支持。对于中西部地区而言,降低产业发展的探索成本,可见这样的差异性是"一体"的强大和经济增长的可持续动力的来源,更快更有效地利用本地的经济资源优势是更好地推动中国经济转型升级的空间潜力。

## 13.2 区域结构协调优化的理论与现实分析

一体两翼,两翼是试图对外开拓发展的空间潜力,区域结构协调发展则是一体中需要利用和发展的空间潜力。区域结构协调发展能够助力中国经济升级转型,这在经济学中就有可供考究的理论基础。以理论为基础,结合东、中、西部发展的现状来论证区域结构协调优化是如何成为中国经济升级的空间潜力的。

### 13.2.1　区域结构协调优化的理论基础

通过古典理论和现代理论对区域结构协调优化的理论基础进行阐述,古典理论是从生产成本单一因素利用区域资源;而随着产品工艺的复杂程度增加,现代理论作为古典理论的延续,在考虑生产成本的基础上,综合人力成本、土地成本和交通成本等来更全面地统筹考虑如何优化区域协调。

古典理论主要是从生产成本的角度解释如何利用区域优势来选择地区专业化生产的产品来达到区域结构协调优化的目的。英国古典经济学家亚当·斯密(1766)在《国富论》一书中提出了早期的贸易分工理论——绝对成本理论,他认为假如每个国家或每个地区都能够自由地交易他们的商品,就能获取由地域差异带来的经济效益。每个国家或每个地区不可避免地都拥有自己得天独厚的地理位置条件和自然资源,倘若各国和各地区能够根据对各自绝对有利的生产条件进行某些特定商品的专业化生产,然后互通有无,将彼此的产品进行交换,就能够使各国和各地区的劳动力、资源以及资本得达到最有效的利用,与此同时也能最大限度地提高劳动生产率和增加物质财富积累,这对所有参与交换的国家都是有利的。将这一理论运用到我国区域经济发展中来,由于西部具有绝对的资源优势,尤其是基础能量储备方面,国家提出了"西气东输"这一战略工程,西起新疆塔里木盆地的轮南,东至上海,将天然气资源从储备丰厚的西部输送到资源贫瘠的东部,这一项目的落实将西部的资源优势有效转换成经济优势,推动和加快了西部的经济发展,这就是绝对成本理论的现实应用。

绝对成本理论要求区域间有绝对的优势,而实际情况下某些地区生产的商品常常均处于绝对劣势的状态,这是否代表该地区的商品没有交换的价值? 大卫·李嘉图(1817)著名的比较优势原理(Law of Comparative Advantage)应运而生。他认为,英国纺织品的生产优势远高于粮食的生产优势,因此英国要着力于从事纺织品行业的发展,提高纺织品的生产数量,以其出口从国外换取大量的粮食,从中获取比较利益。比较优势原理表明,即使一国生产的产品相比另一国均处于劣势的状态也并不代表无法获取收益,一国生产的产品即使均处于优势的状态也需要经过选择以达到最高的收益,因此各国需要找到自身具有比较优势的产品进行生产从而获取利益,简而言之就是根据"两利取重,两弊取轻"的原则选择产品进行生产。相同的原理持续深入到我国整体的经济转型升级,区域结构协调优化作为中国经济转型升级的空间潜力有确切的理论依据。我们需要充分挖掘中国区域经济发展本身的各方面优势,不论是经济禀赋优势,还是制度优势、技术优势等,还包括经济发展空间角度推动中国经济转型升级的优势,通过对各种优势进行比较分析,挖掘经济增长的空间。

对于区域经济的主流现代理论有两个,一个是从短期角度出发的生产要素理论,另外一个是从长期角度考虑的增长极理论。生产要素理论是由要素禀赋理论,由赫克希尔和俄林共同提出,他们认为生产要素的稀缺性差异是成本差异的必要条件,要素的相对丰裕程度决定了产品的成本,国家和地区根据各自生产要素的丰裕程度选择产品的生产,专业化生产要素相对丰裕的产品,并对外出口,同时选择进口生产要素相对稀缺的产品。生产要素理论主要考虑了产品的综合成本,包括交易成本、交通成本和劳动力成本等。影响这些因素的主要包括基础设施不足造成的交通成本和政府职能效率低下引起的制度成本。

增长极理论是由佩鲁提出的,该理论认为经济增长是一个通常先以一个或多个城市为"中心",逐渐向其他地区传导的过程。增长并非出现在所有地区,而是不同程度地首先出现某些增长点上,这些增长点通过各组的渠道向外传递乘数效应进行扩散,以此对整个经济产生影响,这种经济发展的路径,是通过区域极化达成的,称其为增长极。另外,关于中西部承接东部产业的建议也有理论依据。在弗农提出的产品生命周期中有涉及产业转移的问题。他认为:第一,每个技术和产品必然有各自的生命周期,是一个从兴起、成长、成熟到衰退的过程;第二,在每个国家产品和技术的发展走势并不一致,因此形成了各自在市场上的竞争优势;第三,根据产品和技术在不同阶段的生产要素需求,应采取不同的措施。在产品和技术的兴起阶段,还尚未具有一个标准化的生产流程,市场也不稳定,一般不会有产业的转移。在步入成熟阶段后,产品占据稳定的市场,廉价的劳动力成本和产品新市场的开拓成为追逐的目标,此时技术发明国会进行大规模的产业转移。弗农的产品生命周期理论放在中国区域间的经济来看,东部和中西部的产品和技术发展走势并不一致,东部的技术发展比较成熟,而中西部的技术发展相对落后,这就导致了东部和中西部各自具有其比较优势,东部借助于自身的资源优势和技术优势进一步强化自身的发展,中西部也可以依靠自己得天独厚的资源优势和劳动力优势寻找产业转型升级的动力。此外,目前东部已经进入了后工业化阶段,尤其是第二产业的市场步入了成熟的阶段,这个时候中西部廉价的劳动力和资源优势就成为第二产业转移的理想标的,东部进行的产业转移为自身的工业化发展提供了良好的后方支持,同时带动了中西部地区进一步的工业化发展。因此,东部地区在改革开放时期获得巨大规模的外商直接投资,即外商追逐国内广阔市场以及廉价劳动力的表现。这表明了处于不同生命周期的产品会在不同地区实行分工;而中西部承接东部的产业,是技术从高梯度地区向低梯度地区转移扩散的表现。

## 13.2.2　区域结构协调优化理论的现实应用

综上所述,区域结构优化调整是产业升级的空间潜力有充分的理论依据。根据绝对成本理论和比较优势原理,从资源禀赋差异角度,东部地区的资本和需要发挥技术优势和经济规模优势,承担产业创新的使命,为国内的经济发展注入创新驱动要素,探索具有国际竞争力的产业,提高产品的技术与价值含量,起到产业升级的领头作用,以达到经济可持续长的效益。此后,东部还需要依据原有的资本积累和工业化基础以及发展的支持性服务业持续地为中西部提供资本保障。中西部地区要利用自己丰富的劳动力资源和产能资源,做好承接工业产业的准备,深入工业化发展,同时由于中西部的资本要素总量较低,需要注重对外界宣传,通过价格优势吸纳国内外资金与先进技术。由此看出,整个区域的协调发展可以避免产业外部转移导致外部发展环境恶化,避免国内劳动力要素的浪费,避免产能资源的闲置,避免弱化中西部地区发展的潜力,等等。

通过生产要素理论和增长极理论,区域结构优化调整是指中西部和东部选择各自生产要素相对丰富的产品进行生产,中西部的资源生产要素占据绝对优势,对于承接资源性产业具有更好的开发基础和潜力。而且中西部的劳动力成本低廉,可以较好地发展加工类和技术含量较低的劳动密集型产业。生产要素理论主要考虑了产品的综合成本,中西部的劳动力成本虽低,但中西部的基础设施建设落后,致使交通成本居高不下,同时政府服务效率低下,企业的交易成本增加。但随着"一体两翼"战略的实施,政府定会加强对中西部的基础投资,针对外部的交通成本有望下降。同时还需要明确政府职能,减少制度成本,降低交易成本,进而整体的综合成本得以下降。并在中西部地区选择重点城市进行发展,建立经济结合体优先发展和产业升级,十九大报告指出:"区域发展协调性增强,'一带一路'建设、京津冀协同发展、长江经济带发展成效显著。通过区域协调发展战略,建立更加有效的区域协调发展新机制,促进我国的区域经济一体化可持续发展。"

根据生命周期理论,技术是从高梯度地区即东部地区,向低梯度地区即中西部地区转移扩散,西部承接东部的产业,东部持续探索新的产业,优化区域结构达到总体产业升级的目的,两者相辅相成,形成产业升级的空间潜力。从东部和中西部自身产业发展的必然性而言,东部地区目前处于后工业化阶段,需要集中财力发展生产性服务业,建设高端性的科研中心,但此后工业产业的发展面临众多问题,如土地、资源要素的制约,原材料和人力成本大幅度提高,因此资源依赖型和劳动密集型企业生存空间越来越小,所以转移第二产业的需求日益迫切。不过,随着东部逐步壮大资本密集型和技术密集型产业,利用原有的资本积累和新的财富创造是更有助于增强将来中西部承接产业的资金、技术、服务支持的;对于中西部地区而言,在满足绿色 GDP 考核的基础上需要进一步提升工业化能力和潜力,充分发挥自然资源的禀赋和资源效力,恰好承接东部多余的第二产业,在发展第二产业的同时也要助力第三产业的发展,为日后中西部的产业进一步转型升级做准备。目前中西部地区第二产业的占比在 45% 左右。而东部地区在工业化进程中,第二产业在2008 年就达到了 57.8% 的比例,说明中西部地区工业化的发展依旧有很大的空间。因此两个地区的产业转移切合了供需双方的意愿,是一个必然的双赢结果。可见,"一体两翼"开放战略的重点在于"一体"的强大和经济增长的可持续动力,其中的"两翼"本质上是试图为中国经济对外发展开拓新的空间潜力,而实际上,"一体"内部因为区域发展不平衡和结构不合理,可以通过发挥区域结构协调优化的方式来挖掘"一体"中需要利用的发展空间潜力。因此,区域经济发展差异性可以成为中国经济转型及进一步快速发展的历史机遇。

## 13.3　区域结构协调优化建议

中国经济转型升级对于中国经济而言是具有重大战略意义的,需要充分挖掘中国经济发展本身的各方面优势,不论是经济禀赋优势,还是制度优势、技术优势等。这需从经济发展空间角度来看待推动中国经济转型升级的优势。之前部分的中西部和东部的发展现状分析，经济规模差异、生产要素差异、产业结构差异和资源禀赋差异，这些不同区域发展落差实际上为中国经济转型升级提供了梯度空间优势。因此，我们需要从辩证的角度看待我国东、中、西部经济发展的差距。十九大报告中对我国过去五年的工作进行了总结，并提出其中的不足：一是一些突出的发展不充分不平衡的问题还没解决，二是经济发展的质量和效益还需提高，三是自主创新能力需要加强，四是实体经济的发展水平仍未到达预定标准，五是仍需坚持对生态环境的有效保护。以下旨在解决以上困难和挑战，针对东部区域和中西部区域分别提出区域优化建议。

### 13.3.1　东部区域优化建议

对于东部地区来说，虽然经济发达，但环境和资源的承载力有限，发展的重要驱动因素在于人才的创新能力，东部地区如浙江的部分企业都是依靠政府贷款得以延续，我们要吸取"4万亿"的教训，让处于衰退期的企业根据生命周期规律自然走向尽头，保持产业的蓬勃发展。另外，寻找降低产业升级成本的方法，并强化市场优势，或者通过产业的中西部转移，为产业发展提供新的资金和市场来源，并因此为产业转型升级提供资本支持。关于东部地区产业升级的建议，最重要的是持续利用自身积累的经济规模优势和技术优势，通过创新地发明制造，探索具有国际竞争力的产业，增加产品的附加值，发展生产性服务业，保持经济的可持续增长，为东部在后工业化进程中提供潜力。

一是技术创新优势的区域优化。东部拥有优秀和储备丰富的人才资源。在经济发展过程中，要充分利用资本和人才这两大生产要素对经济增长的推动作用，为科技创新提供基础保障。同时随着产业链附加值中源于设计研发、物流配送、市场营销等价值链两端的生产性服务活动占比愈发增加,生产性服务业作为全球产业竞争的战略制高点,因此东部在后工业化阶段需要注重发展附加值高的生产性服务业并建立高端性的科研中心,提升创新创造能力。其次,需要持续扶持大型企业、高技术和有市场潜力且具成长性的企业发展。通过税收优惠等措施鼓励大企业开拓国内市场,并形成以大企业为核的国内产业价值链;依靠融资帮扶、形成中小企业帮持基金为有空间成长潜力的中小企业提供资金链,保持产业技术创新的活跃度。同时,以国家实行"一带一路"倡议为契机,创新依托海上丝绸之路,促进自由贸易区和港口经济的全方位发展,并在此基础上进行完善和修正。同时,突破贸易限制,助力创新东部地区的开放体制。

二是经济规模优势的区域优化。持续发挥东部省份中大城市对于经济增长的引领作用,根据增长极理论,大城市作为增长点对周围地区的产业带动具有极化作用,实现东中西部对接战略,可以通过形成类似"京津冀"的区域经济结合体,不断完善利益协调机制。在过去,经济企业主要是以成本竞争和价格竞争的模式为经济创造价值,接下来要转变导向,要朝着依靠服务、依靠产品质量的提高、依靠产品附加值的提升加速占据国际市场的份额,并掌握生产技术的核心,提高生产能力、产品质量和产品附加值;也要尽量生产出口成品,积极推进品牌战略,重视国家自有品牌的开发,积攒口碑,提升中国质造的品牌价值。此外,还需推进企业在国际市场建立销售渠道的行程。同时也要在国内市场鼓励非自有品牌进行专业零售的发展。持续鼓励出口业务的发展,维持东部经济规模扩张的动力。以上表明,东部应充分利用技术优势和经济规模优势聚焦技术密集型和生产性服务性的发展,加快后工业化发展进程,利用原有工业化的资本积累和创新型技术服务业的发展,反过来成为中西部更好地承接东部产业所需的资金、技术、服务的坚实后盾。

### 13.3.2　中西部区域优化建议

对于中西部和东北地区而言,降低产业发展的探索成本尤为关键,中部地区劳动力数量众多,而城镇化、工业化水平不高;西部资源丰饶,但开放程度低,产业单一,以早期的农耕为主,需要降低产业发展的探索成本,对于中西部地区,最重要更快更有效地发挥资源、要素效益,在保护生态环境的基础上,承接东部的工业化产业,以工业发展带动产业水平的提升,为中国经济增长和强大提供支持。

一是资源禀赋优势的区域优化。根绝资源禀赋优势,中西部资源丰富且人口众多,原材料价格低,劳动力成本低廉。交通成本虽然高,但随着"一体两翼"战略的实施,加强基础设施建设,并通过建立职责明确的高效政府减少制度成本,综合成本有望下降。以上表明中西部地区在推进资源依赖型和劳动力密集型类第二产业的进程中是具有优势的,因此在这些地区发展与制造业相关的产业有天然的价格优势,中西部可以承接东部过于饱和的工业产业。这不仅充分利用了中西部闲置的资源,还消化了东部过剩的产能。这样的区域结构优化有助于两个地区的双赢。其次,不可忽视的是我国地区间的劳动力自由流动,很大程度上打破了中西部地区人力成本低的优势,进而抑制了东部地区来料加工类和技术含量较低的劳动密集型产业的先行转移。中西部应该适当提高劳务薪酬,防止当地人力的大量外流,并加快对高素质劳动者和科技人才的培养,提高中西部对工业产业的承接能力。

二是产业结构差异的区域优化。中西部的第三产业实力薄弱,为加强金融改革和创新,可以运用资产证券化、债券融资等手段为基础设施建设提供资金支持。东部地区聚集了上海和深圳两大金融活跃城市,在实现了"一部分先富起来"的目标,接下来就是要推动"先富带动后富",类似郑州商品交易所一样,在中西部选取重点城市建立多个经济交易中心,提升中西部的金融渲染力度,将东部成功的案例复制并修正运用到中西部。另外,可以借鉴亚洲开发银行和世界银行的管理模式,将上海的亚投行按照"子母公司"的架构,以上海为母银行,分别在西安、重庆、昆明、郑州或者其他中西部城市分设多个子银行的方式,整合区域资源,使得经济要素不仅仅只局限在东部,而是相互依存,协同互惠。支持中西部民间金融机构发展,培养金融意识。

三是政策优势的区域优化。"一带一路"的提出为中西部的经济发展带来了契机,促进经济向西发展。首先是区域贸易方面,中西部地区的很多城市毗邻东亚各国,随着"一带一路"倡议的提出势必推动两国的贸易交换,中西部地区要充分利用地域优势发展两国区域间的贸易融通,需要提高过境运输、关口质检等服务的效率,可以在丝路沿线尤其是中西部的分拨点建立仓储物流中心,同时降低国内省市间的物流运行成本发展跨境电子商务和国际贸易,中西部在贸易融通方面的交通成本优势不足。不过随着"一体两翼"战略的实施,针对外部的交通成本有望下降,相对优势趋于显著。而针对国内的物流运行成本,可以借鉴东部的物流行业发展模式,东部地区的物流公司活跃而且物流成本较中西部低,因此中西部在探索东部地区如何发展物流行业的基础上加以修正,寻找适应地区发展的物流拓展模式,在贸易融通的同时为其他产业带来生机。其次,推动丝路沿线的旅游文化合作,我国中西部地区地大物博,拥有珍稀的生物资源,自然风貌蔚为壮观,旅游竞争力不容小觑,例如加强西藏与尼泊尔的旅游文化合作,制定丝绸特色的旅游方案实现跨文化交流。再者,提倡双向的投资合作。在"一带一路"的重要分拨点设立跨境自贸区,制定投资优惠政策,吸引外商投资,另外引导我国传统优势产业对外设厂投资,如将处于衰退的纺织、皮革、轻工企业在其他落后的国家设厂,带动当地的就业,将过剩的产能投入到资源贫瘠的地区,获得互利互惠的经济效益。最后,促进区域交通互联互通,支持成都、郑州、长沙和武汉等经济高地在内陆建设航空港,强化其国际枢纽功能,提高运输效率,最优化丝路各国国际贸易的航班、货运频次,为中巴经济走廊、中印孟缅经济走廊等提供运输支持,降低国际运输成本。

以上为中西部的产业发展提出了建议,以"一带一路"倡议的提出为契机,利用中西部的资源优势和禀赋优势,承接东部的第二产业,并推动物流业、服务业、金融业、运输业等其他行业的发展,以带来产业的升级和经济的发展,因此区域结构优化作为升级的空间潜力显而易见。

## 13.4 本章小结

中国经济转型升级对于中国经济而言是具有重大战略意义的,需要充分挖掘中国经济发展本身的各方面优势,不论是经济禀赋优势,还是制度优势、技术优势等,都需从经济发展空间角度来看待推动中国经济转型升级的优势。

首先,本章指出"一体两翼"开放战略的重点在于"一体"的强大和获得经济增长的可持续动力,其中的"两翼"本质上是试图为中国经济对外发展开拓新的空间潜力。但实际上,"一体"内部因为区域发展不平衡,可以通过发挥区域结构协调优化的方式来挖掘"一体"的空间潜力,并通过绝对成本理论、相对优势原理、增长极理论、产品生命周期理论来解释这一可能。

其次,分析了我国区域间经济发展的水平差异,这些差异体现在经济规模差异,要素结构差异、产业结构差异、自然禀赋资源差异这四个方面上,这一现实为东部、中西部地区的转型升级发展分别提供了发展机遇。同时,两个区域在产业升级上的诉求是不同的,利用这样的差异性是可以更好地推动中国经济转型升级。

再者,针对各自产业升级的诉求提出具体一些举措建议,即如何通过优化区域间的结构,来促进中国经济转型和区域协调发展。明晰区域定位,东部地区应该寻找降低产业升级成本的方法,并强化市场优势;中西部地区降低产业发展的探索成本,构建经济结合体,选取经济高地作为经济发展的重要门户;东北地区持续加强工业建设,稳中有进的同时辅之金融增值服务加速财富积累。再细分到各地区的优势和差异,根据这些优势和差异提出具体的建议。

最后,做出总结。依托于国内的产业升级转移,区域结构协调优化可以让中国经济转型升级有较强的自身话语权,减少当下全球化进程的不确定性影响,为中国经济转型升级提供一个更为稳定的发展环境。

# 第十四章　收入分配结构优化是升级的需求保障

改革开放以来的 40 多年,我国一直保持着较高的经济增长速度,创造着属于中国的发展奇迹,令世界瞩目。在过去的经济发展中,我国主要依靠的庞大的人口基数和相对有比较优势的劳动力资源,但是直至目前,劳动力带来的红利已经达到饱和状态,由劳动力密集型向资本密集型和技术密集型产业的转化成了必然趋势。产业优化升级的核心,乃是转变经济增长的类型,是从高投入、高消耗、低产出、低效益的发展模式向低投入、低消耗、高质量、高效益的发展模式的转变,是从粗放型的发展模式向集约型的发展模式的转变。那么收入分配结构的优化到底通过怎样的机制影响着产业转型升级呢?

从短期来看,收入分配结构不合理会导致居民消费不足,从而使得经济产业转型升级动力不足。众所周知,拉动经济的三驾马车包括投资、出口和消费,而长期以来我国的经济发展主要依靠投资来拉动,而且是靠投资大量消耗资源、能源的第二产业拉动,长此以往导致产能过剩,而收入分配结构的不合理性更是抑制了有效需求。推动经济发展的阶段性动力是投资,但是要想实现经济科学可持续的长足发展,根本动力还是需要依托消费,也就是需求。只有实现从收入到消费,从消费到增长的良性循环,产业升级才能获得强劲的保障。

从长期来看,收入分配结构问题会使得要素积累尤其是人力资本要素积累出现较大的问题。伴随着产业的升级,劳动力密集型产业所占比重下降是大势所趋,新兴产业对技术的依赖程度催生出经济发展对高素质人才的迫切需求。收入分配结构的不合理将直接导致教育资源分配不均,进一步影响人力资本要素的积累,而人力资本要素积累不足将严重影响技术创新发展,使得需要较长时间才能完成的产业结构升级的动力会随着时间而耗竭,所以说收入分配结构优化是升级的需求保障。

因此综合短期和长期视角,收入分配结构的优化可以为转型升级提供良性循环的、可持续发展的、源源不断的动力,是转型升级的需求保障。

## 14.1 我国的收入分配结构

### 14.1.1 我国收入分配制度的历史变革

我国收入分配制度经过多年的演变,最终发展成目前实行的以按劳分配为主体,多种分配方式并存的收入分配制度。在此之前,我国为了让这一制度与经济发展现状相适应,对其进行了多次改革,大体上可以分成以下五个阶段。

第一个阶段是新中国成立之初到1978年年底的计划经济时期。此阶段的分配制度是"平均分配",劳动不论多少、不论优劣均获得同样的报酬,实际上并未贯彻马克思主义的"按劳分配"的思想,奖优罚劣、奖勤罚懒的机制均未发挥作用。而且这一制度不仅无益于个人社会价值的实现,还会挫伤个人劳动积极性,从而使得整个社会的生产效率大打折扣,生产水平严重落后。

第二个阶段是20世纪80年代开始到1992年。这一阶段提出了按劳分配为主体,其他分配方式作为补充的分配制度。这与我国的市场经济体制和城乡体制改革有关。党的十二届三中全会指出,社会主义经济是公有制基础上有计划的商品经济。可见,我国政府在这一阶段已经意识到与社会主义初级阶段国情相适应的分配制度不能是单一的。因此,改革开放后,我国逐步从高度集中的计划经济变为在计划基础上的商品经济。为了适应这一国情和提高员工工作的积极性,分配制度将收入、绩效奖金等与工作表现挂钩。这种制度对于经济效率的提高有一定的改善作用;

第三个阶段是 1993 年至 2003 年的十年。这一阶段实行的分配制度加强了生产要素在收入分配中的地位。1997 年党的十五大提出坚持效率优先,兼顾公平的思想理念,表明我党对收入分配有了更进一步的理解,产生了重要的思想变革。在这一阶段注意到了社会公平对经济发展的影响并将社会公平初步纳入收入分配的考量中来,个人收入更加按照市场中的生产要素进行分配,对于经济发展有了更加坚定的支撑;

第四个阶段是 2003 年至 2013 年 11 月,这一阶段中国经济高速发展,但是问题也随之而来,经济发展差距日益扩大,各项要素分配不均,形成了中国特有的"城乡二元经济结构",这些问题极大地制约了经济的进一步发展,针对这些问题,"十一五"规划提出加大收入分配调节的力度,并强调了社会公平在收入分配中的重要性。重视社会公平可以有效缓解行业、区域等间的收入差距,同时还有助于形成合理的国民收入分配格局;

第五个阶段是 2013 年至今,十八届三中全会强调通过体制创新,减少政府政策在收入分配中的作用,进一步强化市场在收入分配中的作用,逐步形成合理有序的收入分配格局。与之前不同的是,十八届三中全会强调要从关注分配政策转变到更多关注分配理论创新和分配制度创新,从关注更多是政策导向的二次分配转变到关注更多是市场导向的一次分配,从分配的源头进行收入分配制度的改革。

我国收入分配在适应我国社会主义初级阶段的国情和支持我国社会主义市场经济发展的要求下,从原有的按劳分配,不断与时俱进,融入了按要素分配等新的元素,形成了符合我国国情的收入分配制度,为我国经济可持续发展提供有效的制度保障。不过,同时也应该注意到,要为经济的转型升级提供源源不断的保障,为经济的可持续发展注入源源不断的活力,收入分配结构仍需相适应地做出有效率的、合理的、切实可行的改革措施。

## 14.1.2　中国收入分配结构的现状

为了与我国社会主义市场发展相配合,我国收入分配制度进行了多次改革,在调动了各行各业工作人员工作的积极性上发挥了明显的促进作用,为中国近年来的发展提供了强有力的支撑。但是与此同时,我国居民的收入差距也在不停扩大,收入分配不平衡问题逐渐显现。若我国与发达国家间就收入分配问题显示的差距逐渐扩大,我国城乡、区域间的过大的收入差距问题还不解决的话,我国经济结构转型就很难稳步推进。

一是我国收入公平程度与发达国家差距悬殊。基尼系数被国际上用来综合考察居民内部收入分配差异状况。一般情况下,基尼系数在0.2—0.3之间,表明收入分配较为理想;0.3—0.4之间,表明收入分配较为合理;超过0.5,则可视为收入差距过于悬殊。国际上通常把0.4作为警戒线,一旦国民收入的基尼系数超过0.4,一般认为会产生社会动荡,需要积极采取措施调整其结构。根据世界经合组织公布的数据,发达国家2016年的基尼系数位于0.24—0.36区间。其中,长期被视为收入分配合理的韩国这次的数值为0.30;发达国家诸如丹麦、挪威、冰岛等,基尼系数则均在0.25及以下;美国偏高一点,2016年的基尼系数为0.39,接近于警戒线0.4;而我国在2016年的基尼系数达到了0.465,约为冰岛的2倍,超过了国际警戒线。这一结果表明,在收入分配公平方面,我国与发达国家仍有很大的距离,这一问题应该引起我国监管机构的高度重视。

表 14-1　2016 年主要国家基尼系数

| 国家及地区 | 基尼系数 | 国家及地区 | 基尼系数 |
|---|---|---|---|
| 智利 | 0.47 | 爱尔兰 | 0.31 |
| 中国大陆 | 0.465 | 韩国 | 0.30 |
| 墨西哥 | 0.46 | 波兰 | 0.30 |
| 美国 | 0.39 | 瑞士 | 0.29 |
| 土耳其 | 0.39 | 法国 | 0.29 |
| 以色列 | 0.365 | 德国 | 0.29 |
| 爱沙尼亚 | 0.36 | 匈牙利 | 0.28 |
| 英国 | 0.355 | 荷兰 | 0.275 |
| 立陶宛 | 0.35 | 卢森堡 | 0.275 |
| 拉脱维亚 | 0.35 | 瑞典 | 0.275 |
| 西班牙 | 0.345 | 斯洛伐克 | 0.27 |
| 希腊 | 0.34 | 比利时 | 0.27 |
| 葡萄牙 | 0.34 | 捷克 | 0.26 |
| 澳大利亚 | 0.335 | 芬兰 | 0.255 |
| 新西兰 | 0.334 | 斯洛文尼亚 | 0.255 |
| 日本 | 0.33 | 丹麦 | 0.25 |
| 意大利 | 0.325 | 挪威 | 0.25 |
| 加拿大 | 0.324 | 冰岛 | 0.24 |

数据来源:世界经合组织中文网

二是我国内部收入差距悬殊。我国国内的收入分配结构的问题,除了体现在与发达国家之间的差距上,也体现在城乡之间收入差距的扩大:城乡分割的户籍制度导致二元制经济结构的产生,而二元制经济结构使城市和农村在经济发展上产生了巨大的差距,经济发展上的城乡差距又直接导致了城乡收入分配差距。

根据国家统计局公布的数据,虽然我国基尼系数在近几年有所下降,但是整体仍然处于较高的水平。从图 14 - 1 可以看到,我国的基尼系数在 1986 年之前小于 0.3,收入分配比较平均;1987 年到 1993 年之间的基尼系数在 0.3—0.4 之间,收入分配比较合理;自 1994 年之后,基尼系数逐渐上升并于 2008 年达到峰值 0.491,该项指标接近动荡国家的水平;2008 年至 2015 年基尼系数虽然有下降的趋势,但下降幅度不大,总体仍然高于 0.46。从这一角度看,我国收入分配制度的改革还未跟上产业升级的步伐,若得不到改变的话,可能会造成升级动力不足的问题。

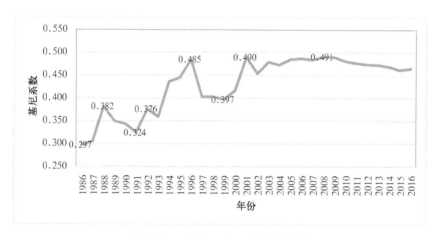

**图 14 - 1  1986—2016 年基尼系数**
数据来源:国家统计局

在 2010 年,城镇居民的人均可支配收入为 19 109 元,比农村居民的人均可支配收入的 3 倍更多,在最近的 7 年间,城镇居民和农村居民之间的人均可支配收入不断加大,差距从 2010 年的 13 190 元扩大到 2016 年的 21 253 万元。

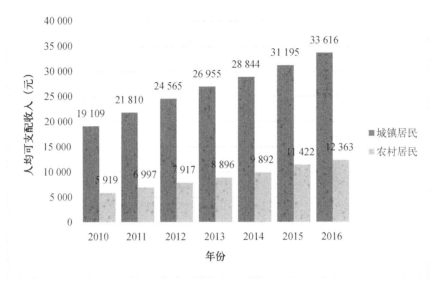

图 14 - 2  2010—2016 年人均可支配收入

数据来源:国家统计局 2016 年统计年鉴

表 14 - 2 给出了按照地区划分的人均可支配收入。在四大区域划分中,2015 年东部地区人均可支配收入是 28 223.3 元,紧随其后的是东北地区,在 2015 年这一数值是 21 008.4 元,落在最后的是西部地区,2015 年人均可支配收入为 16 868.1 元,仅为东部地区人均可支配收入的一半,区域之间的差异比较明显。

表 14 - 2  2013—2015 年按地区人均可支配收入

|  | 2013 年 | 2014 年 | 2015 年 |
|---|---|---|---|
| 东部地区 | 23 658.4 | 25 954.0 | 28 223.3 |
| 中部地区 | 15 263.9 | 16 867.7 | 18 442.1 |
| 西部地区 | 13 919.0 | 15 376.1 | 16 868.1 |
| 东北地区 | 17 893.1 | 19 604.4 | 21 008.4 |

数据来源:国家统计局 2016 年统计年鉴

## 14.2　收入分配结构对转型升级的影响机制

世界各国的经济发展无论在主观上还是客观上最终必须以满足其社会成员的消费需求为出发点,而消费需求很大程度上取决于收入水平的高低,因此,我们必须清楚认识到优化收入分配结构对于经济发展的重要性。第一,我国功能性收入分配不合理导致了居民收入水平较低,加之城乡内部、城乡之间和地区之间悬殊的收入差距共同导致了我国居民消费需求严重不足且消费结构不合理;第二,消费结构的不合理导致第二产业的比重偏高而第三产业的比重偏低,服务业消费比重偏低;最终造成粗放的经济增长模式和结构性通缩;第三,在居民消费需求不足的情况下,为了实现经济增长的目标,我国长期以来采用高投资和高政府消费策略,在这种粗放的经济增长模式下,较低的边际消费倾向导致投资乘数较小、投资效率偏低、宏观成本过高、增长动态无效率和长期增长率下降等一系列问题,高政府消费又导致挤出效应明显,长期增长率下降。短期来看,收入分配结构不合理会降低边际消费倾向和投资效率;长期来看,收入分配结构不合理使得人力资本要素的积累难以达到潜在水平,阻碍经济的转型升级。

### 14.2.1　收入分配通过消费影响产业转型升级

众所周知,消费是拉动经济发展的"三驾马车"之一,消费需求疲软无力必然会削弱经济迅猛发展的势头,影响进一步的产业升级。收入分配通过消费影响经济发展分为两个层次。第一,收入分配通过需求传导机制直接影响经济发展;第二,收入分配通过消费作用与投资从而影响经济发展。第二点将在下一小节系统阐述。

这里从凯恩斯需求管理的角度来阐述收入分配不均衡之于经济发展的影响。凯恩斯在《就业、利息和货币通论》中提出了自己对于消费函数的见解,也就是经典的绝对收入假说(Absolute Income Hypothesis)。绝对收入假说指出人们的实际消费支出与可分配收入之间存在函数关系,在自发性消费的基础上,消费需求随着收入的增加而增加,但是消费增长幅度会小于收入的增加幅度,且随着收入的不断增加,消费增加的幅度会逐渐降低,即存在边际消费递减效应。Blinder(1975)证明了当边际消费倾向递减时,不平等的收入分配会降低整体的消费水平。也就是说,若简单地将居民划分成高收入群体和低收入群体的话,低收入群体的居民虽然边际消费倾向较高,但是其较低的可支配收入对于促进经济增长没有发挥其完全优势;与之相应地,高收入群体的可分配收入虽然相对较高,但是边际消费倾向较小,所以最后对于促进经济发展的作用仍然受到制约。当然,收入的不断增加本身会降低社会的边际消费倾向,但是相对于较为平均的收入分配方式,不均衡的收入分配方式加剧了消费不足的情势。

根据国家统计局数据,1997 年 GDP 为 80 025 亿元,最终消费支出为 47 509 亿元,最终消费率为 59.37%,最近 20 年的最终消费率在波动中下降,截止至 2016 年,GDP 达到 746 315 亿元,较 1997 年增长至 9.33 倍,最终消费支出为 400 176 亿元,较 1997 年增长至 8.42 倍,最终消费率为 53.62%。这也与我国今年消费动力不足的现状相吻合。综上所述,收入分配结构是否合理影响着消费需求,而消费需求直接影响着经济的发展,在不平等的收入分配结构下,居民的消费潜能受到制约,导致社会整体性消费不足,产业发展自然面临着需求不足的问题,产业本身的发展都将缺乏必要的资本支撑,更无法谈及支持产业的转型升级的发展。因为产业转型升级,意味着需要有较大的资本投入和其他高级要素(如高人力资本)的投入为基础,需要长时间的技术积累和市场准备,是一个高成本的经济活动,如果没有充足的消费需求作为支撑让企业发展得足够强壮,产业升级是不可能具有其微观基础的。所以,收入分配结构不合理导致消费需求不足,会使得产业转型升级缺乏市场需求之根,最终导致产业转型升级缺乏动力的必然性,经济可持续发展动力和潜力都因此下降。

表 14-3 1997—2016 年最终消费率与投资率变化

| 年份 | 支出法 GDP（亿元） | 最终消费支出（亿元） | 最终消费率 | 资本形成总额（亿元） | 投资率 |
|---|---|---|---|---|---|
| 1997 | 80 025 | 47 509 | 59.37% | 28 966 | 36.20% |
| 1998 | 85 486 | 51 460 | 60.20% | 30 397 | 35.56% |
| 1999 | 90 824 | 56 622 | 62.34% | 31 666 | 34.87% |
| 2000 | 100 577 | 63 668 | 63.30% | 34 526 | 34.33% |
| 2001 | 111 250 | 68 547 | 61.62% | 40 379 | 36.30% |
| 2002 | 122 292 | 74 068 | 60.57% | 45 130 | 36.90% |
| 2003 | 138 315 | 79 513 | 57.49% | 55 837 | 40.37% |
| 2004 | 162 742 | 89 086 | 54.74% | 69 421 | 42.66% |
| 2005 | 189 190 | 101 448 | 53.62% | 77 534 | 40.98% |
| 2006 | 221 207 | 114 729 | 51.86% | 89 823 | 40.61% |
| 2007 | 271 699 | 136 229 | 50.14% | 112 047 | 41.24% |
| 2008 | 319 936 | 157 466 | 49.22% | 138 243 | 43.21% |
| 2009 | 349 883 | 172 728 | 49.37% | 162 118 | 46.33% |
| 2010 | 410 708 | 198 998 | 48.45% | 196 653 | 47.88% |
| 2011 | 486 038 | 241 022 | 49.59% | 233 327 | 48.01% |
| 2012 | 540 989 | 271 113 | 50.11% | 255 240 | 47.18% |
| 2013 | 596 963 | 300 338 | 50.31% | 282 073 | 47.25% |
| 2014 | 647 182 | 328 313 | 50.73% | 302 717 | 46.77% |
| 2015 | 696 594 | 359 516 | 51.61% | 313 070 | 44.94% |
| 2016 | 744 127 | 400 176 | 53.78% | 318 912 | 42.86% |

数据来源:国家统计局

### 14.2.2　收入分配通过投资影响产业转型升级

收入分配结构也会通过拉动经济增长的三驾马车之一的投资对产业升级产生重大影响。

首先,收入分配降低投资乘数①从而降低投资效率。收入分配如何通过消费来影响经济的发展,这一点在前面已经论述过,这里将进一步按照收入分配结构影响消费需求,消费需求影响投资需求,投资需求影响经济增长的途径来阐述收入分配是如何通过投资来影响产业转型升级的。消费需求是最终的需求,投资需求即生产者对于某种生产要素的需求,而这种需求最终取决于由该种生产要素生产的产品的市场接纳程度,亦即是消费需求。在生产者普遍采用“以销定产”的生产模式下,消费需求最终决定了生产者对生产要素的需求,站在生产者的角度,消费需求是投资需求的基础,也为投资需求提供了动力和激励。最终消费需求贫瘠,投资单方面的扩大就没有意义。进一步地,投资需求扩张强度取决于消费需求扩张强度。投资扩张对于 GDP 影响程度则取决于投资乘数。而投资乘数与边际消费倾向成正比,投资乘数随着边际消费倾向的提高而提高。当边际消费倾向递减规律发挥作用时,收入分配不均会制约经济的发展。另外,收入分配不均在影响边际消费倾向的同时也会对投资乘数产生影响,进而影响投资效率变动。

其次,收入分配不均衡会扭曲投资结构,从而降低投资效率。在不平等的收入分配结构下,满足经济发展的要素和资源就会流向高收入群体和地区。在社会总资源有限的情况下,高收入地区可以利用的资源越来越多,低收入地区可以利用的资源越来越少。而高收入群体和地区将

---

① 关于投资乘数,凯恩斯是这样规定的:“当总投资量增加时,所得之增量将 K 倍于投资增量”(凯恩斯,1981,第 99 页)。这里的 $k$ 就是指投资乘数。按照凯恩斯西方经济学的理论,投资乘数 $K=\dfrac{1}{1-\mathrm{MPC}}$,其中 MPC 为边际消费倾向。

这些资源投向符合自身利益或是地区发展前景的产业和部门,会进一步加大高低收入群里和地区间的差异。如此循环往复,地区差异和部门差异越来越大,降低了投资效率。事实上,高收入地区会对低收入地区造成"回波效应",亦即人口、资源和投资会流向高收入地区,在各种要素齐全的情况下,高收入地区的发展越来越快,与之相应地,低收入地区缺乏人力、资源和投资,发展速度更是会降低,由此造成恶性循环。再者,固定资产投资作为流量,最终影响的是产业的存量资本,投资不仅需要满足当期的生产需求,也要满足下一期的生产需求。这是扩大再生产的基础,也是经济增长不竭的源泉。固定资产投资在产业结构优化过程中的重要性不容忽视,通过加大对于高新技术行业的固定资产投资,加快高新技术行业的发展,可以进一步实现调整经济结构的目的。根据表 14 - 4,我们可以看到,在 2016 年,我国的固定资产投资(不含农户)金额达到了 596 501 亿元,比上年增长 8.10%;其中制造业的固定资产投资额达到了 187 836 亿元,相对于上年增长 4.20%;房地产业的固定资产投资额达到了 135 284 亿元,仅次于制造业的固定资产投资额度,占全部投资额的 6.80%。

表 14 - 4　2016 年分行业固定资产投资(不含农户)及其增长速度

| 行　业 | 投资额(亿元) | 比上年增长 |
|---|---|---|
| 总计 | 596 501 | 8.10% |
| 农、林、牧、渔业 | 22 774 | 19.50% |
| 采矿业 | 10 320 | −20.40% |
| 制造业 | 187 836 | 4.20% |
| 电力、热力、燃气及水生产和供应 | 29 736 | 11.30% |
| 建筑业 | 4 577 | −6.50% |
| 批发和零售 | 17 939 | −4.00% |
| 交通运输、仓储和邮政业 | 53 628 | 9.50% |

| 行 业 | 投资额(亿元) | 比上年增长 |
|---|---|---|
| 住宿和餐饮业 | 5 947 | −8.60% |
| 信息传输、软件和信息技术服务 | 6 319 | 14.50% |
| 金融业 | 1 310 | −4.20% |
| 房地产业 | 135 284 | 6.80% |
| 租赁和商务服务业 | 12 316 | 30.50% |
| 科学研究和技术服务业 | 5 568 | 17.20% |
| 水利、环境和公共设施管理业 | 68 647 | 23.30% |
| 居民服务、修理和其他服务业 | 2 677 | 1.80% |
| 教育 | 9 324 | 20.70% |
| 卫生和社会工作 | 6 282 | 21.40% |
| 文化、体育和娱乐业 | 7 830 | 16.40% |
| 公共管理、社会保障和社会组织 | 8 188 | 4.30% |

数据来源:中商情报网

通过表14-5,我们可以看到在短短十年间,房地产住宅投资已经上涨接近4倍,目前过热的房地产投资导致高房价和高库存并存,居民财富和企业财富主要依赖于房价上升,而高房价导致实体经济的贫瘠,房价的快速上涨会大量吸引实体领域的资金进入这个领域,减少了制造业可获得的资金数量,社会资源离开实体经济,涌入虚拟经济,进而使得制造业的成本上升,利润率降低,造成"制造业低端低利润率→资金流出制造业→资金脱实向虚加剧"的恶性循环,在国际市场上的竞争力削弱,扭曲的投资结构使得中国制造业在迈向全球价值链中高端缺乏足够的资金支持,转型升级之路任重道远。

表 14 - 5　2007—2016 年房地产住宅投资额

| 年份 | 房地产住宅投资额(亿元) | 年份 | 房地产住宅投资额(亿元) |
|------|------------------------|------|------------------------|
| 2007 | 18 005.42 | 2012 | 49 374.21 |
| 2008 | 22 440.87 | 2013 | 58 950.76 |
| 2009 | 25 613.69 | 2014 | 64 352.15 |
| 2010 | 34 026.23 | 2015 | 64 595.24 |
| 2011 | 44 319.5 | 2016 | 68 704 |

数据来源:国家统计局

　　根据表 14 - 3 我们可以看到,1997 年我国的资本形成率也就是投资率为 36.20%,20 年间投资率不断上升,在 2011 年达到峰值 48.01%,最近几年有下降的趋势,但是仍然低于钱纳里标准①且远远低于世界其他国家同期水平。改革开放之后,我国的经济一直高速增长,但是在消费率较低且持续下降的情势下,为了迎合经济增长这一经济目标,不得不依靠投资和政府消费来推动经济的快速增长,形成了投资推动型的粗放的经济增长模式,这为我国之后经济的可持续发展埋下了隐患。调整经济增长动力机制,尽快实现向集约型经济增长方式的转变,是保持产业转型升级、经济长期可持续增长的必然选择。

### 14.2.3　收入分配影响人力资本要素累积不利于产业转型升级

　　在当代中国,劳动力资本成本低带来的红利已经释放殆尽,要想深入完成转型升级,必须要靠科技的发展,1988 年邓小平提出的"科学技术是第一生产力",在现在的国际社会背景下尤其彰显了其深刻含义。

　　技术的创新发展,离不开人力资本的积累。积累人力资源可以促进

---

① 根据钱纳里的标准,从总体上看,一国的消费率随着人均收入水平的提高而下降。人均收入达到 500 美元的国家消费率应为 78.3%,投资率应为 22%,达到 1 000 美元的国家消费率应为 76.5%,投资率应为 24%。

经济的增长和效用的提高。一是人力资本的累积可以产生规模经济效益,二是较高素质的人才亦即专业人才可以产生要素的边际收益递增效应。两种效应的叠加,不仅使得人力资本要素的收益增加,而且也使得资本、土地等其他生产要素的回报增加。较高素质人才的创新能力和接收新技术的能力强于一般素质的人力资源,能够将潜在的资本迅速转化成生产力,从而提高效益。中国是有 14 亿人口的大国,人力资源相对丰富,但是总体素质却不高,这也是目前转型升级的重要阻碍。那么收入分配不均衡影响地区的人力资本要素的积累的机制是什么?

首先,收入分配的不均衡导致城乡之间、地区之间的家庭教育投资差异化,科技推动经济发展动力不足。高素质的人力资本累积除了要依靠社会投资、企业投资,最根本和最重要的在于家庭投资,收入分配不均匀导致高组织人力资本的培养从源头上受阻。相关数据表明,2013 年城镇家庭文教娱乐类人均支出为 2 294 元,而同期农村家庭对应支出仅为 486 元,且增幅相对较缓。[①] 与此同时,相对低收入家庭的家庭教育支出占消费总支出的比重过大,甚至出现"教育致贫"现象,欠发达地区的家庭教育投资显现不足。在基础环节的教育投资不足导致创新能力遇到发展的瓶颈,中国未来产业转型升级的动力显然不够强劲。

其次,收入分配结构不均衡会使得教育资源的分配不均衡,进一步导致要素积累尤其是人力资本要素积累出现较大的问题,从而严重影响技术创新发展,使得需要较长时间才能完成的产业结构升级的动力随着时间而耗竭。根据国家统计局的数据,在 2016 年,我国各地区居民平均受教育年限和文盲率存在很大的差异,居民素质最高的是北京,平均受教育年限达到了 9.99 年,文盲率也是全国最低的,为 4.93%,其次是上海,平均受教育年限达到了 9.30 年,文盲率 6.21%,而在安徽、甘肃、云

---

① 数据来源:韩军辉、柳典宏:《家庭教育投资行为的城乡比较与演化博弈》,《教育学术月刊》
  2017 年第 2 期。

南、贵州、青海、西藏这些较为经济较为不发达的地区,平均受教育年限都在 7 年以下,西藏的平均受教育年限仅仅只有 3.43 年,文盲率达到了47.25％之高。而造成各地区居民平均受教育年限差异如此之大的重要推手,就是各地区的收入分配不均导致的教育资源分配不均衡,从而使得人才储备在地区上差异化现象明显。

表 14 - 6　2016 年各地区平均受教育年限以及文盲率

| 省级行政区 | 平均受教育年限 | 15 岁及以上文盲人口 | 文盲率（%） |
|---|---|---|---|
| 北京 | 9.99 | 577 604 | 4.93 |
| 天津 | 8.99 | 530 019 | 6.47 |
| 河北 | 7.74 | 4 425 208 | 8.59 |
| 山西 | 8.02 | 1 368 735 | 5.68 |
| 内蒙古 | 7.76 | 2 129 891 | 11.59 |
| 辽宁 | 8.41 | 1 993 275 | 5.79 |
| 吉林 | 8.24 | 1 247 861 | 5.74 |
| 黑龙江 | 8.25 | 1 859 427 | 6.33 |
| 上海 | 9.30 | 893 618 | 6.21 |
| 江苏 | 7.85 | 4 628 144 | 7.88 |
| 浙江 | 7.46 | 3 218 493 | 8.55 |
| 安徽 | 6.98 | 5 905 526 | 13.43 |
| 福建 | 7.49 | 2 542 608 | 9.68 |
| 江西 | 7.55 | 2 088 099 | 6.98 |
| 山东 | 7.58 | 7 654 312 | 10.75 |
| 河南 | 7.72 | 5 347 609 | 7.91 |
| 湖北 | 7.77 | 4 275 288 | 9.31 |
| 湖南 | 7.8 | 2 949 581 | 5.99 |
| 广东 | 8.07 | 3 343 069 | 5.17 |
| 广西 | 7.57 | 1 714 347 | 5.3 |

| 省级行政区 | 平均受教育年限 | 15 岁及以上文盲人口 | 文盲率(%) |
|---|---|---|---|
| 海南 | 7.68 | 532 994 | 9.72 |
| 重庆 | 7.28 | 2 122 431 | 8.9 |
| 四川 | 7.06 | 6 292 420 | 9.87 |
| 贵州 | 6.15 | 4 886 140 | 19.85 |
| 陕西 | 7.71 | 2 606 144 | 9.82 |
| 甘肃 | 6.54 | 3 613 287 | 19.68 |
| 青海 | 6.12 | 897 636 | 25.44 |
| 宁夏 | 7.03 | 617 661 | 15.72 |
| 新疆 | 7.73 | 1 036 841 | 7.72 |
| 云南 | 6.33 | 4 843 205 | 15.44 |
| 西藏 | 3.43 | 850 596 | 47.25 |

数据来源:中国国家统计年鉴 2016

最后,收入分配不均衡导致各地区对高素质人才的吸引力差异化,最终加大两极分化。在中国的三大产业中,较高素质的人力资源主要集中在第二、第三产业,而第二、三产业又主要聚集在东部和中部的发达地区,在按要素分配的分配原则的指引下,东部和总部的收入水平相对于东北部和西部地区来说较高,这样发达地区对人力资源的吸引力和需求量很大,人力资源向经济发达地区聚集,会进一步增强发达地区的竞争力;而东北部地区和西部地区由于收入水平较低,产业吸引力较弱,人力资源长期处于稀缺状态,更加削弱其竞争力。根据《中国科技统计年鉴2016》的数据,2016 年,东部地区多项指标位居榜首,其中国内三种专利[1]有效数达到了 3 371 430 件,R&D(研究与试验发展)人员全时当量为 2 467 662 人,R&D 经费内部支出为 96 288 831 万元;而居于次位的

---

[1] 国内三种专利,指发明专利、实用新型专利和外观设计专利。

中部地区国内三种专利有效数为 600 824 件,仅为东部地区的 17.8%,R&D 人员全时当量为 632 186 人,仅为东部地区的 25.62%,R&D 经费内部支出为 21 469 134 万元,仅为东部地区的 22.30%;西部地区与中部地区的科技发展水平存在一定的轻微的差距;东北作为科技发展水平最弱地区,国内三种专利有效数仅为 178 805 件,仅为东部地区的 5.30%,R&D 人员全时当量仅为东部地区的 7.75%,R&D 经费内部支出仅为东部地区的 6.88%。这些差异巨大的数字反映了因为收入分配结构不均匀导致的人力资源在地区间的参差不齐,人力资源的累积导致的科学技术发展水平的差异,这种恶性循环最终甚至也会使得区域经济之间的互补性被削弱或者丧失。

表 14-7  2016 年分地区科技发展指标(部分)

| 项　目 | 东部地区 | 中部地区 | 西部地区 | 东北地区 |
|---|---|---|---|---|
| 国内三种专利有效数按地区分布(件) | 3 371 430 | 600 824 | 522 476 | 178 805 |
| R&D 人员全时当量(人年) | 2 467 662 | 632 186 | 467 761 | 191 239 |
| R&D 经费内部支出(万元) | 96 288 831 | 21 469 134 | 17 316 145 | 6 624 737 |

数据来源:《中国科技统计年鉴 2016》

## 14.3  如何优化收入分配结构?

### 14.3.1  从需求角度出发优化收入分配结构

通过前面的论述我们知道,收入分配结构影响经济的需求增长模式。收入分配结构的不合理导致我国居民整体消费率较低,从而影响转型升级的进一步发展,因此如何提高我国居民边际消费倾向,是提高居民消费率,为我国产业向全球价值链的中高端迈进的关键之所在。一般认为,劳动所得用于消费的倾向相对较高,资本所得用于投资的倾向相对较高:有学者在研究 1993—2012 年时间序列数据之后发现,劳动者报酬增长率和最终居民消费支出增长率的相关系数达到了 0.91,而且资本所得增长率和资本形成总额增长率的变化趋势具有极高的相似度。[①] 由于劳动所得用于消费的倾向大于资本报酬所得用于消费的倾向,而且以劳动报酬为收入来源的家庭收入往往小于以资本报酬为来源的家庭收入,因此在初次分配中提高劳动收入报酬为收入分配结构的优化和产业的进一步升级提供了可供执行的思路。

再者,前面已经分析过我国的区域之间和区域内部的收入水平差距较大,在边际效用递减规律的作用下,相对低收入家庭的消费需求潜力尚未被完全释放,这在一定程度上使得转型升级缺乏动力。降低低收入家庭比例、提高中等收入家庭的比例、降低收入分配两极分化的严重程度,进而使得社会整体的边际消费倾向增加,是推动产业转型升级的又一重要思路。缩小居民之间的收入差距在我国主要表现在两方面:一是缩小城乡居民之间的收入差距,2015 年我国农村居民人数为 60 346 万人,城镇居民人数为 77 116 万人,[②]将近一半的居民生活在农村,农村居民比例较大而收入水平较低,城乡差距过大是造成整体消费率较低的根本原因,采用加快二元户籍制度改革步伐和乡镇企业第三产业的发展等措施缩小城乡居民收入差距是提高整体消费率的重要途径;二是缩小城镇居民内部收入差距,城镇低收入者是我国最具增长潜力和消费潜力的阶层,劳动报酬是城镇低收入居民可支配收入的主要来源,因此在收入分配中提高劳动要素的回报,以提高城镇低收入居民收入,比如提升城镇最低工资标准、加大对于低技能职工的技能培训,促进下岗职工的再就业、加大个人所得税调节力度、完善我国社会保障体系,从而进一步释放消费潜力,为转型升级奠定扎实的基础。

此外,在提高劳动要素回报的同时降低物质资本和金融资本要素的

---

① 数据来源:巩师恩:《经济新常态下的收入分配结构优化》,《社会科学研究》2016 年第 3 期。
② 数据来源:《中国统计年鉴 2016》人口数据为人口抽样调查推算数据。

回报也是收入分配制度改革中的重要课题。我国畸高的房价现状导致资金由实体经济向虚拟经济涌入,使得制造业的成本上升,利润率降低,造成我国国内中高端需求的外流,从而使得我国产业迈向全球价值链中高端失去坚实的需求基础。所以,降低物质资本要素和金融资本要素的回报是使得资金从虚拟经济回流到实体经济的重要举措。

### 14.3.2　从供给角度出发优化收入分配结构

收入分配结构也影响着经济的供给增长模式。居民对于生产要素的拥有情况是收入分配的起点。在当今知识经济时代,劳动力素质更大程度上是收入分配中的决定性因素。因此,提高劳动者报酬占比,从而减少高低收入家庭之间的收入分配差距,更有利于提高整个社会的人力资本水平,这对于新常态经济发展具有特别的重要意义。著名经济学家卢卡斯的内生经济增长理论将人力资本作为新的生产要素纳入经济增长领域,该理论中的核心观点:人力资本是促进经济增长的核心要素并且延缓了物质资本边际收益递减,这一观点对于当下中国的产业转型升级尤其具有战略指导意义。中国已经进入中等发达国家,在科技创新技术上的成果也是有目共睹,中国已经不能完全以追随战略来进行未来的产业转型升级和经济发展,进一步的发展,需要在技术创新上有所作为,而这些依赖于高水平人力资本的积累,这是中国经济产业转型升级的基础,如果人力资本积累不足,必然使得中国产业转型升级缺乏必要要素支持,缺乏可持续的动力。为了使得人力资本积累增长有源源不断的动力,就要提高人力资本要素的报酬,鼓励大众创新,万众创业,提高人力资本要素的报酬,是促进经济增长和收入分配优化双重目标的契合点。在国家的宏观布局上,政府亦可以通过转移支付加大对农村和中西部地区的教育投入,教育的增量投入应该向农村和中西部地区基础教育薄弱的地区适度倾斜,促进人力资本的合理迁移流动。

## 14.4 本章小结

新中国成立以来,我国的收入分配制度经历了从"按劳分配""按劳分配为主体、其他分配方式作为补充"到"按劳分配与按生产要素结合分配相结合"的变革历程。21世纪以来,为了满足经济增长的目标,我国充分发挥低技能劳动力的禀赋优势并以此作为比较优势的核心,主动积极参与到全球价值链中并取得可观的经济发展成果。从总体上来讲,收入分配制度不断地深化改革也促进了中国进一步融入全球化浪潮,促进了产业结构优化升级和经济的可持续发展,客观上也适应了时代发展的需要。

在这一轮全球化浪潮中,以低成本的劳动力作为比较优势核心的战略直接导致我国的产业一直是劳动密集型产业为主,而这样的产业特征使得在收入分配上资本的要素回报较高,而劳动力成本或者人力资本要素的回报相对较低,在市场的竞争机制作用下,要素主体的收入差距较大,在我国直接表现为城乡之间、部门之间的收入差距较大。从短期来看,在边际收益递减的经济规律作用下,收入分配结构的不均衡导致需求难以达到潜在水平,使得产业转型升级缺乏内生性动力。再者,收入分配结构的扭曲导致投资结构的扭曲,这点表现在房地产投资在中国的过度投资,挤兑制造业的投资,中国崛起路上的出口成本优势在一步步被蚕食,削弱了中国产业的全球化竞争力,所以就有了最近几年的实体经济外迁潮,这使得中国在迈向全球价值链中高端的转型之路举步维艰;在长期看来,收入分配结构的问题使得家庭教育投资不足,在源头上使得人力资本要素的积累不足,严重影响了技术的创新和发展,使得需要长时间才能完成的产业结构升级的动力随时间耗竭。为了进一步优化收入分配结构,为产业结构的转型升级助力,提高劳动生产要素的报酬至关重要,降低金融资本和物质资本要素的回报。又因为物质资本要素的边际收益总是递减的,而人力资本要素的边际收益递增且能延缓物质资本要素的递减,所以人力资本要素的积累是产业转型升级的根本动力,因此要充分发挥人力资源的优势,鼓励大众创新、万众创业,实现经济结构向轻资产的高科技产业和现代服务业的转型,进一步走向全球经济价值链的中高端。

# 参考文献

白俊红、卞元超:《要素市场扭曲与中国创新生产的效率损失》,《中国工业经济》2016年第11期。

[美]保罗·萨缪尔森:《经济学》,华夏出版社,1998年。

边燕杰、张文宏:《经济体制、社会网络与职业流动》,《中国社会科学》2001年第2期。

曹炎、朱金凤:《中外婴儿潮对房地产市场发展的影响研究》,《"2016年中国城市规划年会"论文集》,2016年。

柴梦瑶:《技术创新对战后日本经济发展的作用》,《国际关系学院学报》2006年第5期。

车大为:《金融管制体制产生的内生机制及其影响》,《经济研究》2011年增2期。

陈栋生:《论区域协调发展》,《北京社会科学》2005年第2期。

陈瑶:《我国经济增长动力的演变及其对产业结构的影响》,广西师范大学应用经济学硕士论文,2015年。

陈其林:《产业革命之技术与制度层面的考察》,《中国经济问题》2005年第4期。

陈琪:《老龄化对中国产业结构调整的影响》,浙江工商大学区域经济学硕士论文,2015年。

陈莹莹:《"一带一路"建设呼唤多元开放金融体系》,《中国证券报》2017年5月12日。

迟福林:《中国经济转型大趋势》,《中国经济报告》2016第10期。

戴魁早、刘友金:《要素市场扭曲与创新效率——对中国高技术产业发展的经验分析》,《经济研究》2016年第7期。

德勤:《中国企业海外并购及并购后整合现状调查》,2017年8月。

刁秀华、郭连成:《中国、俄罗斯粮食安全问题分析》,《东北亚论坛》2016 年第 3 期。

丁宇峰:《中国改革开放以来收入分配不平等对经济增长的影响》,河北经贸大学学位论文,2014 年。

董艳梅、朱英明:《高铁建设能否重塑中国的经济空间布局——基于就业、工资和经济增长的区域异质性视角》,《中国工业经济》2016 年第 10 期。

付宇:《人力资本及其结构对我国经济增长贡献的研究》,吉林大学学位论文,2014 年。

高峻峰:《政府政策对新兴技术演化的影响——以我国 TD—SCDMA 移动通讯技术的演化为例》,《中国软科学》,2010 年第 2 期。

耿修林:《固定资产投资对产业结构变动的影响分析》,《数理统计与管理》,2010 年 29(06)。

巩师恩:《经济新常态下的收入分配结构优化》,《社会科学研究》,2016 年第 3 期。

关丽洁:《"中等收入陷阱"与中国经济发展战略》,吉林大学政治经济学博士论文,2013 年 6 月。

郭林、丁建定:《试论完善中国社会保障制度体系的基本原则——以"四维体系"为视角》,《华中师范大学学报》(人文社会科学版),2013 年 52(01)。

郭若雪:《去杠杆:优化信贷结构拓宽直接融资渠道——访市金融办相关负责人》,《绵阳日报》2016 年 6 月 23 日第 002 版。

郭树言、欧新黔:《推动中国产业结构战略性调整与优化升级探索》,经济管理出版社,2008 年。

郭维:《美国政治施压事件对人民币汇率的影响研究:2005—2016 年》,《世界经济研究》2017 年第 1 期。

国家统计局:《中国统计年鉴》,中国统计出版社,2016 年。

国内外大事记:http://sszlsc.banyuetan.org/chcontents/sz/gnwdsj/index.shtml。

韩军辉、柳典宏:《家庭教育投资行为的城乡比较与演化博弈》,《教育学术月刊》2017 年第 2 期。

何刚:《中国投资与消费的不平衡及其对经济增长的影响研究》,华中科技大学学位论文,2009 年。

何芦苇:《收入分配影响经济增长的消费需求传导机制研究》,浙江大学学位论文,2010 年。

何平、陈丹丹、贾喜越:《产业结构优化研究》,《统计研究》2014 年第 7 期。

何雄浪、杨盈盈:《制度变迁与经济增长:理论与经验证据》,《中央财经大学学报》2016 年第 10 期。

侯建新：《工业革命前英国农业生产与消费再评析》，《世界历史》2006 年第 4 期。

胡春燕：《利用外商直接投资优化我国产业结构分析》，湘潭大学产业经济学硕士论文，2002 年。

胡甜：《人力资本与区域产业结构升级互动的机理研究》，湖南师范大学学位论文，2010 年。

胡雪涵：《浅析我国企业海外并购现状以及优化策略》，《国际经贸》2016 年第 12 期。

胡振红、吴祺：《中国经济转型的关键是加速生产要素市场化改革》，《江汉论坛》2010 年第 11 期。

胡振红、吴祺：《中国经济转型的关键是加速生产要素市场化改革》，《江汉论坛》2010 年第 11 期。

黄付生、魏凤春：《日本经济结构转型与产业升级路径研究》，《现代日本经济》2010 年第 2 期。

黄剑辉、李洪侠：《"一带一路"战略视阈下我国区域经济的协调发展》，《税务研究》2015 年第 6 期。

黄剑辉：《从七个方面促进改革创新型国家建设》，《中国经济时报》2014 年 9 月 16 日第 6 版。

黄茂兴、王荧：《新中国成立以来产业结构演变对经济增长的贡献研究》，《经济研究参考》2011 年第 63 期。

黄璇、张博茹、张瀚月：《硅谷绿色能源经济发展及启示》，《科技进步与对策》2017 年 2 月 16 日（网络出版）。

黄益平、陶坤玉：《中国外部失衡的原因与对策：要素市场扭曲的角色》，《新金融》2011 年第 6 期。

［美］霍利斯·钱纳里：《工业化和经济增长的比较研究》，上海人民出版社，1995 年。

纪明、刘志彪：《中国需求结构演进对经济增长及经济波动的影响》，《经济科学》2014 年第 1 期。

姜业庆：《资金融通将是"一带一路"建设的重要支撑》，《中国经济时报》2017 年 4 月 18 日。

蒋姮：《一带一路地缘政治风险的评估与管理》，《国际贸易》2015 年第 8 期。

金柏松：《G20 峰会孕育世界经济进入超主权时代》，《国际贸易》2010 年第 6 期。

金碚：《工业的使命和价值——中国产业转型升级的理论逻辑》，《中国工业经济》2014 年第 9 期。

库姆斯：《经济地理学》，中国人民大学出版社，2011 年。

况伟大：《房地产投资、房地产信贷与中国经济增长》，《经济理论与经济管理》2011 年第 1 期。

［美］拉尼斯等:《发展经济学的新格局——进步与展望》,经济科学出版社,1987年版。

李东光:《全球金融体系的现状与改革建议》,《社会科学战线》2011年第12期。

李酽、张继宏:《国际贸易中的产品质量异质性研究进展》,《中南财经政法大学学报》2015年第1期。

李嘉图:《政治经济学及赋税原理》,商务印书馆,1962年。

李平、季永宝:《要素价格扭曲是否抑制了我国自主创新》,《世界经济研究》,2014年第1期。

李淑云:《收入不平等对技术创新的影响》,山东理工大学,2012年。

李雪艳:《中国要素收入分配导向研究》,浙江大学学位论文,2013年。

李一含:《立足经济新常态,优化经济产业结构》,《现代交际》,2017年。

李振京:《加强国家创新体系建设提高我国自主创新能力》,《宏观经济管理》2006年第2期。

林伯强、杜克锐:《要素市场扭曲对能源效率的影响》,《经济研究》2013年第9期。

林霞:《中国特色社会主义个人收入分配制度研究》,南京师范大学学位论文,2012年。

林毅夫、刘明兴:《经济发展战略与中国的工业化》,《经济研究》,2004年第7期。

林兆木:《中国经济转型升级势在必行》,《经济纵横》2014年1月10日。

刘慧:《产业结构升级、劳动力流动与城乡收入差距问题研究》,安徽财经大学学位论文,2016年。

刘洁:《新常态下我国经济可持续发展的动力机制研究》,曲阜师范大学马克思主义理论硕士论文,2016年。

刘逊:《1600—1840年中国国内生产总值的估算》,《经济研究》2009年第10期。

刘银:《中国区域经济协调发展制度研究》,吉林大学学位论文,2014年。

刘颖:《试析建国初期制度变迁及经济绩效》,《北方经济》2005年第11期。

刘永佶:《论中国农村土地制度的改革》,《中国特色社会主义研究》2014年第1期。

柳庆刚、姚洋:《地方政府竞争和结构失衡》,《世界经济》2012年第12期。

龙玉其:《中国收入分配制度的演变、收入差距与改革思考》,《东南学术》,2011年第1期。

吕健:《市场化与中国金融业全要素生产率——基于省域数据的空间计量分析》,《中国软科学》2013年第2期。

吕珊珊:《中国居民收入差距的影响及改革对策研究》,东北财经大学学位论文,2012年。

马彪、林琳、吴俊锋:《供给侧结构性改革中产能、金融支持与经济波动关系研究》,《产业经济研究》2017 年第 5 期。

马树才、周小琳:《中国商品出口二元边际均衡发展研究——引入要素禀赋理论的思考》,《亚太经济》2017 年第 5 期。

［美］N. 格里高利·曼昆:《宏观经济学》(第七版),中国人民大学出版社,2011 年。

木志荣:《中国经济制度与私有产权的逆向变迁》,《嘉兴大学学报》2002 年第 2 期。

聂海峰、刘怡:《城镇居民间接税负担的演变》,《经济学》2010 年第 4 期。

［美］道格纳斯·C. 诺思:《经济史中的结构与变迁》,上海人民出版社,1994 年。

欧阳峣:《后发大国的制度创新、改革开放与经济增长》,《财政研究》2011 年第 6 期。

裴长洪、于燕:《一带一路建设与我国扩大开放》,《国际贸易探索》2015 年 10 月。

祁斌:《资本市场发展的系统重要性》,《中国金融》2012 年第 3 期。

奇鹤:《中国的婴儿潮,1962—1980 年出生的那一代》,《万科周刊》2006 年第 494 期。

［美］钱纳里等:《工业化和经济增长的比较研究》,上海三联书店,1989 年版。

《人民日报》,1954 年 1 月 1 日,人民数据—人民日报图文数据库(1946—2017)(http://58.68.146.102/rmrb/19540101/1)。

邵宇:《升级全球化:从 1.0 到 4.0》,《华夏时报》,2015 年 9 月 24 日 020 版。

孙邈昕:《中国产业结构调整的理论分析及对策建议》,辽宁师范大学政治经济学硕士论文,2013 年。

孙晓华、秦川:《产业演进中技术与制度的协同演化——以中国水电行业为例》,《中国地质大学学报(社会科学版)》2011 年第 11 卷第 5 期。

唐川、房俊民、王立娜、张娟:《量子信息技术发展态势与规划分析》,《世界科技研究与发展》2017 年第 5 期。

唐未兵、傅元海、王展祥:《技术创新、技术引进与经济增长方式转变》,《经济研究》,2014 年 49(07)。

田伯平:《美国次贷危机与全球经济新挑战》,《世界经济与政治论坛》2008 年第 6 期。

田国强、陈旭东:《中国改革:历史、逻辑与未来》,中信出版集团,2016 年。

田涛:《华为的理念创新与制度创新》,《企业管理》2016 年第 3 期。

童锦治、黄克珑:《我国经济需求结构协调发展的税制结构优化研究》,《当代财经》2014 年第 7 期。

汪伟、潘孝挺:《金融要素扭曲与企业创新活动》,《统计研究》2015 年第 5 期。

王丹枫:《产业升级、资本深化下的异质性要素分配》,《中国工业经济》2011 年第 8 期。

王琳、宋守信:《新常态下收入分配制度改革的价值取向与对策》,《山东社会科学》2016年第2期。

王宋涛,吴超林.收入分配对我国居民总消费的影响分析——基于边际消费倾向的理论和实证研究[J].经济评论,2012,(06):44—53。

王悠然.探寻应对全球化挑战的方案[N].中国社会科学报,2017-06-02 (003)。

王玉茹:《中国近代的经济增长和中长周期波动》,《经济学》2005年第2期。

卫婧婧:《国有企业并购行为对产业升级的推动——基于目标企业所有制类型的考察》,企业经济,2017年第4期。

文伟东:《贸易、制度变迁与中国的经济增长》,《数量经济技术经济研究》2013年第7期。

文宗瑜、谭静、宋韶君:《"十三五"时期产业结构调整的方向和政策》,《经济研究参考》2015年第62期,第58—69页。

[美]沃尔特·怀特曼·罗斯托:《经济成长的阶段》,中国社会科学出版社,2010年。

吴进红、王丽萍:《开放条件下产业结构升级的动力机制分析》,《生产力研究》2006年第2期。

[美]西蒙·库兹涅茨:《各国的经济增长》,商务印书馆,1985年。

项本武:《中国对外开放战略:成就、挑战与调整》,《宏观经济研究》2009年第3期。

徐斌:《国际铁矿石贸易市场势力测度分析》,《经济问题探索》2016年第10期。

徐坚:《逆全球化风潮与全球化的转型发展》,《国际问题研究》2017年第3期。

徐秀军:《治理"赤字"助长财富分配不均》,《人民日报》2017年4月14日第23版。

徐雍:《经济全球化与中国经济发展的关系》,《商》,2015年第30期。

许海云等:《从全球创新指数(GII)报告看中国创新崛起态势》,《世界科技研究与发展》2017年9月。

许佩倩:《全球经济再平衡与我国开放经济的新定位》,《世界经济与政治论坛》2011年第06期。

[英]亚当·斯密:《国富论》,华夏出版社,2006年。

严佳佳、黄文彬:《人民币国际化进程中特里芬难题的辨析与求解——基于国际货币循环模式的分析》,《国际金融》,2016年第5期。

杨勇、李忠民:《供给侧结构性改革背景下的要素市场化与工业全要素生产率——基于31个地区的实证分析》,《经济问题探索》2017年第2期。

杨宇焰:《金融监管科技的实践探索、未来展望与政策建议》,《西南金融》2017年9月。

杨振兵、张诚:《中国工业部门产能过剩的测度与影响因素分析》,《南开经济研究》2015 年第 6 期。

叶永刚、项婉玉:《次贷危机后美国货币政策调整对中国经济的溢出效应——基于 TVP—VAR 模型的实证研究》,《学术探索》2017 年第 1 期。

尹晓彤:《转型期中国经济增长的动力机制研究》,吉林大学西方经济学硕士论文,2016 年。

于春海:《全球化和中国经济增长关系的实证分析》,《经济理论与经济管理》2006 年第 1 期。

于津平、顾威:《一带一路建设的利益、风险与策略》,《南方学报》(哲学社会科学版)2016 年第 1 期。

于明远、范爱军:《全球价值链、生产性服务与中国制造业国际竞争力的提升》,《财经论丛》2016 年第 6 期。

余东筠、金祥荣:《创新主体的创新效率区域比较研究》,《科研管理》2014 年 3 月第 35 卷第 3 期。

袁鹏、杨洋:《要素市场扭曲与中国经济效率》,《经济评论》2014 年第 2 期。

袁志刚、邵挺:《中国经济转型与世界经济再平衡》,《学术月刊》2011 年 43(01)。

张德荣:《"中等收入陷阱"发生机理与中国经济增长的阶段性动力》,《经济研究》2013 年第 9 期。

张卉:《劳动力集约型比较优势与产业结构的优化》,青岛大学人口、资源与环境经济学硕士论文,2008 年。

张杰、周晓艳、李勇:《要素市场扭曲抑制了中国企业 R&D?》,《经济研究》2011 年第 8 期。

张杰:《基于产业政策视角的中国产能过剩形成与化解研究》,《经济问题探索》2015 年第 2 期。

张立强:《转型时期我国金融结构优化研究》,财政部财政科学研究所博士论文,2012 年 5 月。

张守营、徐晨曦:《创新之报告中国科技创新效率亟待提高——来自《国家创新蓝皮书:中国创新发展报告的数据(2014)》,《中国战略新兴产业》2014 年 10 月 1 日。

张卫东、石大千:《金融发展、要素积累与产业结构》,《金融与经济》2015 年 3 月。

张展新:《中国改革时期的人力资本回报与经济增长》,《中国人口科学》,2003 年 3 月。

赵可金:《"一带一路"从愿景到行动》,北京大学出版社,2015 年。

赵萍:《从全球视角看我国消费率走势》,《中国经贸导刊》2010 年第 17 期。

赵媛:《家庭教育投资现状、问题及其对策探究》,《延安职业技术学院学报》2015 年 29(03)。

中国国际经济交流中心课题组、陈文玲、徐占忱、张茉楠、颜少君、梅冠群:《"一带一路"创造经济全球化共赢发展的新境界》,《全球化》2017 年第 7 期。

仲伟周、斯煌霏:《中国银行业市场竞争结构研究》,金融论坛 2013 年第 4 期。

周朝明:《自主创新与中国产业结构的优化升级》,东北财经大学产业经济学硕士论文,2007 年。

周小川:《守住不发生系统性风险的底线》,2017 年 11 月 4 日。

周业安:《地方政府竞争与经济增长》,《中国人民大学学报》2003 年第 1 期。

周志鹏:《要素市场化配置的海宁经验分析和启示》,《中国集体经济》2016 年第 10 期。

朱巍等:《人工智能:从科学梦到新蓝海——人工智能产业发展分析及对策》,《科技进步与对策》2016 年第 21 期。

左慧:《对于完善个人收入分配制度的研究》,《中国市场》2011 年第 35 期。

左京:《中国风险投资行业发展现状、问题及解决对策》,《新经济》2015 年 3 月。

〔美〕L. S. 斯塔夫里阿诺斯:《全球通史》,董书慧等译,北京大学出版社,2009 年。

〔美〕保罗·海恩等:《经济学的思维方式》,史晨等译,世界图书出版公司,2012 年。

〔美〕罗纳德·哈里·科斯、王宁:《变革中国:市场经济的中国之路》,徐尧、李哲民译,中信出版社,2013 年。

〔美〕诺斯:《制度、制度变迁与经济绩效》,杭行译,上海三联书店,2008 年。

〔美〕罗伯特·D. 阿特金森、〔美〕史蒂芬·J. 伊泽尔:《创新经济学全球优势竞争》,王瑞军等译,科学技术文献出版社,2014 年。

〔美〕叶恩华、〔澳〕布鲁斯·马科恩:《创新驱动中国(中国经济转型升级的新引擎)》,陈召强、段莉译,中信出版集团,2016 年。

〔英〕F. A. 哈耶克:《经济、科学与政治》,冯克利译,江苏人民出版社,2000 年。

《"十三五"国家战略性新兴产业发展规划》,国务院,2016 年 12 月 19 日。

《2017 中国战略性新兴产业发展报告》,中国工程院,2016 年 11 月 15 日。

《报告:中国制造业产量全球第 1 整体竞争力仅第 13》,网易财经,2015 年 4 月 24 日。

《报告显示我国近一半资源型城市面临严重转型问题》,《经济日报》2017 年 4 月 12 日。

《马克思恩格斯选集》第四卷,人民出版社,2013 年。

《中国共产党第十八届中央委员会第三次全体会议报告》,人民出版社,2013 年。

《中国私募股权市场发展报告(2017)》,《中国证券报》2017 年 8 月。

《中国统计年鉴》,2016 年。

《党的十八届五中全会报告》,2015 年 10 月。

《党的十九次全国人民代表大会报告》,2017 年 10 月。

〔瑞典〕B. 奥林:《地区间贸易与国际贸易》,商务印书馆,1986 年。

〔美〕西奥多·W·舒尔茨:《论人力资本投资》,北京经济学院出版社,1990 年。

H. Maslow, *A Theory of Human Motivation* (Psychological Review, 1943).

R. H. Coase, *The Problem of Social Cost* (Chicago Journals: The Journal of Law&Economics, 1960).

R. H. Coase, The Nature of the Firm (Economica, 1937).

Berkeley, *Essays in financial liberalization and the aggregate economy.*, Mauricio Larrain University of California, Economics. Thesis (Ph. D. )—University of California, Berkeley, 2012.

Hayek, *Individualism and Economic Order* (Chicago: Univ. Of Chicago Press, 1958).

Milton Friedman, *The Methodology of Positive Economics* (Chicago: Univ. of Chicago Press, 1996).

Francois Perroux. EconomicSpace: Theory and Applications, Quarterly Journal of Economic, 1955.

Raymond Vernon. International Investment and International Trade In the Product Life Cycle, QuarterlyJournal of Economics, 1966.

# 后　记

　　当下世界的发展正在以惊人的速度展开其历史过程，我们作为历史的见证者，尽管是一个个普通的个体，但也正在承载历史发展的重托。理解中国发展未来，理解中国发展战略是中国人，也是全世界有识之士都要做的功课。这本书试图以"一体两翼"发展战略的理解来阐述中国的当下问题和未来发展路径，仅仅是一家之言，而且中国发展问题的研究实在是太大的挑战，目前中国的发展历史还远未完成，所以这本书只能是抛砖引玉，做了一些基础的工作和初步的思考，希望能启发后来者的研究推进。

　　这本书在过去两三年中一直在进行着资料积累和研究积累，主要的撰写工作是在 2017 年和 2018 年初完成的。2017、2018 年这两年对于中国经济社会发展来说，必然会是不可磨灭的历史时刻，在未来很长的时间里都会有大量的研究者来展现这一年多来的各类关键事件，这些关键事件的未来发展正在形成中国将来历史发展的环境和约束条件。书稿在 2018 年出版，要感谢上海外国语大学国际金融贸易学院院长章玉贵教授，让我能有幸参与到章教授的科研团队中，由此能够有机会向章教授学习全球宏观视角的研究思路，选择这样具有很强现实意义和时代价值的课题进行一些思考和研究,让自己从经济视角对于中国的未来发展有了新的审视和思考,当然这样的研究和思考还很不充分,中国发展的历史还远未给世人呈现,需要我们继续观察和思考。

新冠疫情影响下,中国也会在 2020 年开启新的征程,中美关系的不确定性未来不并随着特朗普的下台而下降,技术革命浪潮正在来临,未来不可预知,正在发生的变革终将影响现在和未来,该释然的也将随时间而逝去。面对未来,唯有坚强和努力!